AF628476

Uli Preunkert, Carolin Kreutzer, Marianne Steinmeyer

MOUNTAINBIKEN SÜDTIROL UND DOLOMITEN

Traumtouren auf der Sonnenseite der Alpen

BRUCKMANN

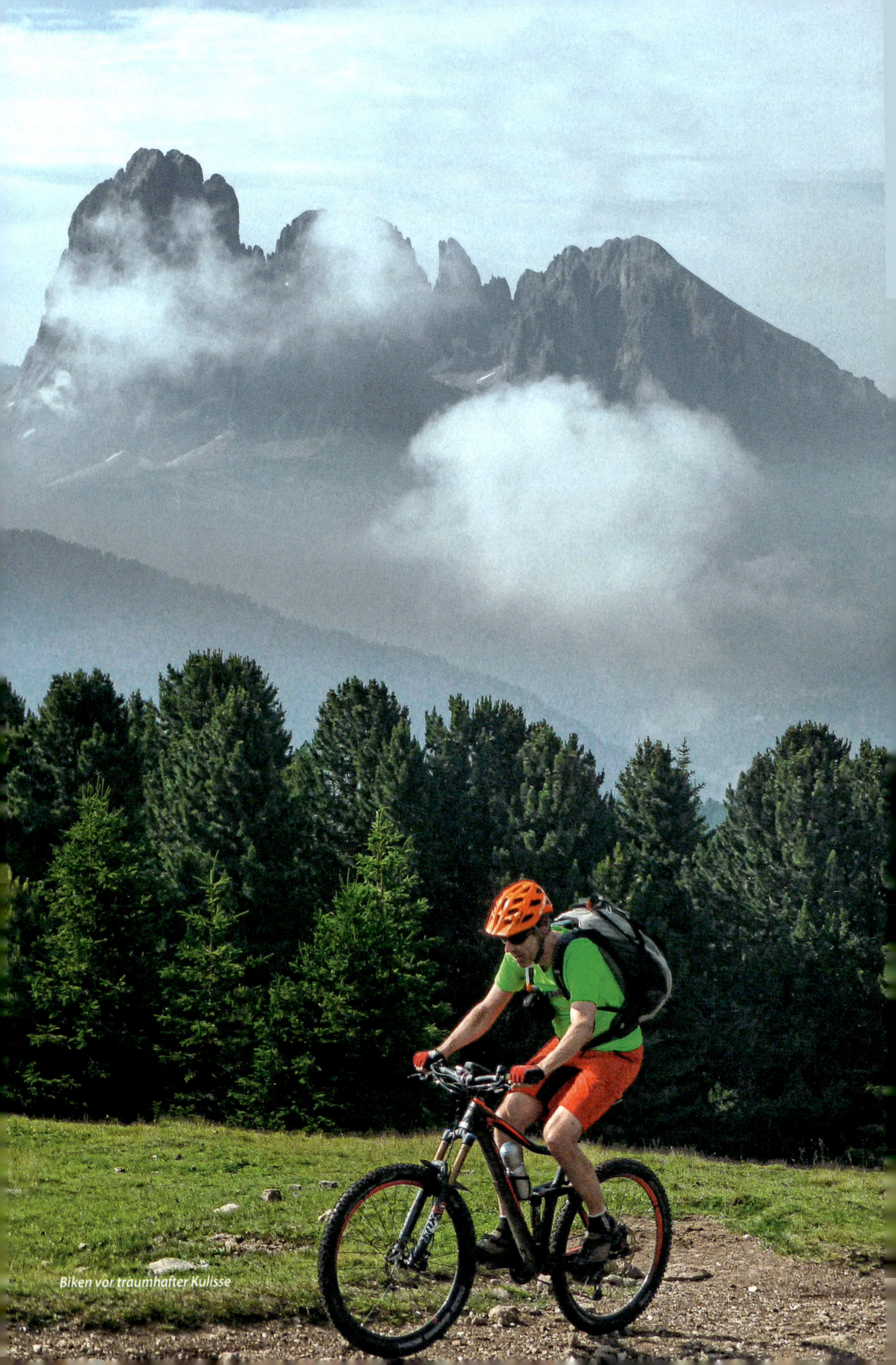

Biken vor traumhafter Kulisse

Inhaltsverzeichnis

Inhaltsverzeichnis

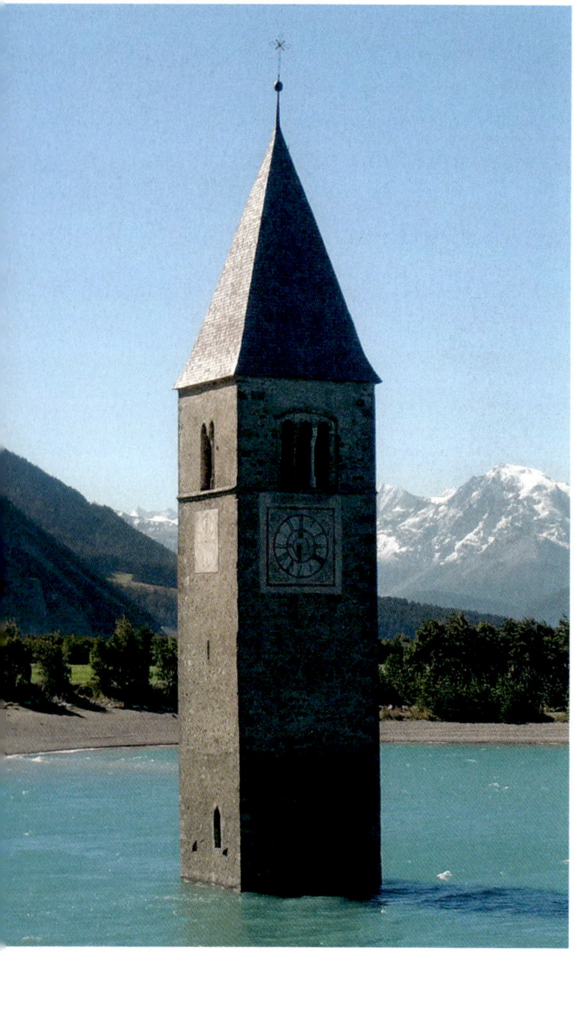

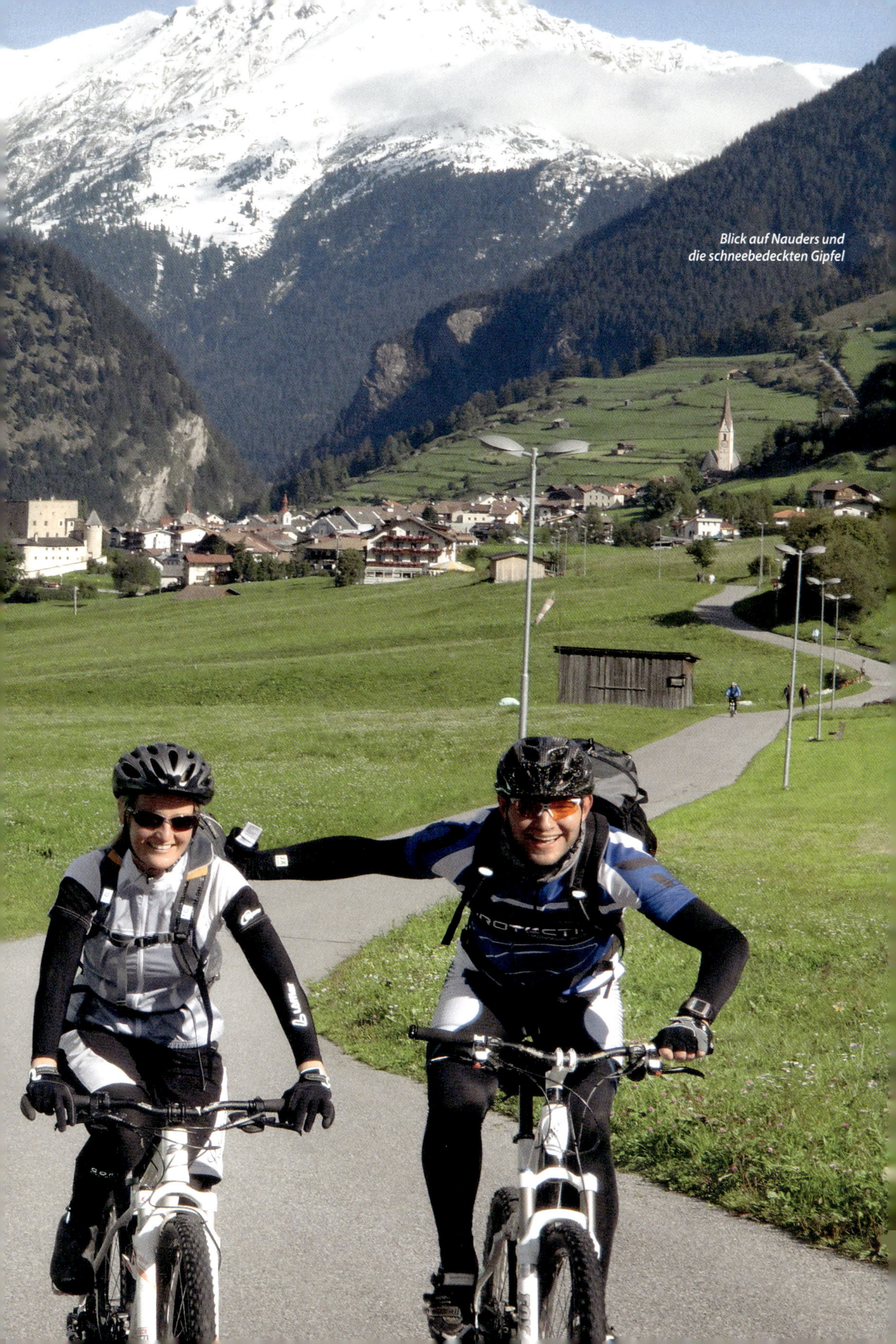

Blick auf Nauders und
die schneebedeckten Gipfel

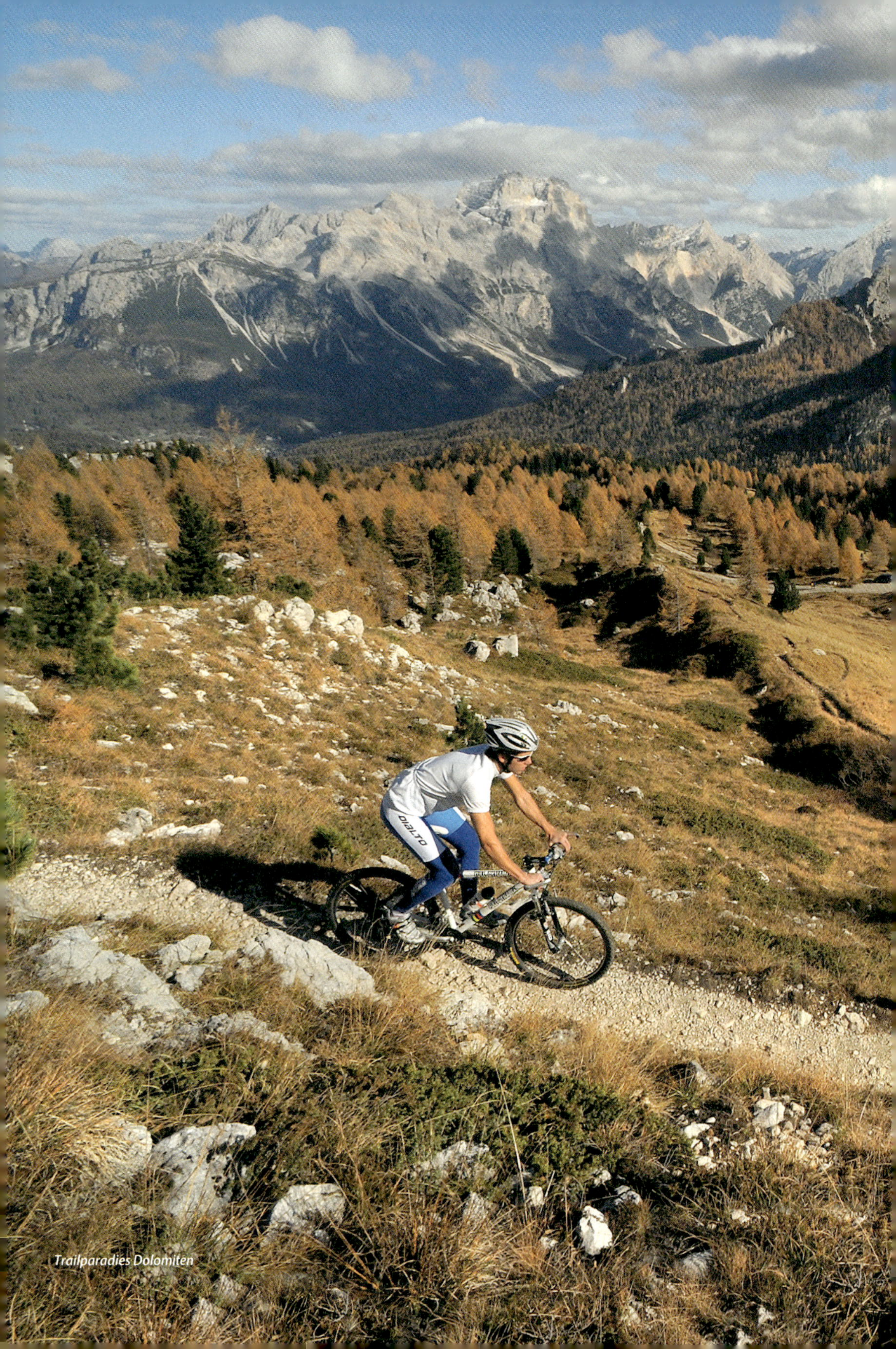

Trailparadies Dolomiten

Dolomiten

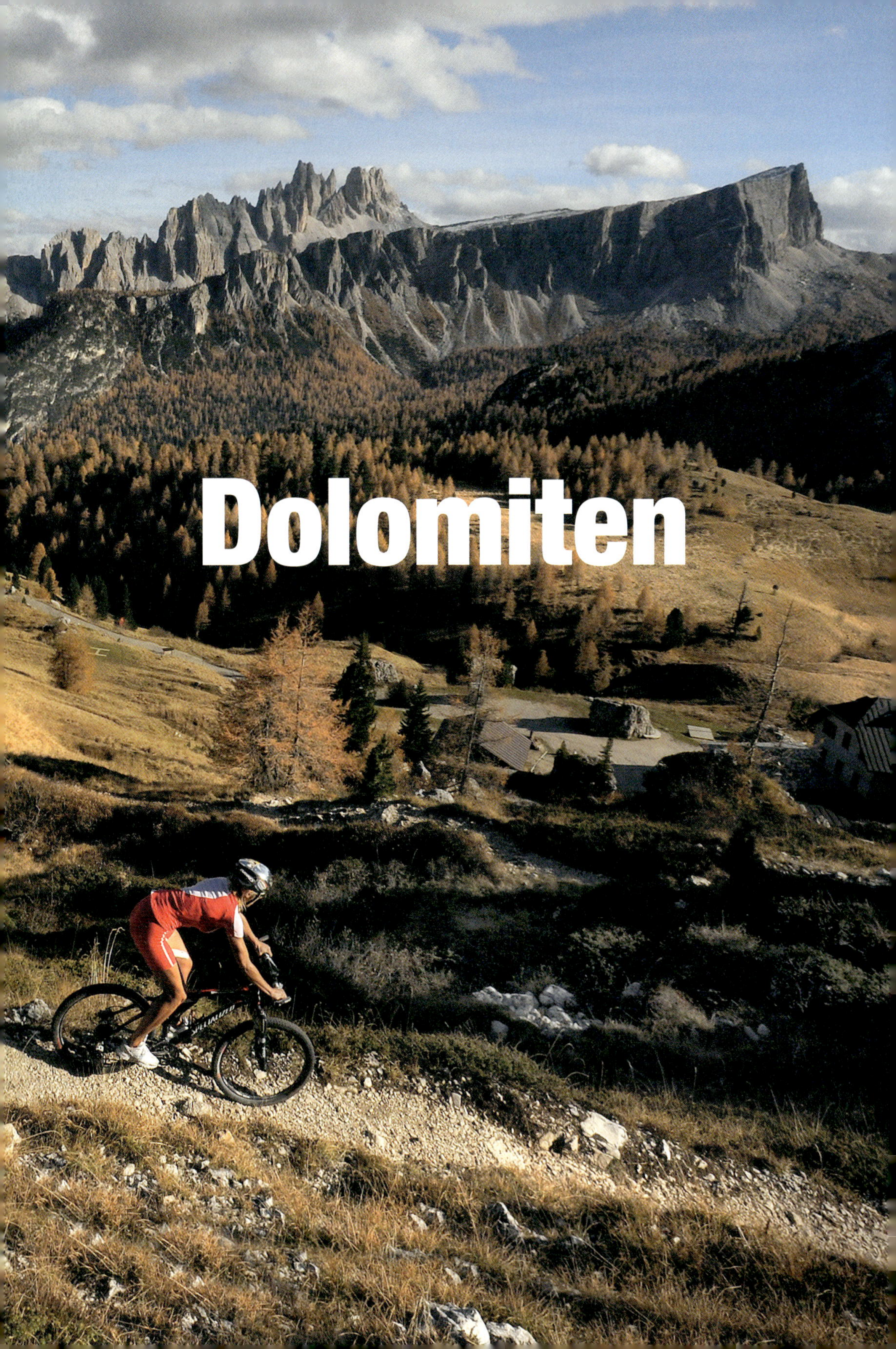

Einleitung Dolomiten

Die Dolomiten! Manch einer bekommt allein beim Klang des Namens dieser Alpenregion schon leuchtende Augen, atmet tief durch und sieht eine beeindruckende Landschaft vor sich: tiefgrüne Almwiesen, alte Holzhütten, einen plätschernden Gebirgsbach. Weiter oben, in abruptem Übergang: mächtige Felsblöcke, scharf gezackte Zinnen und bizarre Gesteinsformationen in hundert Tönen von Hellgrau. Darüber spannt sich ein tiefblauer Himmel, und mittendrin zieht ein Vogel langsam seine Kreise – klein und schwarz gegen das Himmelblau. Abends, im davonziehenden

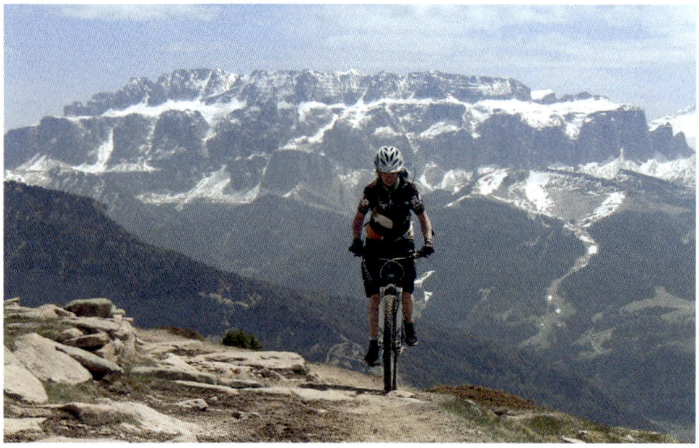

Traumhafte Bikekulisse vor dem Sella-Massiv

Sonnenlicht eines strahlenden Tages, leuchten dann die Wände von tieforange über feuerrot bis sanftrosa und violett, als hätte ein Riese gewaltige Farbeimer darüber ausgekippt. Das berühmte Alpenglühen ist hier sensationell.

Für viele sind die Dolomiten (Italienisch: »i Dolomiti«) das schönste Gebirge der Welt – mitten in Europa – und ihre Schönheit wurde kürzlich sogar von höchster Stelle anerkannt. Die UNESCO nahm neun Berggruppen dieses Gebirgszuges im Juni 2009 wegen ihrer »einzigartigen monumentalen Schönheit« als Weltnaturerbe in die Liste der schützenswerten Landschaften auf: die Naturparks Bletterbachschlucht, Latemar, Sextener Dolomiten, Fanes-Sennes-Prags, Puez-Geisler und Schlern-Rosengarten. In der Begründung der UNESCO heißt es: »Die Dolomiten gelten als eine der imposantesten Berglandschaften weltweit. Ihre Schönheit gründet im Wesentlichen auf einer spektakulären Formenvielfalt. Gipfel, Pfeiler und Türme sowie Hochebenen mit Felsvorsprüngen, Zacken und Plateaus erheben sich steil über ausgedehnte Geröllablagerungen und sanfte Hügel. Die große Farbenvielfalt ergibt sich aus dem Kontrast zwischen den bleichen Felswänden und den darunterliegenden Wäldern und Wiesen ...«

Diese Ansicht teilen Hunderttausende, und so haben sich die Dolomiten zu einer 1A-Urlaubsdestination entwickelt – vor allem für Outdoor-Fans und Anhänger jeglicher Art von Bergsport sind sie ein wahres Paradies. Deshalb ist es naheliegend, dass es ausgerechnet zwei Bergsteiger sind, die die Faszination dieses Gebirges einer breiten Öffentlichkeit vermittelt und damit sicherlich auch viel für seine Bekanntheit und Beliebtheit auf der ganzen Welt getan haben: Der Grödner Architekt, Schauspieler und Regisseur Luis Trenker (1892–1990) hat die Dolomiten seit den Zwanziger- und Dreißigerjahren zu Protagonisten zahlreicher legendärer Filme und Bücher gemacht und erstmals einem sehr breiten Weltpublikum präsentiert. Ebenfalls ein Sohn der Dolomiten ist die Südtiroler Bergsteigerlegende Reinhold Messner, der die höchsten, widrigsten und schwierigsten Gipfel der Welt bezwungen hat, und die Dolomiten so beschreibt: »Sie sind zwar nicht die höchsten Berge der Welt, wohl aber die schönsten.« 14 Achttausender hat dieser Mann bestiegen, als seinen »15. Achttausender« bezeichnet er sein Projekt einer Museumskette zum Thema Berg: das »Messner Mountain Museum«. Fünf dieser Museen sind in Südtirol mittlerweile entstanden, das Museum »Dolomites« in einem alten Fort auf dem Gipfelplateau des Monte Rite (2181 m) zeigt das Thema »Fels« und erzählt die Erschließungsgeschichte der Dolomiten anhand jener Forscher und Kletterer, die mit ihren Entdeckungen, neuen Wegen und Erstbegehungen alpine Geschichte geschrieben haben. Herzstück des Museums ist eine große Galerie einmaliger Dolomiten-Bilder von der Romantik bis heute.

Doch richten wir den Blick einmal weiter zurück – viel weiter. Die Dolomiten entstanden bereits im Trias, vor mehr als 250 Millionen Jahren, als im heutigen Südtirol noch Vulkane

Lava spuckten. Lange Zeit prägten diese Vulkane und weite Wüsten das Landschaftsbild. Das trockene und heiße Klima führte zur Entstehung mächtiger Sandsteine, in denen noch heute immer wieder Saurierspuren gefunden werden. Dann gewann für Jahrmillionen das tropische Urmeer Thetys die Oberhand: Südtirol war von einem seichten Ozean mit Lagunen bedeckt, die Dolomiten waren Korallenriffe. Durch das Aufeinanderprallen der adriatischen und eurasischen Platte wurde der gesamte Alpenraum dann vor etwa 40 Millionen Jahren in die Höhe geschoben. Die Dolomiten tauchten aus dem Meer auf. Wasser, Wind und eisige Kälte formten den Fels, und es entstanden je nach Gesteinsart und -schicht Tafelberge und Terrassen mit ausgedehnten Hochflächen wie Sellablock, Fanes-Alpe und Seiser Alm oder stark zerklüftete Massive wie die Sextener Dolomiten oder bizarre Felsnadeln wie die Drei Zinnen und die zackigen Formationen im Rosengarten. Die ehemaligen Riffe aus Kalkstein und Dolomit ragen heute bis zu 3300 Meter auf – und so ist es nicht selten, wenn einem auf luftigen Höhen versteinerte Wasserschnecken, Muscheln und Korallen vor die Füße geraten.

Ihren Namen bekamen die Dolomiten übrigens erst sehr viel später durch den französischen Geologen Déodat de Dolomieu (1750–1801). Er reiste Ende des 18. Jahrhunderts in die »Monti pallidi« – die »bleichen Berge« –, wie dieser Teil der Südalpen wegen seiner hellen Felsen genannt wurde. Er untersuchte und beschrieb als Erster das charakteristische Gestein und entdeckte, dass es teilweise gar nicht aus normalem Kalkstein bestand, sondern ein besonderes Mineral enthielt. Dieses Mineral wurde nach seinem Tod »Dolomit« genannt, ebenso wie das Karbonatgestein mit mindestens 90 Prozent Dolomitanteil. 1876 erschien dann auch der Name »Dolomiten« für den ganzen Gebirgszug auf den offiziellen Karten von Österreich und Italien.

Geografisch gehören die Dolomiten zu den südlichen Kalkalpen und verteilen sich auf die italienischen Regionen Veneto und Trentino-Alto Adige (Südtirol) beziehungsweise auf die drei Provinzen Südtirol, Trentino und Belluno-Bozen. Im Norden werden sie durch das Pustertal begrenzt, im Osten durch Sexten, Kreuzbergsattel und Piave, im Süden ebenso durch den Piave und das Valsugana, und im Westen durch die Täler von Etsch und Eisack. Königin dieser Berge mit einem atemberaubenden Rundumblick ist die Marmolada (3342 m) mit dem höchsten Gipfel der Region Punta Penia. Ihre Nordflanke trägt außerdem den einzigen größeren Gletscher der Dolomiten. Weitere unglaublich verschiedenartige Höhepunkte sind die zerklüfteten Massive des Rosengarten und Latemar sowie die Geislerspitzen und Pale di San Martino, der wuchtige Sellastock, die Almen von Sennes und Fanes, deren karge und spröde Hochflächen wie Mondlandschaften anmuten, der Pragser Wildsee, in dessen tiefgrünem Wasser sich der 2810 Meter hohe Seekofel spiegelt oder die Plätzwiese, eine sanft gewellte Hochfläche inmitten steil aufragender Felsen.

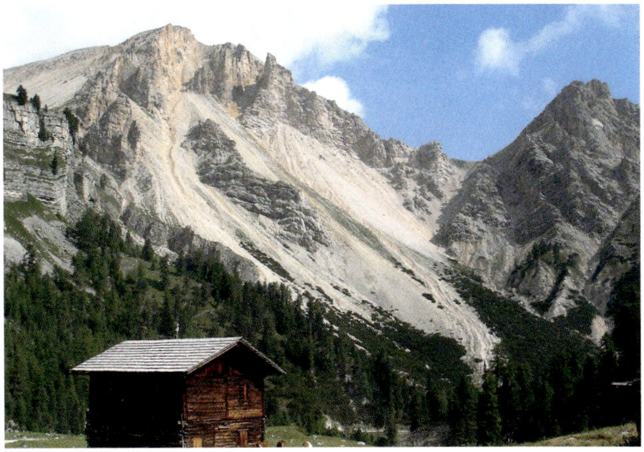

Die Fanes-Alm

Doch natürlich gibt es in den »Dolos« – wie Insider sie gerne nennen – nicht nur Felsen und Wiesen. Bozen, Brixen und Cortina, Sexten oder Bruneck, Arabba, Wolkenstein, Corvara oder Canazei sind schöne Ausflugsziele und

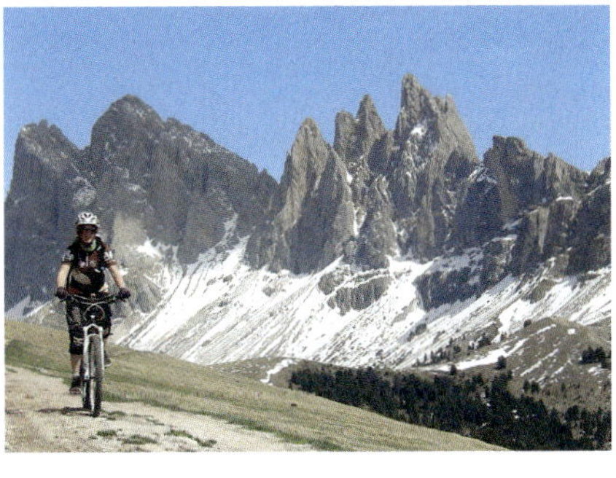

Biken mit dem Geisler im Rücken

beliebte Urlaubsorte, in denen man durch kleine Gassen flanieren, Cappuccino trinken und shoppen kann, wo man Kultur und Gebräuche kennenlernen, historische Gebäude bestaunen, Burgen und Schlösser besichtigen kann – und immer ganz tief in die modern-traditionelle, sehr italienische Lebensart dieser Alpenregion eintaucht.

Untrennbar verbunden mit der Geschichte der Menschen in den Dolomiten sind auch die Geschichten der bleichen Berge. Immer schon haben sagenhafte Landschaften sagenhafte Legenden hervorgebracht, und so rankt sich hier um nahezu jeden Berg eine geheimnisvolle Geschichte. Da gibt es etwa die Sage um einen Bergprinzen, der die Mondprinzessin heiratete – und weil sie im irdischen Gebirge vor Sehnsucht nach der weißen Mondlandschaft fast zugrunde ging, musste ein Zwergenvolk die dunklen Felsen des Königreiches mit einem Netz aus Mondfäden überziehen. So wurden die Dolomiten zu den »bleichen Bergen«. Oben auf der Fanes lag einst ein Königreich mit Städten, Dörfern und Ackerlandschaften, das in einem Krieg gegen ein verfeindetes Königreich zerstört wurde; weiter im Westen lebte ein Zwergenvolk mit seinem König Laurin inmitten eines herrlich blühenden Rosengartens, der wegen einer Liebestragödie nun zu Stein erstarrt ist und nur noch am Abend in rosigem Zauberlicht erstrahlt. Es gibt die Schlernhexen, den Hexentanz am Latemar und die grausige Geschichte, warum die Marmolada zum Gletscher wurde ...

Schotterauffahrt mit Aussicht

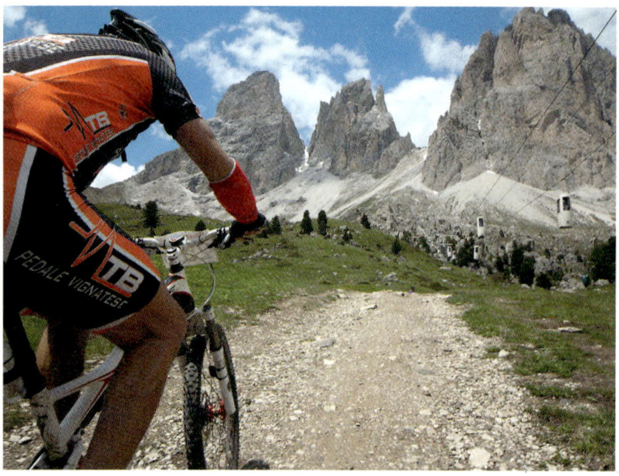

Leider ranken sich um die Dolomiten nicht nur alte Legenden; aus der jüngeren Vergangenheit gibt es auch tragische Anekdoten eines realen Krieges zu erzählen. Im Ersten Weltkrieg war der Gebirgszug die Front eines jahrelangen, erbitterten Stellungskrieges. Noch heute zeugen an vielen Orten Schützengräben – in den Fels gegrabene Höhlen zur Lagerung von Munition und Vorräten – sowie alte, zum Teil in Museen umgewandelte Forts von diesen schrecklichen Jahren.

Doch aus der Kriegshölle schnell wieder zurück zu den Dolomiten als Outdoor-Paradies, denn die Vergangenheit hat auch Positives hinterlassen: Biker und Wanderer profitieren von den damals angelegten Zugangswegen zu den Stellungen und können so die Dolomiten auf diesen und unzähligen anderen Wegen durchqueren und ihre landschaftliche Schönheit bewundern. So gibt es hier beispielsweise zehn beschilderte Höhenwege. Teile davon wurden ab den Fünfzigerjahren mit militärischen Steigen zum Sentiero della Pace verbunden, der von Sexten bis zum Stilfserjoch führt. Er zählt zu den bedeutendsten historischen Weitwanderwegen in Norditalien, verbindet das Andenken an die Historie mit Landschaftsgenuss und ist bei Wanderern ebenso beliebt wie bei Mountainbikern. Natürlich muss man ihn per Bike nicht ganz absolvieren und auch nicht zwingend eine Etappentour fahren. Von allen Ausgangspunkten kann man auch zahlreiche Rundtouren unternehmen. Die Dolomiten bieten Tagestouren in allen Schwierigkeitsgraden: Von Forstwegen und Militärstraßen über Panoramawege bis zu knackigen, anspruchsvollen Trails durch die Wälder gibt es alles, was Bikerherzen höher schlagen lässt. Ein Highlight mit wenig Aufstiegsstress und umso mehr Abfahrtsgenuss etwa ist die Sella Ronda – die Umrundung des Sellablocks. Im Winter ist sie eine anspruchsvolle Tagesaufgabe für Skifahrer, im Sommer für Biker mit Bergbahnen als Aufstiegshilfe und herrlichen Abfahrten auf Singletrails ein großer Spaß. All die schönen Touren findet ihr auf den folgenden Seiten.

Nur noch ein Tipp zum Abschluss: Packe nicht zu viele Hightech-Riegel in den Rucksack. Denn überall finden sich urige Almen und Hütten, die zur Einkehr einladen und in denen leckere

ladinische, südtiroler und italienische Gerichte serviert werden. Ein Glas Rotwein dazu – das ist in dieser Gegend auch für Sportler kaum vom Mittagessen wegzudenken. Dann geht es wieder frisch und gestärkt weiter – mitten hinein in die sagenhafte Bergwelt der Dolomiten mit ihren Wiesen, Felsblöcken und Zinnen.
Übrigens: Die Dolomiten bieten eine solch immense Fülle an Touren, dass sie den Rahmen dieses Buches sprengen würden. Da wir euch aber nichts vorenthalten möchten, stellen wir euch die Roadbooks, die hier keinen Platz gefunden haben, als kostenlose Downloads zur Verfügung – darunter auch unser hochkarätiger fünftägiger Dolomiten-Transalp von Sterzing nach Tramin. Klickt euch rein, unter www.ulptours.de

Wichtige Hinweise für einen sorgenfreien Bike-Urlaub:

- Das Fahrrad vor dem Urlaub von einem Fachmann durchchecken lassen.
- Wir empfehlen allen Bikern, einen Helm zu tragen, auch bergauf!
- Besonders auf schmalen Wander- und Waldwegen bitte diszipliniert verhalten. Wenn Wanderer entgegenkommen, frühzeitig abbremsen und langsam an ihnen vorbeifahren. Auch sie sind Naturfreunde und möchten nicht bei jedem Radler zu Tode erschrocken beiseitespringen müssen. Nur wenn wir Biker rücksichtsvoll fahren, werden auch in Zukunft die Wanderwege für uns nicht gesperrt werden.
- Keine großen Radtouren ohne Landkarte unternehmen. Man kommt zwar von jedem Berg und Hügel wieder herunter – aber vielleicht nur mit dem Rad auf dem Rücken.
- Bergpässe an den Wochenenden lieber meiden. Viele Pässe sind Samstag/Sonntag sowie an Feiertagen besonders stark befahren. Kreischende Motorräder, aufheulende Motoren und Abgasgestank haben mit Bergidylle rein gar nichts mehr zu tun.

Achtung: Die angegebene Dauer der Touren ist keineswegs bindend, da sie von der Beschaffenheit der Wege und von der Qualität des Mountainbikes, aber in erster Linie von der athletischen Vorbereitung des Mountainbikers selbst abhängt.

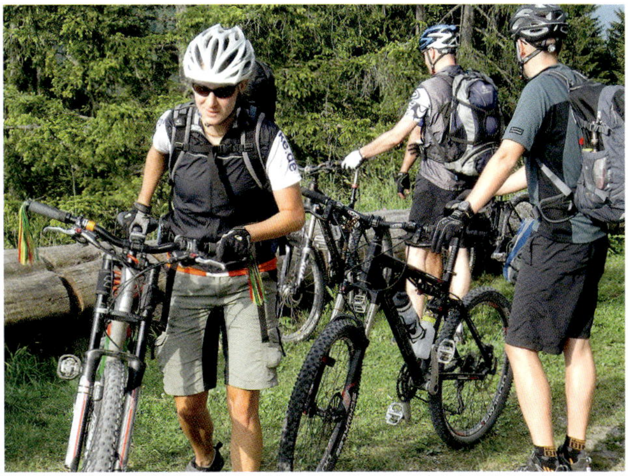

Gut vorbereitet ist schon halb angekommen

Biken und Umwelt

Für die Erhaltung unseres Lebensraumes sind wir alle mitverantwortlich. Einige einfache Regeln helfen dabei, unsere Umwelt und ihre Ressourcen zu schonen:

- Nur auf markierten Bike-, Forst- und Wanderwegen fahren, nur so bleiben Wiesen und Almen auch in Zukunft erhalten.
- Keine Blumen pflücken, die unter Naturschutz stehen.
- Den natürlichen Lebensraum der Tiere achten und keinen unnötigen Lärm erzeugen.
- Kein Feuer entzünden.
- Keinen Müll zurücklassen, sondern Verpackungen und dergleichen ordnungsgemäß im Tal oder im Hotel entsorgen.
- »Einmalgebrauchsartikel« vermeiden und Getränke wählen, bei denen das Leergut zurückgenommen wird.
- Sondermüll wie Medikamente, Batterien, Spraydosen usw. beim Gastgeber oder in den entsprechenden Geschäften abgeben.

Ein Satz zur Wegeregelung: Gemeinden in Südtirol/Trentino können frei entscheiden, welche Wege zu welchem Zweck freigegeben sind. Die Gemeinden stehen Mountainbikern allgemein aufgeschlossen gegenüber. Vom Tourismusverband ausgeschilderte oder beschriebene Routen können ohne Bedenken befahren werden. Bitte verhaltet euch zuvorkommend gegenüber Wanderern und anderen Nutzern der Wege, damit dieser Status aufrechterhalten bleibt.

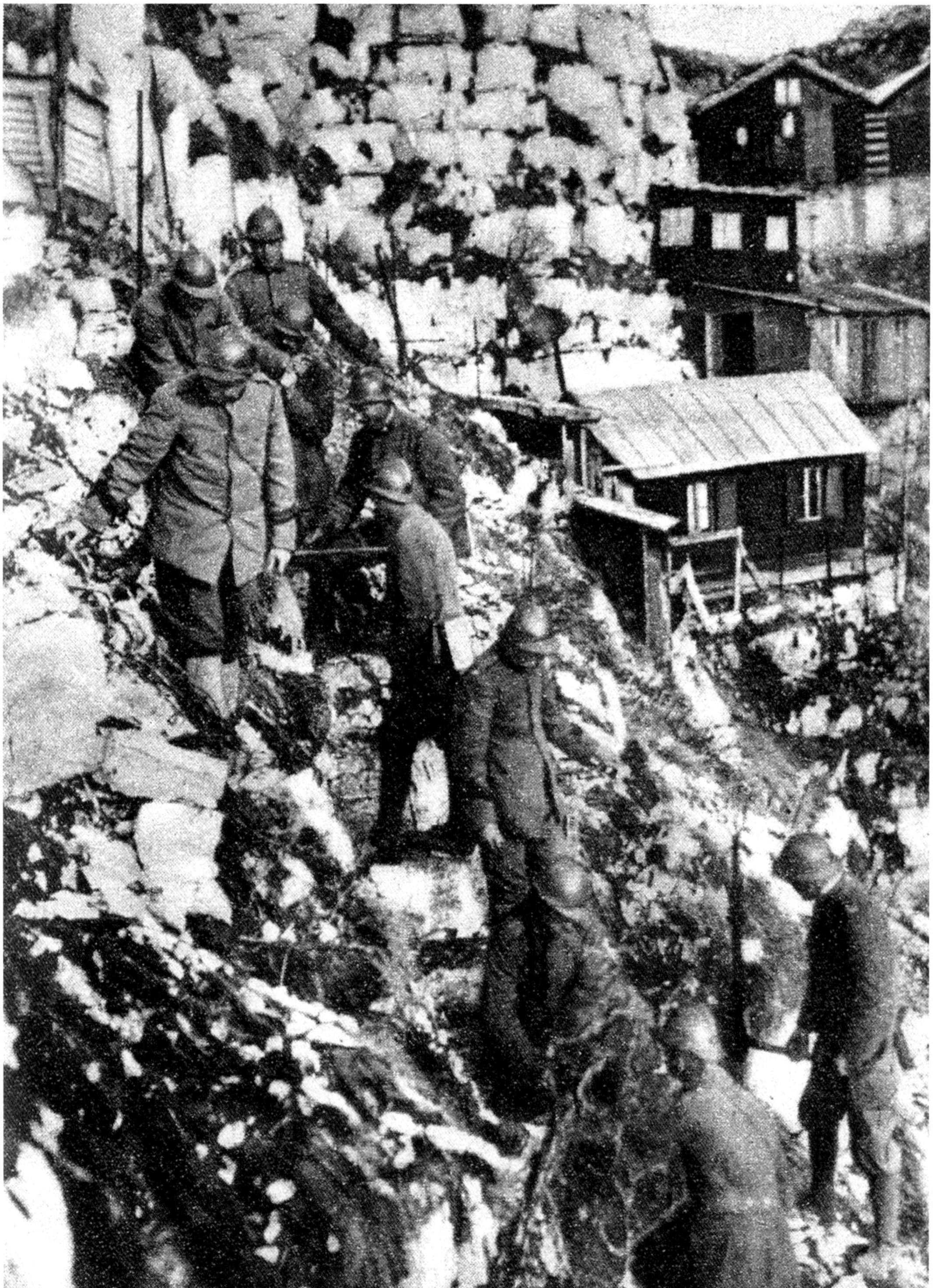

Historie

Krieg in den Dolomiten

Unterstände, Bunker und verfallene Festungswerke ducken sich ins Gelände und ermahnen auf einige Entfernung erst ganz leise, dann beim Näherkommen und nach dem Entdecken der Scharten und Kuppeln etwas deutlicher – die kriegerische Vergangenheit Zentraleuropas nicht zu vergessen. An Straßen, Wegen und Trails liegen sie, die Spuren jener schrecklichen Jahre, als das Töten zur vaterländischen Pflicht der jungen Männer gehörte. Erst wundert man sich vielleicht, wie viele Höhlen da an den Wegen zu finden sind, oder wie wellig das Gelände auf manchen Flächen scheint, obwohl nirgends ein Wasserlauf zu sehen ist. Der große Krieg steckt dahinter. Oft hat er ganze Landstriche geprägt. Auch hier in den Dolomiten.
Was aber brachte die Menschen dazu, gerade diese Anlagen an genau diesen Orten anzulegen? Auch wenn die Frage einfach klingt, so lässt sich anhand ihrer eigentlich alles klären, was wir vor Ort entdecken.

Europa am Abgrund

Das Osmanische Reich befand sich im Niedergang. Angrenzende Staaten waren begierig darauf, Gebiete zu annektieren. Beinahe alle europäischen Länder strebten nach überseeischen Kolonien und sonnten sich im Glanze vergangener Größe, die sie, von überzogenem Nationalstolz getrieben, wiedererlangen wollten. Stabilisiert wurde diese kritische Situation allein von einer Reihe von Bündnissen und Geheimverträgen, die gewissermaßen die Ängste vor einer militärischen Niederlage gegenüber einer stärkeren Allianz schürten, und so potenzielle Aggressoren einige Zeit im Zaum hielten.
Technische Fortschritte wie etwa die Verhüttung von Eisen und Stahl, die industrielle Fertigung von Gebrauchsgütern und Maschinen, der Ausbau von Wasserwegen und Eisenbahnlinien, der Einsatz von Aeroplanen und Überseedampfern förderten den wirtschaftlichen Aufstieg großer europäischer Nationen. Zugleich sahen die Militars im technischen Fortschritt ein Hilfsmittel für den schnellen Sieg, denn er machte vieles möglich: massenhafte Herstellung von Waffen, schnelle Verlegung und Versorgung von Truppen, Kriegsschiffe vor gegnerischen Häfen und Aufklärungsflugzeuge in deren Luftraum.
Letztlich entwickelte sich das europäische Bündnissystem in zwei Machtblöcke, und zwar so, dass das Deutsche Kaiserreich mit der Doppelmonarchie Österreich-Ungarn und dem Königreich Italien ab 1882 zusammen im Dreibund vereint war. Um diese Länder herum befanden sich Frankreich und das Russische Zarenreich sowie Großbritannien ab 1907 in der Triple Entente.

Der Schritt nach vorn

Das allen mehr oder minder bekannte Attentat von Sarajevo vom 28. Juni 1914 auf den österreichischen Thronfolger Erzherzog Franz Ferdinand und seine Gemahlin zog die Kriegserklärung Österreich-Ungarns an Serbien nach sich und löste so die Reihe der jeweiligen Bündnisverpflichtungen aus, die Europa in den Krieg führte.
Das Morden begann in Ost und West. Allein Italien wahrte im ersten Kriegsjahr seine Neutralität, da es sich durch das Vorgehen seiner Bundesgenossen nicht verpflichtet sah, auf deren Seite an den Kampfhandlungen teilzunehmen. Doch wurde das junge Königreich sofort von beiden Bündnisblöcken heftig umworben. Versprechungen der Ententemächte auf Gebietsgewinne wie Triest und Istrien, Teile Dalmatiens und Albaniens sowie die Region Südtirol bis zum Brenner und das Wirken radikaler Gruppierungen im Land ließen Italien schließlich am 4. Mai 1915 aus dem Dreibund mit dem Deutschen Kaiserreich und Österreich-Ungarn austreten und am Pfingstmontag, den 23. Mai 1915, Österreich-Ungarn den Krieg erklären.

Strategie der Angreifer

Als Angriffsplan erwog der italienische Generalstabschef Luigi Cadorna einen machtvollen Offensivstoß am Isonzo sowie gleichzeitige Angriffe gegen Kärnten und Tirol. Die Hauptstoßrichtung sollte nach Osten zielen, an den Isonzo. Frontal und direkt wollte er angreifen und erreichen, dass der Gegner sich in ver-

Bild linke Seite: italienische Stellungen in den Bergen Südtirols

nichtenden Abnutzungsschlachten aufreibt. In zwölf großen Schlachten versuchte er, seine Strategie an diesem Fluss umzusetzen. Am Ende erlebte er dort 1917 seine militärische Niederlage bei Karfreit (Caporetto).

An der Dolomitenfront sollte am Col di Lana, am Valparolapass, am Monte Piana und am Kreuzberg vorgerückt werden. Ein Angriff über den Col di Lana konnte über Corvara und das Grödner Joch ins Etschtal durchgeführt werden. Fiel der Valparolapass, war der Weg über Stern ins Gadertal frei. Über den Monte Piano und über den Kreuzberg war das Pustertal mit seiner Ost-West-Verbindung in weniger als 15 Kilometern zu erreichen.

Befestigte Plätze

Da die österreichischen Strategen die Gefahr eines italienischen Vorstoßes in die Täler der Dolomiten berufsmäßig in Betracht ziehen mussten, ließen sie schon ab etwa 1880 zur Sicherung der Bahnlinie im Pustertal an den strategisch bedeutsamen Punkten befestigte Straßensperren und Festungswerke errichten.

Erste Kämpfe

Bemerkenswert ist der Umstand, dass die eigentlichen Gebirgstruppen, die Kaiserjäger, auf den Schlachtfeldern der Ostfront fochten. Zur Verteidigung wurden deshalb Trosseinheiten, Polizei- und Zollabteilungen und die tapferen Standschützen herangezogen. Sie stellten mit Kämpfern ab dem 16. Lebensjahr das letzte Aufgebot, denn alle halbwegs kriegstauglichen Männer zwischen dem 21. und 32. Lebensjahr waren zur regulären Truppe einberufen worden, und der Landsturm hatte die Schützen zwischen dem 33. und 42. Jahr einberufen.

Heilige Messe mitten im Stellungskrieg

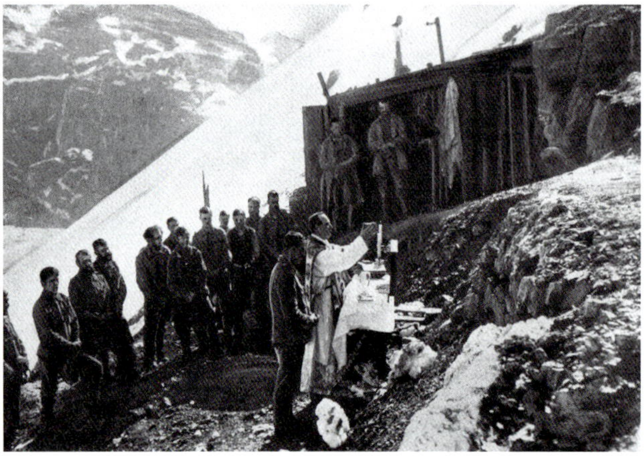

Diese militärisch eher ungeschulte und schlecht gerüstete Truppe von etwa 40 000 Mann schanzte an der Dolomitenfront, täuschte dem Gegner eine reguläre Besatzung der Anlagen vor und schlug die ersten einzelnen Vorstöße der Angreifer auf ihre Heimat zurück. Obschon das Deutsche Reich sich noch nicht mit Italien im Kriegszustand befand, entsandte es zur Sicherung der Tiroler Grenzen das deutsche Alpenkorps. Zusammen mit den Standschützen wehrten sie nun ortskundig und kampferfahren die massiven Vorstöße der Italiener ab, bis sie noch vor Wintereinbruch 1915 von den österreich-ungarischen Landesschützen und Kaiserjägern abgelöst wurden.

Stellungskrieg

Bis auf einige wenige Einbrüche in die Verteidigungslinie, wie etwa die Wegnahme des Falzaregopasses oder die Besetzung des Cima di Bois, waren die italienischen Vorstöße nicht zielführend. Als es nicht mehr vorwärtsging, begannen sich die Truppen einzugraben: Die Fronten erstarrten auch an den Dolomiten. Italien suchte seinen Sieg weiter am Isonzo.

Entlang der Frontlinie lagen sich die Soldaten in Schützengräben und befestigten Löchern gegenüber. Fortan wurde um Berggipfel und Höhenzüge gerungen. Mit Kanonen versuchten sich die Gegner gegenseitig aus ihren Stellungen zu schießen. Spähtrupps, Patrouillen und Sturmkompanien überfielen Feldwachen, Vorposten und Versorgungskolonnen.

Um größere Erfolge zu erzielen, erwog man, die gegnerische Höhenstellung mit einem Stollen zu unterminieren, dort eine Explosion auszulösen und so die gesamte Bergspitze mit den Befestigungsanlagen und den Besatzungen herauszusprengen. Sturmeinheiten sollten dann die Trümmer sichern. Der Minenkrieg hatte mit der Sprengung des Col di Lana am 17. April 1916 Einzug gehalten.

Bewegung kam ab dem 16. Mai 1916 in die Front, als österreichische Truppen versuchten, zwischen Etsch und dem Val Sugana in Richtung Venedig anzugreifen, um die italienischen Isonzo-Armeen einzukreisen.

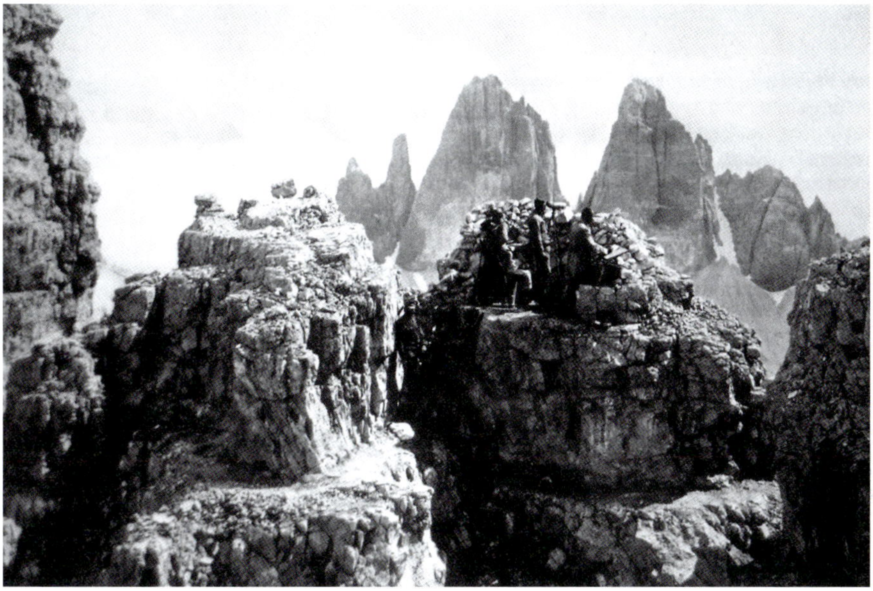

Postierte Späher zwischen den Felsen

Jedoch stießen auch die Österreicher nach anfänglichen Erfolgen auf erheblichen Widerstand und mussten sich letztendlich wieder zurückziehen, da an der Ostfront eine russische Großoffensive anrollte, die alle verfügbaren Heeresreserven zur Eindämmung forderte. Der Stellungskrieg in den Dolomiten wurde fortgeführt.

Die 12. Isonzo-Schlacht, bei der am 24. Oktober 1917 bei Flitsch-Tolmein-Karfreit die italienische Verteidigungslinie durchbrochen wurde, führte letztlich zum wenig geordneten Rückzug derselben auf den Piave. Gleichzeitig stürmten österreichisch-ungarische Verbände an die Dolomitenfront und zwangen auch dort die Italiener zum Rückzug. In der oberitalienischen Tiefebene gruben sich wieder beide Kriegsparteien ein und hielten etwa die Positionen bis zur Unterzeichnung der Kapitulation Österreichs am 4. November 1918.

Allerdings erging bereits einen Tag vorher der Befehl zum Waffenstillstand an die Truppe. Italienische Verbände stürmten daraufhin ungehindert zum Brenner und eroberten das Trentin und Südtirol.

Einige Frontabschnitte

Marmolada

Nach anfänglichen Scharmützeln kleinerer Patrouillen besetzten 1916 österreichische Gebirgstruppen die Marmolada, nachdem sich italienische Verbände in der Südwand festgesetzt hatten. Bemerkenswert ist die Errichtung der »Eisstadt«, einer Barackenanlage unter dem Eis, im Gletscher. Versorgt wurde diese durch beschusssichere Stollen vom Gletscherfuß aus.

Die Kampfhandlungen blieben auf Stellungskämpfe und Spähtruppaktionen beschränkt. Die Natur aber forderte in Form einer gewaltigen Lawine am 13. Dezember 1916, die das österreichische Lager Gran Poz verschüttete, an die 300 Todesopfer unter den Soldaten.

Col di Lana

Die Italiener nannten ihn auch Col di Sangue, was in etwa Blutberg oder Berg des Blutes heißt. Als einer der Eckpfeiler der Dolomitenfront wurde er zu einem der am meisten umkämpften Berge der Militärgeschichte. Nicht so hoch und vergletschert wie die Marmolada, und nicht so von schwer zu bekämpfenden Felsen durchzogen wie der Lagazuoi oder die Tofanen, erschien der Col di Lana den Italienern wegen des einfacheren Almgeländes ein geeigneter Punkt, um mit größeren Verbänden durchzubrechen.

Von Kriegsbeginn an wurden die deutsch-österreichischen Stellungen insgesamt 97 Mal berannt. Nur in einem Fall konnte die Gipfel-

stellung genommen werden. Am selben Tag ging sie jedoch wieder verloren.
Mit einer Minenexplosion sprengten italienische Sappeure und Pioniere am 17. April 1916 den Gipfel mitsamt der Kampfbesatzung. Der Erfolg war allerdings gering, da sich die österreichischen Truppen auf den angrenzenden Monte Sief zurückzogen und diesen bis zum Kriegsende hielten. Bis dahin zündete jede der Kriegsparteien noch eine Mine, die jedoch beide ohne taktischen Erfolg blieben.

Valparola, Sasso di Stria, Falzarego und Lagazuoi

Der Sasso di Stria, oder auch Hexenstein, beherrschte nicht zuletzt mit dem Fort Tre Sassi die Dolomitenstraße und somit den Zugang zum Gadertal. Nachdem italienische Truppen den Hexenstein im Juni 1915 im Handstreich erobert und kurz darauf wieder verloren hatten, bauten ihn die Österreicher zu einer starken Befestigungsanlage aus, die seit 1916 vom schusssicheren Goigingerstollen mit zahlreichen Unterkünften, Lagern und einem Maschinenhaus versorgt wurde. Diese Anlage wurde notwendig, als sich italienische Truppen auf einem Felsband (Cengia Martini) am Kleinen Lagazuoi eingruben und von dort aus die österreichischen Nachschublinien störten. Interessant ist dabei der Umstand, dass der Gipfel des Kleinen Lagazuoi noch in der Hand der Kaiserjäger war. Reguläre Angriffe konnten die Italiener nicht vom Fels werfen, so zündeten die österreichischen Pioniere in der Zeit vom 1. Januar 1916 bis zum 16. September 1917 vier Minen unter deren Stellungen, allerdings ohne nennenswerten Erfolg. Eine Gegenmine konnte aber auch die Österreicher nicht vom Gipfel vertreiben. Geblieben sind der heute begehbare Minenstollen der Italiener und unglaubliche Mengen an abgestürztem Gestein.

Das Abseilen von Verwundeten

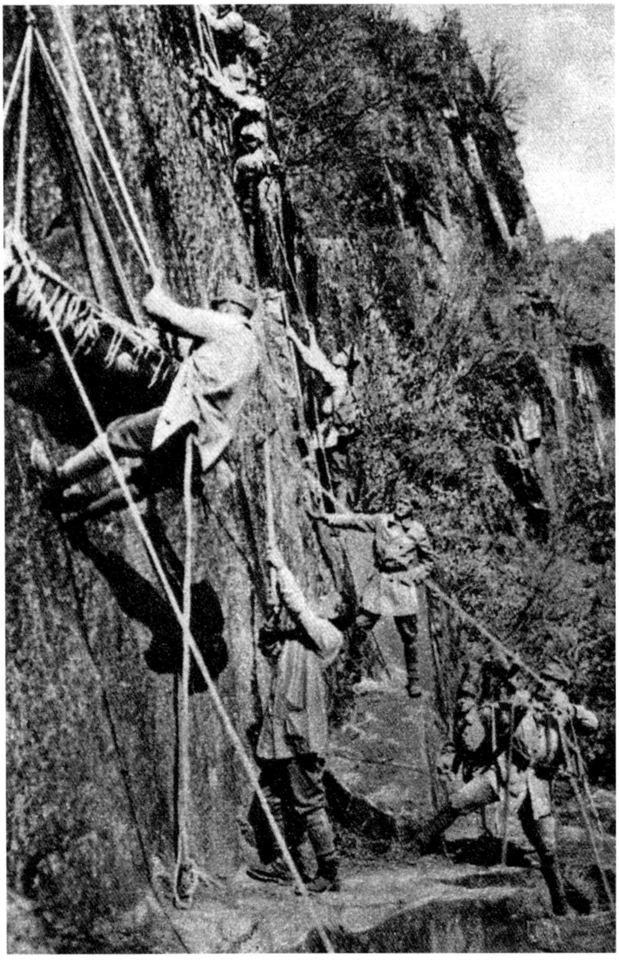

Monte Piana (auch Monte Piano)

Wie eine Festung erhebt sich der Monte Piana über der Straße zum Höhlensteintal und sperrte damit in der Verlängerung den Zugang zur wichtigsten Versorgungslinie, dem Pustertal. Es war sicher nicht klug, dass die oberste österreichische Armeeführung es versäumte, diesen strategisch wichtigen Punkt bei Kriegsausbruch zu besetzen, so musste der Gipfel zurückerobert werden, was auch teilweise gelang. Fortan lagen sich Kaiserjäger auf der Nordkuppe und italienische Alpini auf dem Südrücken beinahe in Handgranatenwurfweite gegenüber. Über das deckungslose Karstplateau wogten Sturmangriffe, doch keine der beiden Parteien konnte die andere in die Knie zwingen. Die Front blieb bestehen, bis sich die Italiener zurückzogen.
Heute befindet sich auf dem Monte Piana ein Freilichtmuseum, das dem geneigten Besucher den Gebirgskrieg und das Leben der Soldaten in ihren Unterständen, Gräben, Baracken und Kavernen veranschaulicht. Leider ist die Anlage derzeit nicht mehr im besten Zustand.

Der Mensch im Gebirgskrieg

Beladen mit etwa 25 Kilogramm für Ausrüstung, Gewehr, Munition und Marschverpflegung bezog der Kaiserjäger in stundenlangem Fußmarsch seine ihm zugeteilte Gefechtsstellung, die nicht selten über 2000 Meter hoch lag. Häufig waren die Nachschubverbindungen einsehbar, oder die Ablösezeiten waren den gegnerischen Artilleriebeobachtern bekannt, sodass sie mit Störfeuer den Aufstieg erheblich erschwerten. In Laufgräben und Schützenlöchern verblieben die Männer im günstigsten Fall zwischen 24 und 72 Stunden, bis sie für den gleichen Zeitraum abgelöst wurden. War keine Ablösung möglich, so verharrten sie Wochen, Monate oder den ganzen Winter in eisigen Höhen.

Oft näherten sich die gegnerischen Stellungen bis auf wenige Meter an. Man belauerte sich, eine Stunde auf Wache stehend; bei schlechtem Wetter nur für eine halbe Stunde.

Im günstigsten Fall stand dem Soldaten dafür an täglicher Verpflegung zu:

Brot	1,5 kg
Fleisch	0,4 kg
Gemüse	0,14 kg
Salz	0,03 kg
Fett	0,02 kg
Tabak	0,036 kg
Wein	0,50 l

Sehr häufig konnte dieser Verpflegungssatz nicht eingehalten werden. Hunger war also ein ständiger Begleiter des Soldaten. Auf wasserlosen Höhenstellungen war natürlich auch die Versorgung mit Getränken rationiert.

Um in den hoch gelegenen Stellungen überleben zu können, musste wirklich alles auf die Berge geschafft werden: Munition, Verpflegung, Bau- und Feuerholz, Nägel, Dachpappe ... Aus frontnahen Versorgungslagern schafften Schmalspurbahnen oder Gespanne die benötigten Güter zu Seilbahnstationen. Von dort aus ging es in die Höhen. Dann weiter auf den Rücken von Tragtieren wie Eseln, Maultieren, Mauleseln und Hunden. Natürlich schafften auch Träger den Nachschub die Berge hinauf. Bevorzugt setzte das Versorgungskommando dazu Kriegsgefangene und taugliche Standschützen ein. Im Sommer funktionierte das leidlich. Bei Unwettern oder im Winter war aber die Aufrechterhaltung des Nachschubs ein aufwendiges Unterfangen.

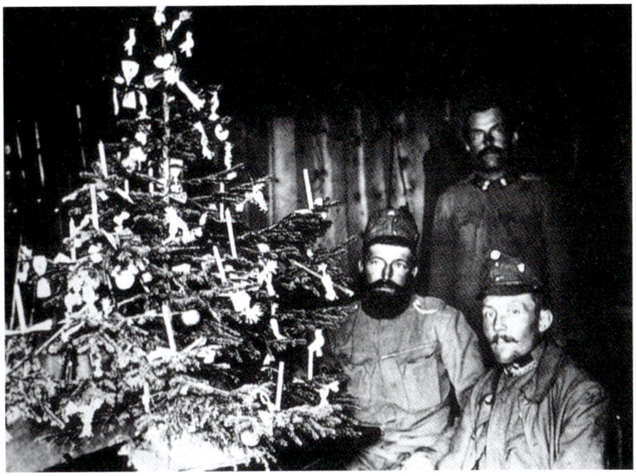

Weihnachten für die Soldaten

Die Trägerzüge, Seilbahnbautrupps oder Tragtierstaffeln leisteten täglich Schwerstarbeit. Im hochalpinen Hinterland waren diese Versorgungseinheiten zudem von feindlichem Artilleriefeuer bedroht, das sie ebenso dezimierte wie Steinschläge, Lawinen oder die Auszehrung in eisiger Kälte.

Gebirgsartillerie

Neben den massenhaft eingesetzten Infanteristen wurde die Artillerie im Ersten Weltkrieg als wichtigste Waffe angesehen. Allerdings war schon der Transport der Kanonen ein aufwendiges Unterfangen. Die österreichische Standardhaubitze vom Kaliber 7,5 Zentimeter war 613 Kilogramm schwer. Geschütze mit größeren Kalibern wurden oft in Mannschaftszügen von über hundert Männern unter Zuhilfenahme von Flaschenzügen meterweise die Pfade emporgezerrt.

Die Munition musste natürlich auch in die Feuerstellungen gebracht werden. Die 7,5 Zentimeter Standardgranate wog 6,2 Kilogramm, Granaten für größere Kaliber wogen ungleich schwerer. So entwickelte sich der Munitionstransport für die großkalibrigen Kanonen zu einer logistischen Leistung. Deshalb war es für die Artilleristen wichtig, sehr präzise und sparsam zu feuern, was aber bei den unberechenbaren Winden in den Bergen, den oft kleinen Zielen und bei ungenauer Entfernungsmessung überaus schwierig war.

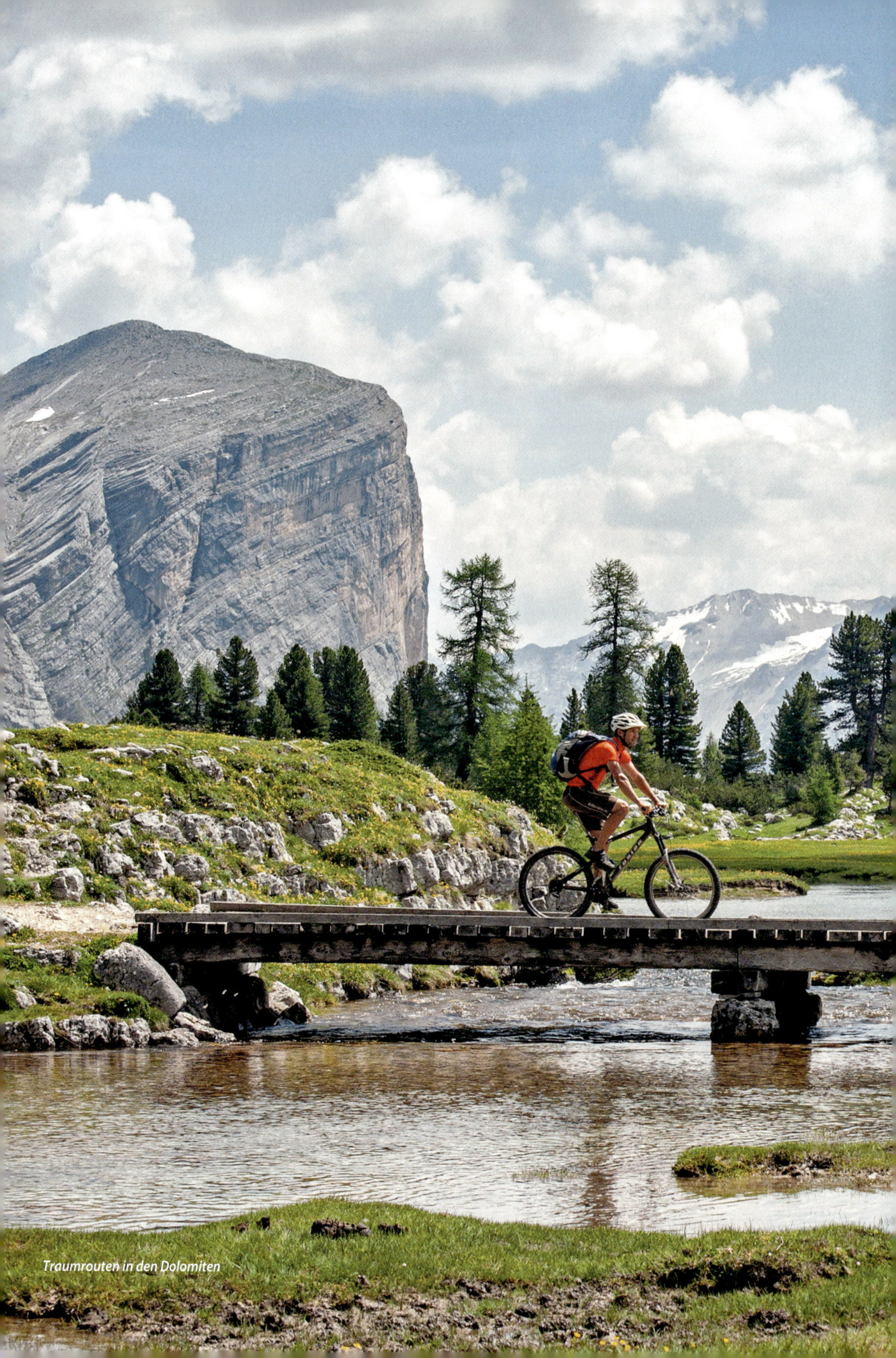

Traumrouten in den Dolomiten

Touren in den Dolomiten

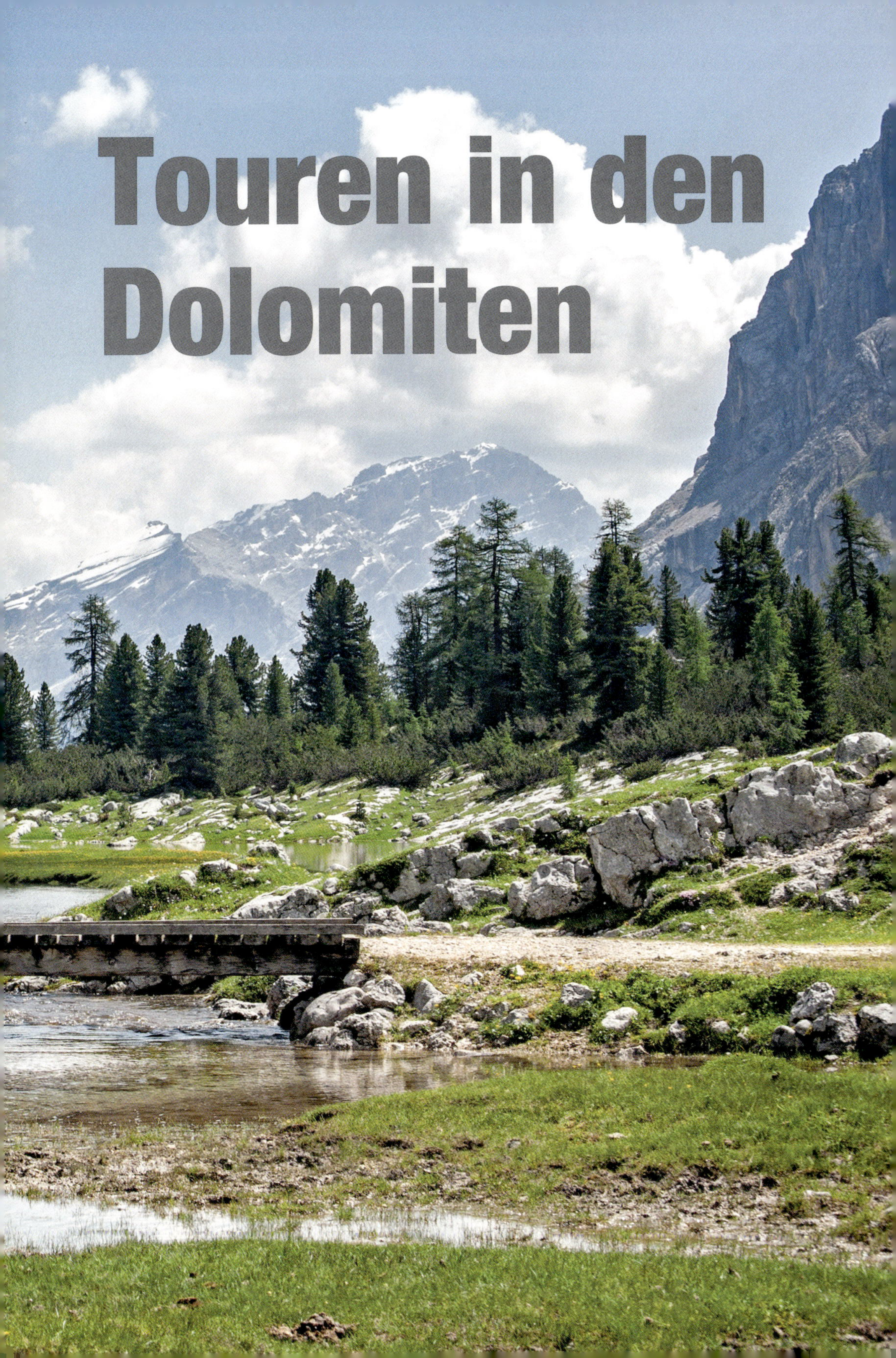

1. Cortina d'Ampezzo

Cortina d'Ampezzo gehört nicht mehr zu Südtirol, sondern bereits zur italienischen Provinz Belluno. Der Ort liegt auf einer Höhe von 1211 Metern in den Ampezzaner Dolomiten und bildet das größte besiedelte Zentrum der Dolomitenladiner. Cortina ist ein renommiertes Wintersportzentrum, das 1956 als Austragungsort der Olympischen Spiele sowie der Alpinen Skiweltmeisterschaften 1932 und 1941 große Beliebtheit erlangte. Der Tourismus dominiert den Ort aus wirtschaftlicher und kultureller Sicht. Cortina d'Ampezzo bietet ein großes und vielfältiges Angebot für Biker, passend für jedes Anforderungsprofil und für alle geeignet, die gerne sportlich in die Pedale treten.

Neben den Mountainbike-Touren für trainierte Biker und Extremsportler, bietet sich der Radfernweg der Dolomiten an. Dies ist ein langer Radweg, der auf der alten Trasse einer stillgelegten Eisenbahn durch die Dolomiten führt. Vor gar nicht allzu langer Zeit wurde er asphaltiert und mit Beleuchtung in den Tunneln versehen. Auf diesem Radfernweg können sich Freizeitradler und Familien mit Kindern bequem inmitten der atemberaubenden Landschaft durch das gesamte Tal fortbewegen.

Cortina ist es durch starken Naturschutz gelungen, die wunderbare alpine Flora und

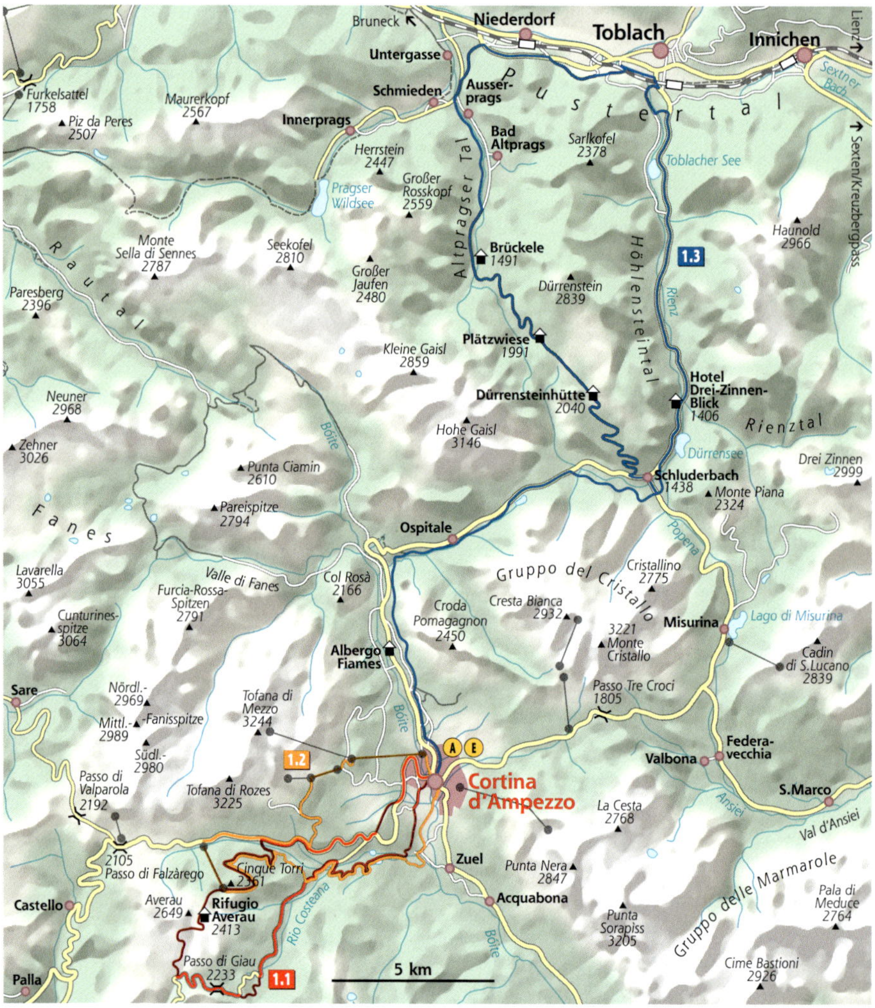

Fauna im Ampezzo-Tal über die Jahrhunderte hinweg zu erhalten. Im Sommer verwandelt sich Cortina in einen Naturspielplatz, der Besucher zu Spaziergängen, Wanderungen und Radtouren durch Wälder, über Almen, an Wildbächen und Bergseen vorbei einlädt. Auf über 400 Kilometern ausgeschilderten Wegen kann man allein in der Stille der Natur oder in Begleitung eines erfahrenen Bergführers die faszinierende Berglandschaft erleben. Geboten werden Spaziergänge durch Wiesen und Wälder, Rundwanderungen mit atemberaubendem Panoramablick, schwierige Touren mit Aufstieg über Geröllhalden und sehr anspruchsvolle Touren bis auf die schönsten Gipfel der Dolomiten. Auf der Tour zu den Fanes-Wasserfällen im Naturpark kann man die Welt durchs Wasser hindurch betrachten und einen der höchsten Wasserfälle der Dolomiten bewundern. All das gibt es in und um Cortina zu sehen.

Lagazuoi – Cinque Torri – Croda da Lago

Die ganze Kraft und Fantasie der Natur hat hier ein einmaliges Szenario erschaffen. Die Steilwand des Lagazuoi bewacht den Falzaregopass und eröffnet Besuchern den Zugang zum Naturpark. Der Gipfel des Piccolo Lagazuoi bietet ein 360-Grad-Panorama über die höchsten Bergmassive der Dolomiten. Die schlank zum Himmel aufragenden Cinque Torri mit ihren 108 Klettersteigen sind der schönste und beliebteste Klettergarten im gesamten Gebiet. Vom Gipfel des Nuvolau auf 2575 Metern Höhe haben wir einen großartigen Ausblick nach einem nicht besonders beschwerlichen Ausflug. Im bezaubernden See Croda da Lago spiegelt sich der Becco di Mezzodì.

Faloria – Sorapis – Cristallo – Riogere – Mietres

Von der luftigen Höhe des Faloria aus ist es ein Leichtes, in das Tal hinabzusteigen und sich dabei von den Farben der Natur betören zu lassen. Vom Gipfel aus kann man in Richtung Sorapis weitergehen: der Blick auf den gleichnamigen See, ein grüntürkisfarbenes Juwel, ist eine reiche Belohnung für die Mühe. Kürzlich wurde dieses Gebiet mit einem neuen, spektakulären, aber sehr schwierigen Klettersteig, dem »Ferrata Sci Club 18« bereichert. Die Touren in der Cristallogruppe, egal ob gemütliche Spaziergänge oder Klettersteige wie »Ivano Dibona« oder »Marino Bianchi«, werden lange in Erinnerung bleiben. Mit den Bergbahnen kann man Forcella Staunies auf 2932 Metern Höhe erreichen und ein unvergleichliches Panorama bewundern. Die sonnenüberfluteten Wiesen und Wälder rund um Mietres laden dazu ein, sich den Heilkräften der Natur anzuvertrauen. Lange, erholsame Spaziergänge oder Biketouren lassen alle Sorgen vergessen.

DAS MUSEUM DES ERSTEN WELTKRIEGES

Inmitten dieser Berge ist das größte Freilichtmuseum des Ersten Weltkrieges mit einem Durchmesser von 5 km realisiert worden. Ein kulturelles Erlebnis der besonderen Art: Das Museum setzt sich aus den drei Freilichtmuseen des Lagazuoi, aus der Cinque Torri, dem Hexenstein »Sasso di Stria« und dem Museum der Festung »Forte Tre Sassi«, zusammen. Es zeigt Schauplätze und historische Begebenheiten während des Dolomitenkrieges in einer überwältigenden Region der Alpen.
Wer Prähistorisches liebt, kann auf den Spuren des Mannes von Mondeval den Weg zu seinem 2000 m hoch gelegenen Grab gehen, das auf das Jahr 5000 v. Chr. datiert wird, oder Dinosaurier-Spuren im Dolomitengestein suchen.

Tofane – Pocol

Ruhig und wuchtig bilden die Tofane die Felskulisse im Westen von Cortina. Die Tofana di Rozes ist ein wahres Bergsteigerparadies. In der Mitte thront die höchste, die Tofana di

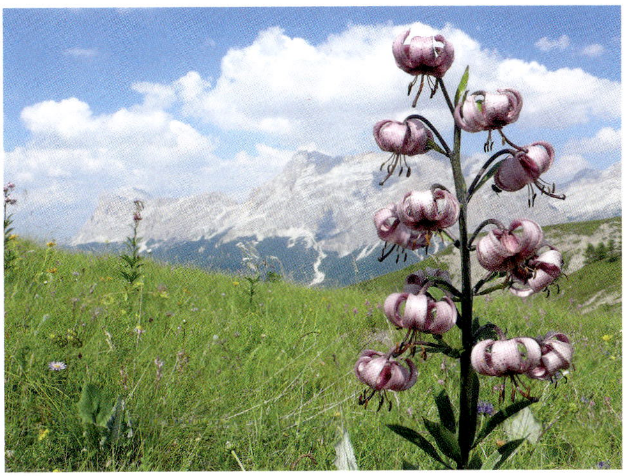

Blumenpracht im Fanes-Gebiet

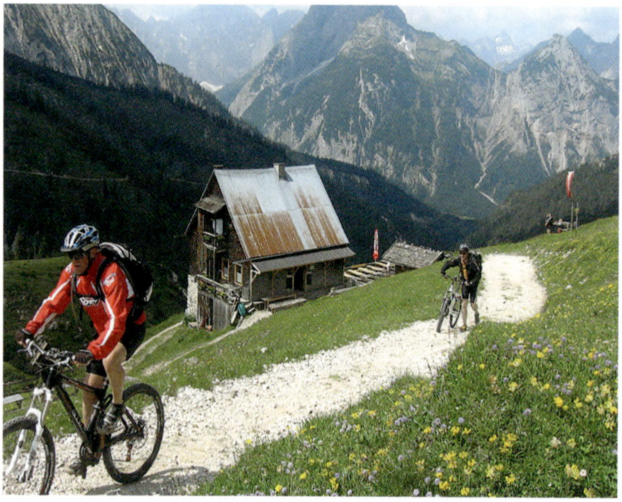

Knackiger Anstieg über blühende Almwiesen

Mezzo, deren 3244 Meter hohen Gipfel man mit der Seilbahn erreichen kann. Die ungezähmte Tofana di Dentro bezaubert mit spektakulären Felswänden und Kammlinien. Die Tofane bieten unzählige Aufstiegsmöglichkeiten aller Schwierigkeitsgrade, atemberaubende Wege und Klettersteige wie Ferrata Punta Anna mit Aufstieg bis zum Gipfel der Tofana di Mezzo und Livella auf den Gipfel der Tofana di Rozes. Talseitig laden viele Wege zu unvergesslichen Mountainbike-Touren ein.

Über 500 Kilometer Radwege und Routen mit Strecken aller Schwierigkeitsgrade und für jede Altersgruppe ziehen Radsportler aus aller Welt an. Es gibt sowohl unbeschwerte Familienausflüge auf zwei Rädern entlang der Trasse der ehemaligen Dolomitenbahn, über Brücken, Dämme und durch Tunnel als auch herausfordernde Touren. Eigens für die Biker wurde ein Bike- und Bus-Service auf der ganzen Radfernweg-Strecke eingerichtet. Nervenkitzel wird auf den technisch anspruchsvollen Auf- und Abfahrten der Cross-Country-und All-Mountain-Strecken geboten. So wurde auch ein Liftpass speziell für Biker mit Freeride-Ambitionen eingeführt. Ein Zusammenschluss der über 20 »Cortina Bike Hotels« bietet spezifische Dienstleistungen für Biker an. So bekommt man hier Informationen über bikerfreundliche Hütten, Restaurants, Radkarten, Roadbooks und GPS-Daten, ausgeschilderte Routen, Radverleih und Bike-Schulen.

BIKEGUIDES

A.S.D. Fairplay
Pian Da Lago, 4
Tel. +39/(0)339/661 56 89
www.asdfairplay.it
info@asdfairplay.it

A.S.D. Giocalosport
Via Majon di Sopra, 26
Tel. +39/(0)348/122 05 52
www.giocalosport.com
info@giocalosport.com

A.S.D. Red Devils Cortina
Corso Italia
Sede Ciasa de Ra Regoles
Tel. +39/(0)436/29 11
www.scuolascicortina.it
red.devils@scuolascicortina.it

Nature Guide/Natur- u. Landschaftsführerin
Monica Dandrea
Tel. +39/(0)328/276 53 28
www.suisentierideisalvans.it
sentieri.salvans@libero.it

Kunst und Kultur für Regentage

Cortina ist nicht nur Sport, Fremdenverkehr und mondänes Vergnügen, sondern auch ein Ort mit großer Tradition, Kunst und Kultur. In Ampezzo prägt seit jeher die Beziehung zwischen Natur und bäuerlicher Tradition das Leben der Menschen. Hier wurden im Laufe der Generationen die Regeln des wirtschaftlichen und gesellschaftlichen Lebens und Handelns sowie deren politische Vermittlung festgehalten und niedergeschrieben. Dies sind die sogenannten *Regole*, eine Einrichtung für das gute Verwalten der Ressourcen, für den respektvollen Umgang mit Grund und Boden. Unter den permanenten Ausstellungen ist besonders auf die drei Museen der Regole d'Ampezzo hinzuweisen, die man im Gebäude »Ciasa de ra Regoles« und im neuen Mehrzweckkomplex »Alexander Girardi Hall« besuchen kann. Im Paläontologischen Museum »Rinaldo Zardini« wird eine der umfangreichsten Fossiliensammlungen aufbewahrt, die dem Besucher die geologische Entwicklung dieser Talmulde nahebringt. Das Völkerkundliche Museum der »Regole d'Ampezzo« beherbergt die Gegenstände der Geschichte, Tradition und des Handwerks dieses damals von Viehzucht und Landwirtschaft lebenden Bergvolkes.

Das permanente Planetarium im Herzen der Dolomiten ist ein kosmisches Kino mit einem digitalen Projektor der neuesten Generation, der eine überwältigende multimediale Anwendung ermöglicht und eine 360-Grad-Projektion

auf die gesamten acht Meter Durchmesser der Kuppel ermöglicht. Wer Mond und Sterne aus allernächster Nähe beobachten möchte, sollte sich einen Besuch der Sternwarte des Col Drusciè nicht entgehen lassen.
Eine einzigartige Modern-Art-Sammlung bietet das Museum für Moderne Kunst »Mario Rimoldi«. Es beherbergt etwa 400 Kunstwerke der bedeutendsten italienischen Künstler des 20. Jahrhunderts.
Trendlokale gibt es in Cortina zuhauf. Von Sonnenaufgang bis Sonnenuntergang, vom Frühstück bis zum Aperitif, vom Snack mit Speiseeis bis hin zu einem exzellenten Wein in entspannter Atmosphäre mit Live-Musik kann man hier alles genießen. In Cortina gibt es über 40 Restaurants und 56 Bergrestaurants, in denen eine Vielzahl von kulinarischen Spezialitäten angeboten wird. 14 Pizzerias und viele Almen, in denen man sehr gut essen kann und wo auch hauseigene Naturprodukte zum Verkauf angeboten werden, warten auf Besucher. Unzählige Hotels haben Restaurants mit Haubenköchen, die exklusive Menüs zubereiten. Wie in dem Grenzbezirk in den Alpen findet man auch im Ampezzo-Tal eine Küche, die aus geografischen Gründen von zwei unterschiedlichen Kulturen beeinflusst wird. Vom Tiroler Land hat Cortina die »Knödel« und »Spätzle« übernommen, aus der venezianischen Küche hingegen stammen Gerichte wie Polenta, kombiniert mit Käse, Pilzen, grober Wurst oder Gulasch. Cortinas typischstes Gericht sind halbmondförmige Ravioli, die »Casunziéi«. Für Naschkatzen stehen immer Apfelstrudel, Kaiserschmarrn, Eis und Waldbeerkuchen auf der Karte.

Wunderschönes Mohnfeld neben dem Radweg

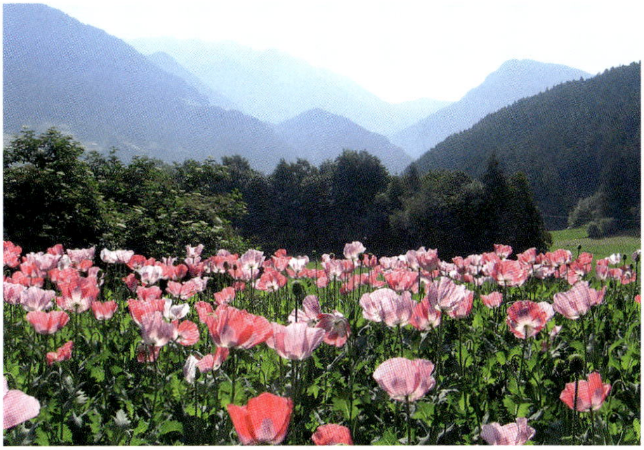

INFOS

TOURISTINFO

Cortina Turismo Cortina d'Ampezzo
Via Guglielmo Marconi, 15b
32043 Cortina d'Ampezzo (BL)
Tel. +39/(0)436/86 62 52
www.cortina.dolomiti.org
cortina@dolomiti.org

The Ampezzo Dolomite Nature Park
Naturschutzpark der Ampezzaner Dolomiten
Via del Parco, 1
Tel. + 39/(0)436/22 06
www.dolomitiparco.com
info@dolomitiparco.com

BIKE-SHOPS/VERLEIH

Cicli Cortina
Via Majon, 148
Tel. +39/(0)436/86 72 15
ciclicortina@libero.it

Due & Due Cortina
Via Roma, 70
Tel. +39/(0)436/41 21
www.dueduecortina.com
info@dueduecortina.com

Morotto
Loc. Fiames, 5
Tel. +39/(0)436/86 22 01
www.morotto.com
info@morotto.com

Snow Service
Via Marconi, 14
Tel. +39/(0)436/86 24 64
P.tta San Francesco
Tel. +39/(0)436/25 03
www.snowservice.it
info@snowservice.it

BIKEHOTELS

**** Hotel Bellevue
Corso Italia, 197
32043 Cortina d'Ampezzo (BL)
Tel. +39/(0)436/88 34 00
Fax +39/(0)436/86 75 10
www.bellevuecortina.com
hbellevue.cortina@dolomiti.org

Nach dem Abendessen verwandeln sich die Lokale des Zentrums in Pianobar, Disco, Jazz- oder Bluesbar mit Live-Musik und ausgelassener Stimmung.

*** Hotel Villa Argentina
Località Pocol
32043 Cortina d'Ampezzo(BL)
Tel. +39/(0)436/56 41
Fax +39/(0)436/50 78
www.hotelvillaargentina.it
hargentina.cortina@dolomiti.org

** Hotel Meuble Astoria
Largo delle Poste, 11
32043 Cortina d'Ampezzo (BL)
Tel. +39/(0)436/25 25
Fax +39/(0)436/87 85 41
www.hotelastoriacortina.it
info@hotelastoriacortina.it

TOUREN/ROADBOOKS/ GPS-TRACKS

www.dolomiti.org

1.1 Auf die Averau

Eine kurze Panoramatour in den Ampezzaner Dolomiten

3 Schwierigkeit | Erlebniswert | 1590 Höhenmeter (in m) | 36 Streckenlänge (in km) | ✓ e-Bike

TOURENCHARAKTER

KONDITION

FAHRTECHNIK

TOURCHARAKTER
Bis auf eine technisch anspruchsvolle Abfahrt ist alles für geübte Mountainbiker gut fahrbar.

AUSGANGS-/ENDPUNKT
Cortina – Talstation der Seilbahn »Freccia nel Cielo« (1225 m)

HÖCHSTER PUNKT
2417 m

WEGBESCHAFFENHEIT
Asphalt, Schotter- und Forstwege

ANFAHRT
München A8 Richtung Salzburg, bei der Ausfahrt 101-Dreieck Inntal auf die A93 Richtung Innsbruck/Kufstein einfädeln, die Inntalautobahn bei Innsbruck Richtung Brenner verlassen. Von der Brennerautobahn fahren wir die Ausfahrt Brixen/Pustertal ab und erreichen über Bruneck den Ort Toblach, wo wir rechts auf der SS 51 nach Cortina d'Ampezzo kommen.

EINKEHR
Restaurant Col Drusciè, Hütte Piè Tofana, Rifugio Duca d'Aosta, Rifugio Bai de Dones, Rifugio Scoiattoli, Rifugio Averau, Rifugio Passo Giau, Malga Peziè de Parù

KARTE
Kompass, Cortina d' Ampezzo: Wander-, Rad- und Skitourenkarte, 1:50 000

Eine schöne und abwechslungsreiche Panoramarunde mit viel Fahrspaß und moderaten Steigungen. Nahezu alle Anstiege können bei Bedarf mit Hilfe von Liftanlagen leichter bewältigt werden.

Von Cortina starten wir unsere erste Steigung zunächst auf der Regionalstraße SR 48 Richtung Falzaregopass. Nur kurz geht es über einen Forstweg hinauf, bis wir in Pocol wieder auf die Passstraße treffen. Wir fahren bis zur Ortschaft Cianzopè.

Von hier geht es nach links auf die Straße, die uns in Richtung Rifugio Cinque Torri führt. Wir fahren weiter bis zum Rifugio Scoiattoli und immer noch bergauf bis zur 2416 Meter hohen Forcella Nuvolau. Danach führt eine technisch schwierigere Abfahrt zum Rifugio Fedare. Erneut pedalieren wir fleißig bergauf bis zum Passo Giau (2236 m), von wo wir eine herrliche Aussicht auf die umliegenden Bergmassive und auf das tief unter uns gelegene Cortina haben. Der Scheitel des Passes unterhalb des markanten Nuvolau (2575 m) bietet neben dem herrlichen Dolomiten-Panorama mit Blick auf Sellastock und Marmolada im bewirtschafteten Rifugio auch etwas fürs leibliche Wohl. Vom Pass fahren wir bergab nach Peziè de Parù. Zurück nach Cortina geht es über den Cason del Macaron, den Ajal-See und Mortija. Tipp: Nach umfassender Renovierung kann man im Rifugio Averau in gemütlichen Zimmern mit zwei Betten im Dachgeschoss mit Blick auf die Gipfel der Berge Civetta und Marmolada oder der Tofana di Rozes übernachten.

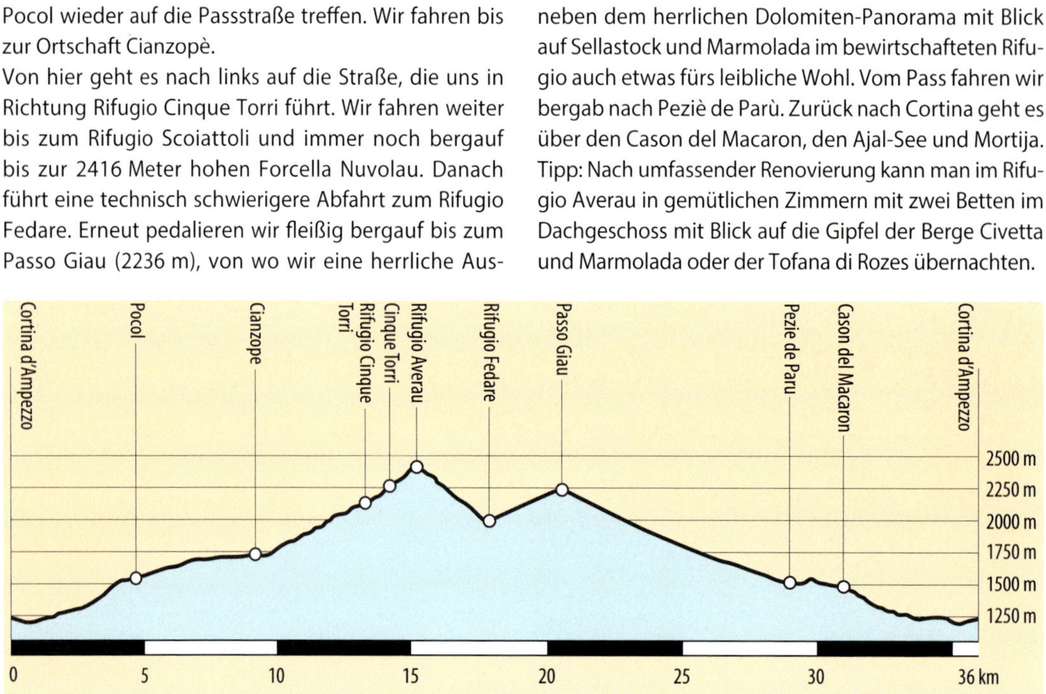

Roadbook 1.1

1) Vom ehemaligen Bahnhof in Cortina Richtung Norden
2) Erst links, dann rechts auf die Hauptstraße
3) Beim Abzweig nach Toblach der Straße links, bei der nächsten Abzweigung der Straße nach rechts folgen
4) Rechts Richtung Passo Falzarego der Straße folgen
5) In Lacedel schräg rechts bergauf Richtung Pocol/ Passo Falzarego
6) Km 4 Abzweig von Schotterweg, Pfad links bergauf schieben
7) Bei Asphaltweg an Leitplanke schräg rechts zur Hauptstraße
8) Auf Straße bei Hotel Argentina links 403 Cortina
9) Hauptstraße folgen bis km 9,5, hier schräg links Cinque Torri Averau Nuvolau
10) Geradeaus Richtung Rifugio Cinque Torri, Ende Asphaltweg
11) Bei Rifugio Cinque Torri rechts bergauf, stets Richtung Averau Nuvolau halten
12) Nach Rifugio Averau scharf links auf Schotterweg Rifugio Fedare
13) Bei Rifugio Fedare links bergauf bis Passo Giau
14) Nach Rifugio Giau Straße bergab folgen
15) Bei km 21,5 rechts fahren auf alte Giaustraße in Linkskurve
16) Bei km 29 Abzweig von Straße rechts über Schranke 434 Rifugio Croda da Lago Val de Formin
17) Kurz nach Brücke links Richtung Lago d'Ajal
18) Weiter links bergab nach Campo Lago d'Ajal
19) Geradeaus 430 Richtung Campo Mortisa
20) Scharf links über Schranke 428 Mortisa
21) Bei km 35 Abzweig von Straße rechts schräg bergab
22) Kurz danach scharf links zur Brücke und darüber
23) Durch Cortina bis zum Startpunkt zurück

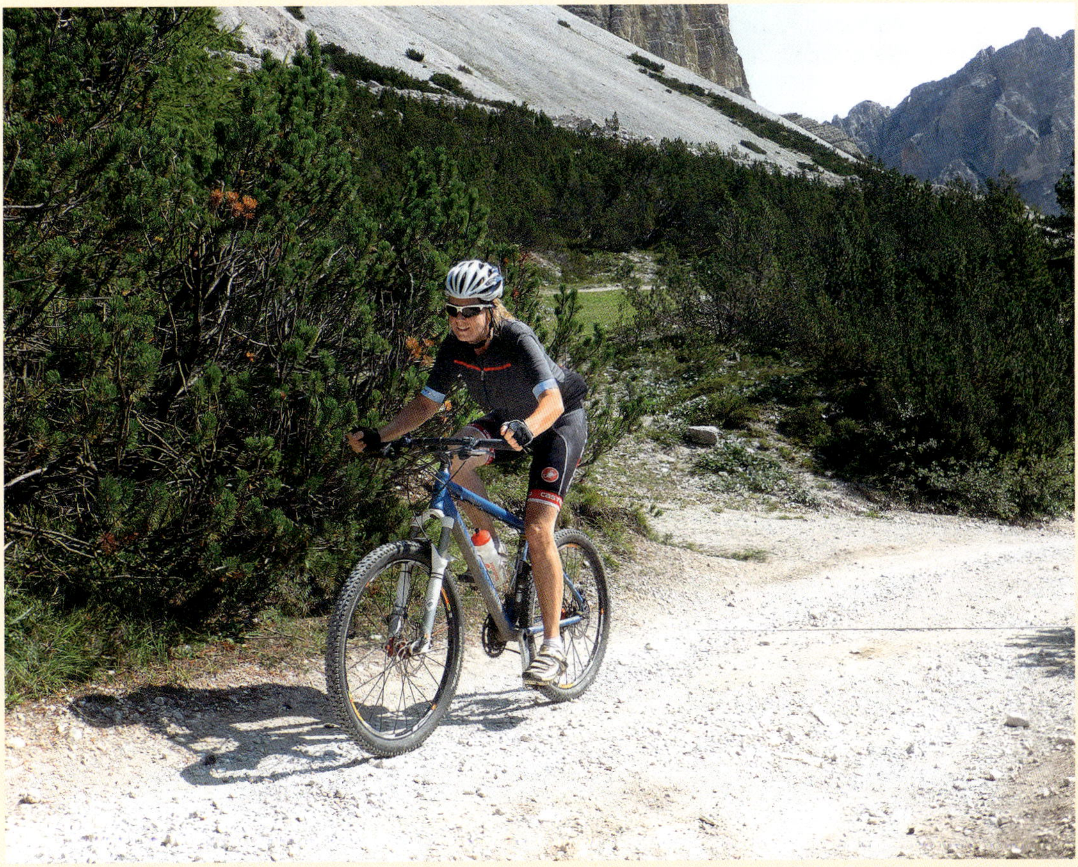

Schöne Schotterauffahrt

1.2 Cinque Torri Freeride-Tour

Das ultimative Downhill-Erlebnis in den Dolomiten

2		1500	29,3/54,3	✓
Schwierigkeit	Erlebniswert	Höhenmeter (in m)	Streckenlänge (in km)	e-Bike

TOURENCHARAKTER

KONDITION

FAHRTECHNIK

TOURCHARAKTER

Eine Downhilltour vom Feinsten, bei der wir uns vier Mal mit Seilbahnen und Sesselliften auf über 2000 Höhenmeter hochshutteln lassen.

AUSGANGS-/ENDPUNKT

Cortina – Hotel Fiames

HÖCHSTER PUNKT

2260 m

WEGBESCHAFFENHEIT

Asphalt, Schotter und Trails

ANFAHRT

München A8 Richtung Salzburg, bei der Ausfahrt 101-Dreieck Inntal auf die A93 Richtung Innsbruck/Kufstein einfädeln, die Inntalautobahn bei Innsbruck Richtung Brenner verlassen. Von der Brennerautobahn fahren wir die Ausfahrt Brixen/Pustertal ab und erreichen über Bruneck den Ort Toblach, wo wir rechts auf der SS 51 nach Cortina d'Ampezzo kommen.

EINKEHR

Hotel Fiames, Alm Ra Stua, Berghütte Sennes, Berghütte Fodara Vedla, Berghütte Pederù, Berghütte Fanes, Alm Fanes Grande, Lido Capo Verde

KARTE

Kompass, Cortina d'Ampezzo: Wander-, Rad- und Skitourenkarte, 1:50 000

Die Cinque Torri sind bis zu 2361 Meter hohe Felsformationen zwischen dem Falzaregopass und Cortina d'Ampezzo. Die Wahrzeichen der Region bestehen aus fünf steilen Türmen, die früher zusammen einen riesigen Felsblock bildeten. Die Umgebung auf über 2000 Metern Höhe bietet traumhafte Trails in einer gigantischen Landschaft.

Die Seilbahn bringt uns auf den Faloria, dann bergab zum Bergbach und gleichnamigen Restaurant Rio Gere fahren. Hier geht es wieder mit dem Sessellift bergauf, an der Bergstation dann durchs Val Padeon bergab Richtung Nordwesten zum Bahnweg (Weg 203).
In Cortina fahren wir zur Talstation der Tofana-Bahn, mit der Seilbahn hoch und dann kurz bergab zum Restaurant Piè Tofana. Der nächste Aufstieg erfolgt mit dem Sessellift bis zum Rifugio Duca d'Aosta. Von hier geht es in rasanter Fahrt hinab bis zur Passstraße zum Falzarego, dieser entlang, bis linker Hand die Talstation zum Cinque Torri, Bai de Dones kommt. Dieser bringt uns hinauf bis zum Rifugio Scoiattoli.
Das Panorama mit dem Torre Grande im Vordergrund. Über das Rif. Cinque Torri, Pezie de Paru zurück nach Cortina.

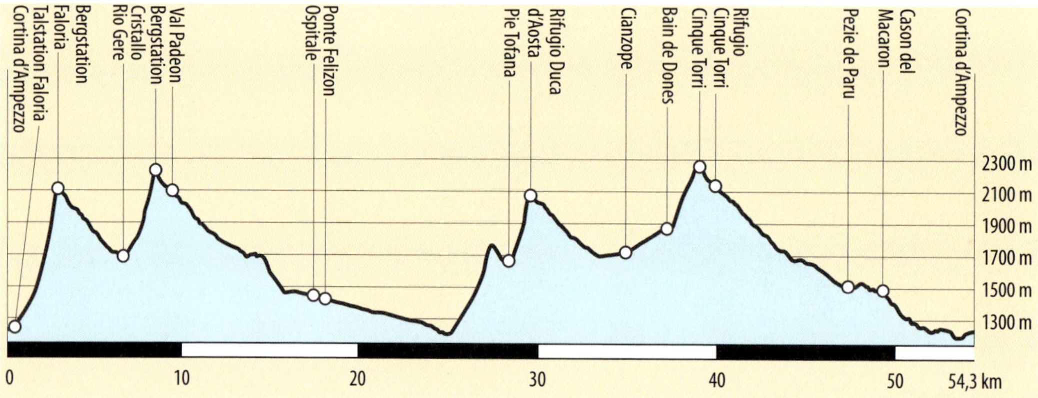

Roadbook 1.2

Für die ersten zwei Bergbahnfahrten und die Abfahrten haben wir kein Roadbook und GPS-Tracks erstellt, da diese sehr einfach zu finden sind. Es ist aber noch nicht ganz klar, ob es offizielle Bikerouten werden. Bitte vor Ort oder im Web vor der Tour abklären. Die erste Seilbahnauffahrt startet im Zentrum von Cortina, mit der Seilbahn auf die Faloria. Hier dem Weg 212 bis zum Ristorante Rio Gere bergab folgen. Dann wieder mit der Sesselbahn bis zur Bergstation am Rif. San Forca. Hier dem Weg zum Passo Son Forcia folgen und dann dem Wanderweg 203 Richtung Nordwesten Fanes-Senes Nationalpark durch das Val Padeon. Wir kommen am Rif. Ositale auf die Radroute zwischen Toblach und Cortina und fahren auf dieser bis Cortina. Am Ortseingang von Cortina im Ortsteil Maion ist die Talstation der Tofana-Bahn.

1) Mit der Tofana-Seilbahn hoch auf das Rif. Col Druszie
2) Links bergab der Forststraße/Weg 413 folgen zur Seilbahnstation Pie Tofana
3) Mit Sessellift hochfahren, bei Rifugio d'Aosta links bergab der Bikestrecke folgen
4) Bei km 31 scharf links bergab Richtung Pie Tofana, beim nächsten Abzweig rechts bergab
5) Bei km 33 schräg rechts Richtung Passo Falzarego, immer geradeaus weiter
6) Bei km 37 in Rechtskurve links fahren Seggiovia Cinque Torri
7) Mit Sessellift Cinque Torri ganz hinauffahren, hier geradeaus auf der 439 zur Nuvolau Averau
8) Bei km 39 links bergab bis Rifugio Cinque Torri, hier links gerade bergab auf der 439 nach Cianzope
9) Gerade bergab nach Bain de Dones
10) Bei km 45 Weggabelung links
11) Bei Einmündung Passstraße Giau nach Schranke links bergab
12) Nach 1 km Straße rechts folgen
13) Bei km 47,5 Straße nach rechts verlassen bei Schranke Richtung 434 Rifugio Croda da Lago Val de Formin
14) 2x links halten Richtung Lago d'Ajal
15) Bei km 50 geradeaus Richtung 430 Campo Mortisa
16) Dann scharf links über Schranke Richtung 428 Mortisa
17) Beginn von Asphalt bei Häusern rechts halten
18) Durch Cortina bis zum Ausgangspunkt der Tour zurückfahren

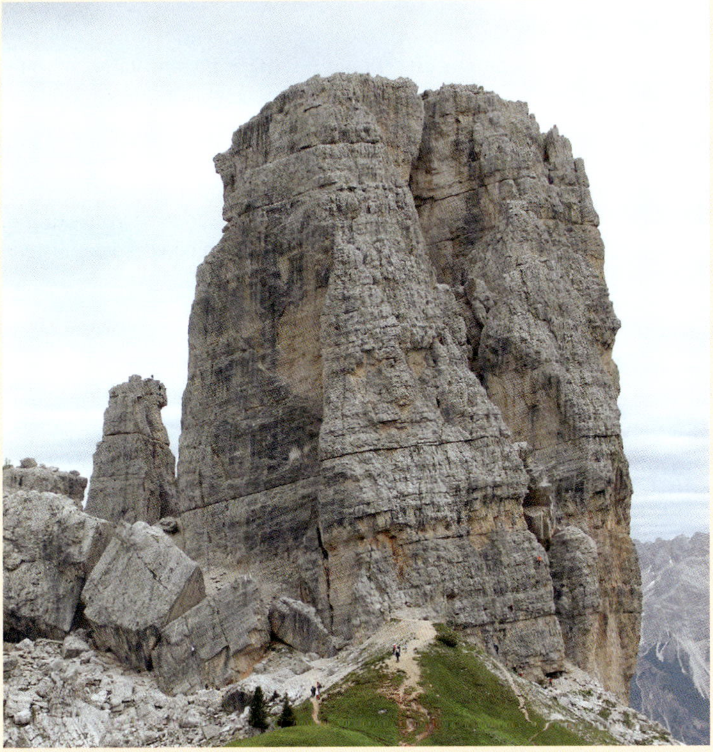

Kleine Biker vor den Riesen der Cinque Torri

DIE CINQUE TORRI

Die Cinque Torri sind ein beliebtes Ziel von Wanderern und Kletterern und durch zahlreiche Routen ab dem III. Schwierigkeitsgrad erschlossen. In näherer Umgebung befinden sich die Schutzhütten Rifugio Cinque Torri (2137 m) und das Rifugio Scoiattoli (2255 m).
Die fünf Haupttürme heißen Torre Grande, Torre Seconda, Torre Latina, Torre Quarta und Torre Inglese. Die steilen Türme bildeten einst einen einzelnen großen Felsblock. Anfang Juni 2004 brach die 50 m hohe Felsnadel namens Trephor aufgrund natürlicher Erosion zusammen.
Das dortige Freilichtmuseum mit nachgebauten Schützenstellungen erinnert heute an die Kampfhandlungen während des Ersten Weltkrieges unterhalb der Cinque Torri zwischen Österreich und Italien.

1.3 Auf die Plätzwiese

Eine traumhafte Tour im Hochpustertal

3	●●●●●	1400	76,2	✓
Schwierigkeit	Erlebniswert	Höhenmeter (in m)	Streckenlänge (in km)	e-Bike

TOURENCHARAKTER

KONDITION

●●●●●

FAHRTECHNIK

●●●●●

TOURCHARAKTER

Bis auf wenige kurze Abschnitte ist alles gut fahrbar. Keine langen technischen Passagen.

AUSGANGS-/ENDPUNKT

Cortina – Hotel Fiames

HÖCHSTER PUNKT

2000 m

WEGBESCHAFFENHEIT

Asphalt, Schotter und Trails

ANFAHRT

München A8 Richtung Salzburg, bei der Ausfahrt 101-Dreieck Inntal auf die A93 Richtung Innsbruck/Kufstein einfädeln, die Inntalautobahn bei Innsbruck Richtung Brenner verlassen. Von der Brennerautobahn fahren wir die Ausfahrt Brixen/Pustertal ab und erreichen über Bruneck den Ort Toblach, wo wir rechts auf der SS 51 nach Cortina d'Ampezzo kommen.

EINKEHR

Chalet Cimabanche, Berghütte Vallandro, Berghütte Pratopiazza

KARTE

Kompass, Cortina d'Ampezzo: Wander-, Rad- und Skitourenkarte, 1:50 000

Eine schöne und abwechslungsreiche Panoramarunde auf die sagenumwobene Plätzwiese, die uns einlädt, den Blick in die Ferne schweifen zu lassen und die Aussicht auf die einzigartigen Dolomiten zu genießen.

Von Cortina folgen wir dem Radweg in Richtung Norden bis nach Cimabanche (Gemärk). Von hier geht es weiter geradeaus nach Carbonin. An der Kreuzung nach Misurina biegen wir links ab und fahren bis zur Hauptstraße, die nach Toblach führt. Diese rollen wir kurz bergab und biegen links in einen Forstweg ein. Noch einmal halten wir uns links und folgen der Beschilderung Richtung Plätzwiese auf einer gleichmäßig ansteigenden Forststraße, die in neun Kilometern hinauf auf die Plätzwiese führt. Das etwa 2000 Meter hoch gelegene Plateau am östlichen Ende des Pragser Tals ist umgeben von den Bergmassiven Hohe Gaisl, Drei Zinnen, Tofane und Monte Cristallo. Wir überqueren die Plätzwiese, kehren in einem der Gasthäuser ein und fahren über Braies (Prags), Niederdorf, Toblach und durchs Höhlensteintal zurück.

Die traumhafte Tour mit angenehmer Steigung ist ein Teilstück des Dolomiti-Superbike-Marathons. Ausgehend von Niederdorf führt diese Strecke vorbei am Toblacher See und über eine alte Bahntrasse bis zum Dürrensee. Über einen alten Militärweg kommt man schließlich bis auf die Plätzwiese (2012 m). Die Abfahrt vom Hochplateau erfolgt auch hier auf der gegenüberliegenden Seite bis zurück nach Niederdorf.

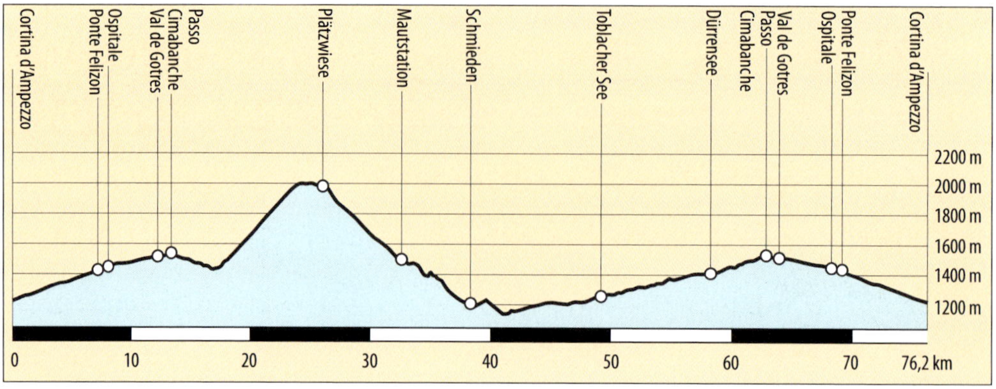

Roadbook 1.3

1) Vom ehemaligen Bahnhof in Cortina Richtung Norden bis auf den Radweg
2) Dem Radweg 13 km bis auf den Passo Cimbanche folgen
3) Weiter geradeaus, bis es links nach 3 km Richtung Schluderbach geht
4) Hier links fahren, bei Abzweig nach Toblach wieder links
5) Beim Abzweig von der Straße scharf rechts bergauf auf die Plätzwiese
6) Oben auf dem Plateau angekommen stets geradeaus bergab
7) Bei km 33,6 Abzweig von Straße links auf den Pfad Schmieden Prags
8) Wieder links Richtung Prags halten
9) Immer geradeaus bis km 38, hier Abzweig rechts über Brücke, dann gleich links
10) In Schmieden rechts halten Richtung Welsberg Bruneck
11) Von der Straße rechts auf Radweg Richtung Toblach abbiegen
12) Dem gut beschilderten Radweg nach Toblach folgen
13) Von Toblach der Radroute rechts der Hauptstraße entlang durchs Höhlensteintal folgen
14) Ab dem Passo Cimabanche denselben Weg wie bei der Hinfahrt bis nach Cortina zurück nehmen

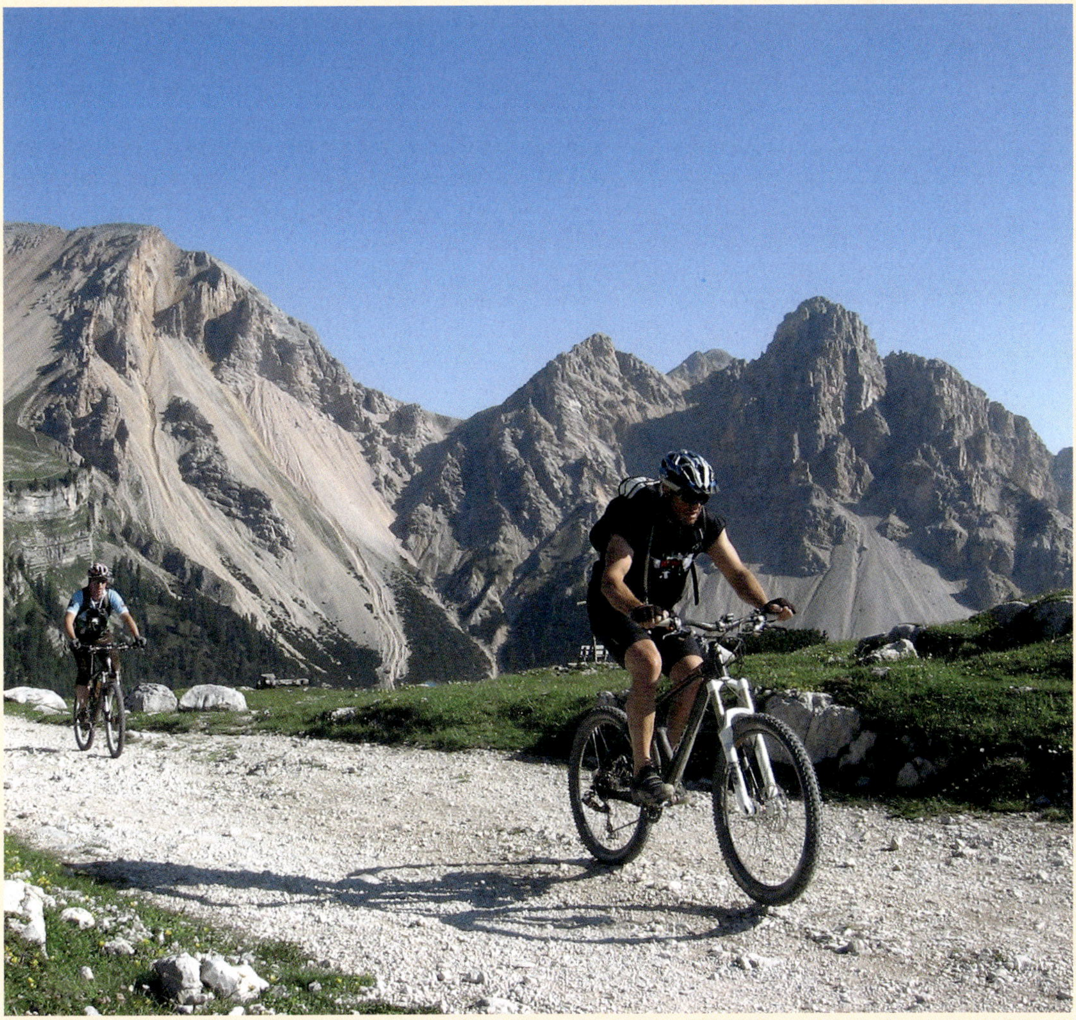

Belohnung der Anstrengung durch traumhaftes Panorama

2. St. Vigil

Malerisch eingebettet in eine Mulde des Enneberger Tals liegt Sankt Vigil in Enneberg (San Vigilio di Marebbe). St. Vigil liegt nur wenige Kilometer vom Hauptort des Pustertals Bruneck entfernt auf der Gadertaler Seite des Kronplatzes. In der idyllischen Feriengemeinde in Südtirol gehen Tradition und Moderne Hand in Hand, so stehen etwa urige Bauernhöfe neben modernsten Hotels und Freizeiteinrichtungen.

Im Sommer lockt vor allem der Naturpark Fanes-Sennes-Prags mit seinen grandiosen Dolomitengipfeln die Mountainbiker in den Ferienort. Herrliche Aussichten, schattige Wälder, saftig grüne Almwiesen und kristallklare Gebirgsbäche in eindrucksvoller Bergkulisse laden ein, Natur pur zu erleben. St. Vigil ist wohl einer der schönsten Bikespots der Dolomiten, wenn nicht sogar der gesamten Alpen. Nicht umsonst war St. Vigil von Beginn an ein Etappenort des schwierigsten Mountainbike-Rennens in Europa, der Transalp Challenge.

In Zusammenarbeit mit Uli Stanciu, Herausgeber des bike-Magazins, wurden in St. Vigil und Umgebung rund 600 Kilometer Mountainbike-Wege ausgewiesen. Die meisten Routen befinden sich im Naturpark und in unmittelbarer Dorfnähe. Den Radbegeisterten stehen in St. Vigil Roadbooks und GPS-Tracks mit detailgenauen Wegbeschreibungen aller angebotenen Touren zur Verfügung.

Naturpark Fanes-Sennes-Prags

Der Naturpark Fanes-Sennes-Prags wurde im Jahre 1980 von der autonomen Provinz Bozen ins Leben gerufen. Er grenzt im Norden an das Pustertal, im Osten an das Höhlensteintal, im Süden an die Provinz und Region Venetien und im Westen an das Gadertal. Seine außergewöhnlichen Naturformationen üben seit jeher eine große Faszination auf die Menschen aus. Der sensationellste Besitz des Naturparks stammt aus grauer Vorzeit. Vor 40 000 Jahren lebten auf diesem Gebiet Höhlenbären und

Armentara-Wiesen-Trail mit Zehnerspitze

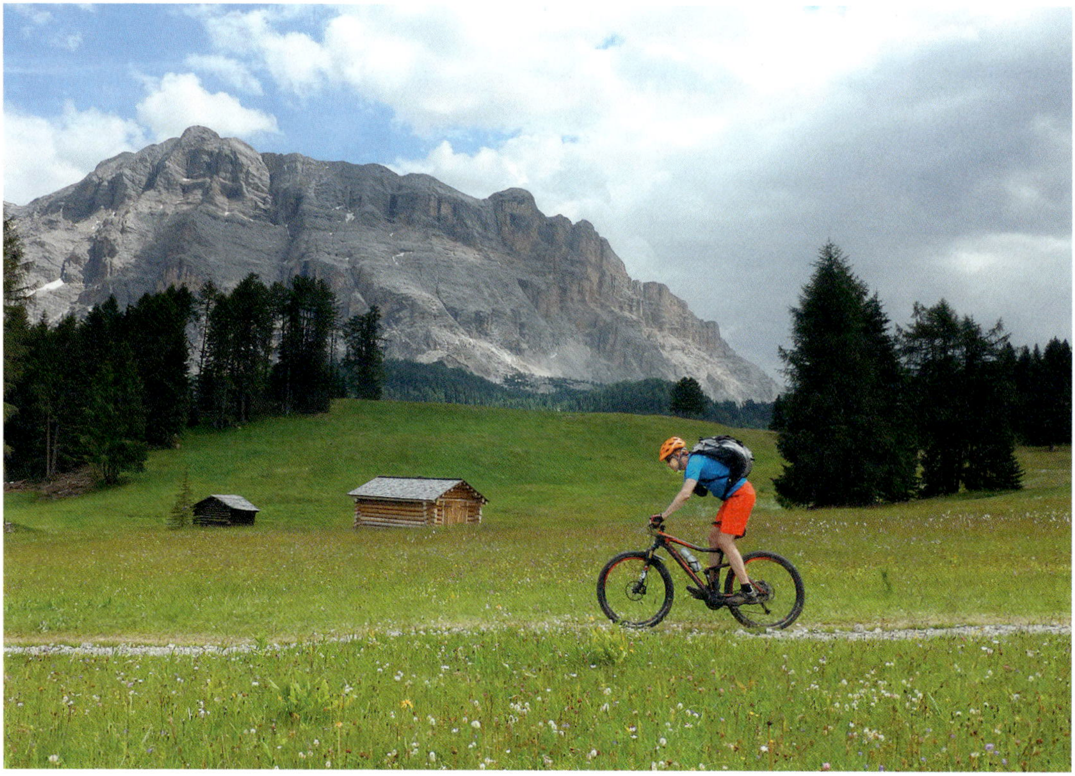

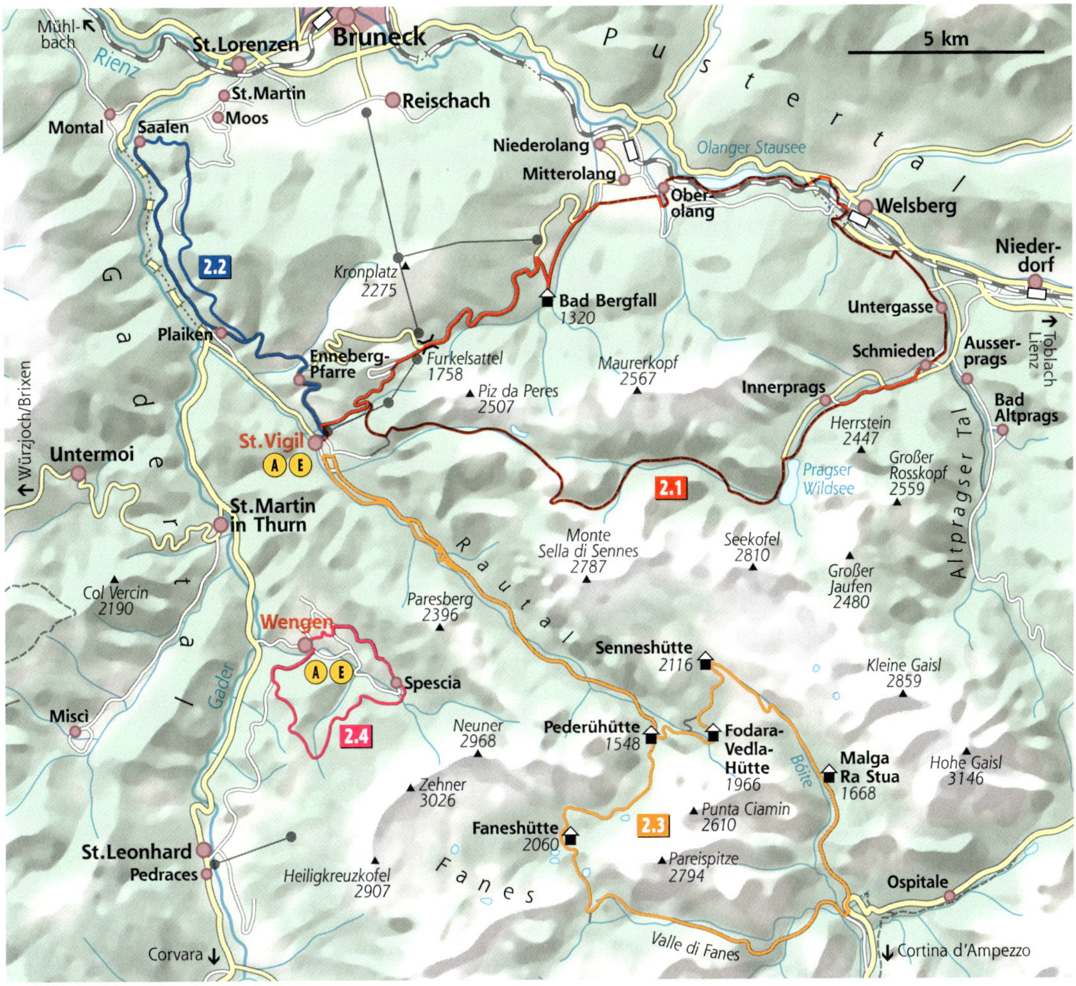

Raubkatzen in Leopardengröße, deren Knochen noch immer erhalten sind.

Heute bietet das abwechslungsreiche Gelände zahlreichen Tierarten Unterschlupf, die sonst vom Aussterben bedroht wären: Steinadler, Schneehuhn, Uhu, Birk- und Auerwild leben hier. Besonders schöne Plätzchen in dem 25 680 Hektar großen Schutzgebiet sind auch die Almen von Sennes und Fanes, deren karge und spröde Hochflächen teilweise wie Mondlandschaften anmuten, der Pragser Wildsee, in dessen tiefgrünem Wasser sich der 2810 Meter hohe Seekofel spiegelt und die Plätzwiese, eine sanft gewellte Hochfläche inmitten steil aufragender Felsen. Der Park bietet mit seiner außergewöhnlichen Flora und den urigen Wildseen ein einmaliges Naturerlebnis.

Die Legenden der Fanes

Im Reich der bleichen Berge, wie die Dolomiten auch genannt werden, ranken sich die Sagen vom Aufstieg und Untergang des Fanesvolkes um jeden Berg. Die Fanesalm ist eine dieser sagenumwobenen Zauberwelten, deren Schönheit schon früh die Fantasie der Menschen beflügelte. Hoch droben unter den mächtigen Felswänden des Conturines empfangen uns die Bewohner des »Parlamente delle Marmotte«, des Parlaments der Murmeltiere. Sie pfeifen von den Wiesentreppen in den grauen Felswänden zu uns herüber.

Das »Parlament der Murmeltiere« besteht aus einer stufenähnlichen Gesteinsformation. Wo heute nur noch Sträucher und Felsen zu sehen sind, soll sich vor langer Zeit ein bezauberndes Reich mit Städten, Dörfern und Ackerlandschaften befunden haben. Dieses Dorf hatte den Namen Fanis und die Bewohner nannten sich Fanes.

Das Volk der Fanes wurde von einer Königin regiert, die im Schloss auf den Bergen wohnte. Die Fanes waren ein friedliches und weises Volk und die Murmeltiere waren ihre Verbündeten. Die benachbarten Völker erzählten, dass die Fanes gerade wegen dieser Allianz mit den Murmeltieren so mächtig wurden.

Heute sollen die Nager – der Sage nach – die letzten Überlebenden des Fanesvolkes in Felshöhlen versteckt haben. Dort warten sie auf den Klang silberner Trompeten aus dem Pragser Wildsee, der die Wiederkehr ihres Reiches ankündigen soll.

Die Felsbilder der Plätzwiese

Die Plätzwiese bildet den Übergang von Prags ins Höhlensteintal und ist eine Landschaft von einmaliger Schönheit. Hier finden sich besonders eigenwillige Schöpfungen der Natur, die Felszeichnungen. Sie sind keineswegs prähistorische Werke und von Menschenhand geschaffen. Die feinen Sterne, Kreuze, Quadrate, Gitter und anderen geometrischen Figuren hat die gewaltigste aller Naturkräfte geschaffen: das Wasser. Früher versuchten die Menschen, diese Zeichnungen mythologisch zu deuten, indem sie sie dem Teufel oder anderen übernatürlichen Mächten zuschrieben. Heute sind die Erosionserscheinungen beeindruckende Zeugen für die stete Arbeit des Wassers.

INFOS

TOURISTINFO

Tourismusbüro St. Vigil in Enneberg
Str. Catarina Lanz 14
39030 St. Vigil in Enneberg
Tel. +39/(0)474/50 10 37
Fax +39/(0)474/50 15 66
info@sanvigilio.com
8.30–12 und 15–18 Uhr; So und feiertags 10–12 Uhr (nur während der Saison)

ANREISE

Über die Autobahn Rosenheim–Kufstein–Innsbruck–Brenner bis zur Ausfahrt »Brixen« fahren, dann immer weiter Richtung Pustertal. Nach ca. 20 km auf der Pustertaler Staatsstraße in Richtung Bruneck biegen wir kurz vor St. Lorenzen rechts in das Gadertal ab, das in Richtung Alta Badia führt. Die SS 244 führt bis nach St. Vigil.

BESTE REISEZEIT

Je nach Schneelage von Juni bis Sep.

BIKEHOTELS

**** Hotel Excelsior (bestes Bikehotel)
Str. Valiares, 44
39030 St. Vigil in Enneberg
Tel. +39/(0)474/50 10 36
Fax +39/(0)474/50 16 55
www.myexcelsior.com
Das Hotel bietet ein Biker-Servicepaket inkl.:

- Ausführliche Bikerinfos und Tourenkarten
- Persönliche Tipps und Tricks vom Gastgeber, Herrn Werner Call
- Vitales Bikerfrühstück zum Munterwerden
- Bikegarage mit Radaufhängevorrichtung, Ersatzteilen und Hochdruckreinigern
- Waschen und Trocknen Ihrer Bikerbekleidung nach Bedarf

ESSEN

Ücia Bivacco Restaurant
Str. Plan de Corones
39030 St. Vigil in Enneberg
Tel. +39/(0)348/706 35 47
bivacco@dnet.it

Ritterkeller Restaurant und Pizzeria
Str. Ras-Costa 2
39030 St. Vigil in Enneberg
Tel. +39/(0)474/50 14 18

Chi Vai Restaurant
Str. Chi Vai 1
39030 St. Vigil in Enneberg
Tel. +39/(0)474/50 12 84
www.chivai.it

Plazores Osteria
Plazores 14
39030 St. Vigil in Enneberg
Tel. +39/(0)474/50 61 68
www.plazores.com

La Bronta Restaurant und Pizzeria
Str. Plan de Corones 78
39030 St. Vigil in Enneberg
Tel. +39/(0)474/50 11 23
labronta@yahoo.it

Fana Ladina Restaurant
Seit über 30 Jahren ladinische Spezialitäten eigener Herstellung, zum Genießen in familiärer Atmosphäre in 2 traditionellen Stuben (eine davon aus dem 17. Jh.).
Str. Plan de Corones 10
39030 St. Vigil in Enneberg
Tel. +39/(0)474/50 11 75
www.fanaladina.com

BIKE-SHOPS/VERLEIH/TOUREN

Bikeverleih »Papin Sport – Rent a bike« und Bike-Verleih »Miribung«

Geführte Radtouren über Excelsior Mountain Style Spa Resort und mit Bike-Zentrum

Kronplatz Bike
Individuelle Mountainbiketouren, Halbtages- oder Tagestouren, nach Wunsch mit Mountainbikekursen für die Kleinen
Tel. +39/348 6716022
www.kronplatzbike.it

KARTEN

Kompass-Karte Bruneck/Brunico, Toblach/Dobbiaco, Hochpustertal/Alta Pusteria. Wander-, Bike- und Skitourenkarte. 1:50 000.

2.1 Von St. Vigil zum Pragser Wildsee

Tour zu einem der schönsten Bergseen der Alpen

4 Schwierigkeit | Erlebniswert | 2095 Höhenmeter (in m) | 51 Streckenlänge (in km) | ✓ e-Bike

TOURENCHARAKTER

KONDITION

FAHRTECHNIK

TOURCHARAKTER
Eine der anspruchsvollsten und schönsten Touren der Pragser Dolomiten.

AUSGANGS-/ENDPUNKT
St. Vigil (1201 m)

HÖCHSTER PUNKT
2283 m

WEGBESCHAFFENHEIT
Hauptsächlich Bergstraßen und Trails, nur einige kleine Asphaltstellen am Furkelpass

ANFAHRT
Auf der Brennerautobahn bis zur Ausfahrt Brixen. Weiter auf der Staatstraße bis St. Lorenzen und die Gadertaler Straße entlang bis nach St. Vigil in Enneberg.

EINKEHR
Grünwaldalm, Hotel Pragser Wildsee

KARTE
Tabacco Naturparkkarte Fanes-Sennes-Prags: Wanderkarte, 1:25 000

Diese alpine Tour mit einmaligem Panorama führt uns auf herrlichen Trails zum Pragser Wildsee, einem der schönsten Bergseen der Alpen und zugleich ein sagenumwobener und geschichtsträchtiger Ort.

Wir beginnen unsere Tour auf der Forststraße Richtung Fojedöra, die uns bis zum Kreuzjoch auf 2283 Meter hochführt. Zum gemütlichen Einpedalieren bleibt auf dieser Tour nur wenig Zeit, denn bereits auf den ersten neun Kilometern müssen wir nicht weniger als 1000 Höhenmeter bezwingen. Der steilste Abschnitt erwartet uns kurz vor unserem Etappenziel am Kreuzjoch, bei den letzten 500 Metern müssen wir noch einmal alles geben.

Am Kreuzjoch angekommen, nehmen wir den Wanderweg Nummer 24 in Richtung Cacagnares Scharte und folgen anschließend dem Wanderweg 25 durch das Lärchental in Richtung Pragser Wildsee. Hier gelangen wir auf einen herrlichen Singletrail, auf dem man nur selten Wanderer trifft. Dieses wundervolle Trailvergnügen entschädigt für jegliche Mühen und am liebsten würden wir das Kreuzjoch gleich ein zweites Mal erklimmen, um den Trail noch einmal fahren zu können.

Im Grünwaldtal angekommen, ist der Weg wieder breiter und es bietet sich eine wunderbare Gelegenheit, in der Grünwaldalm einzukehren.

Wir fahren weiter hinunter zum Pragser Wildsee, einem der schönsten Bergseen der Alpen, in dem sich der 2810 Meter hohe Seekofel spiegelt. Der See zieht jährlich tausende Touristen an und spielt eine wichtige Rolle in der Südtiroler Sagenwelt. Vom Pragser Wildsee

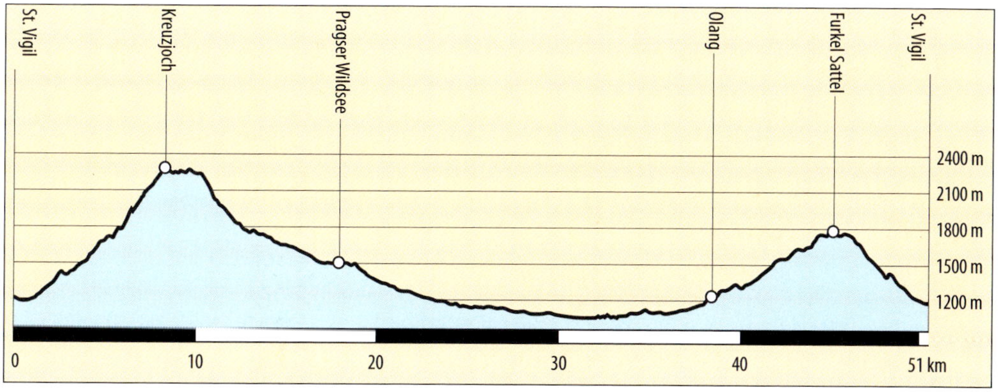

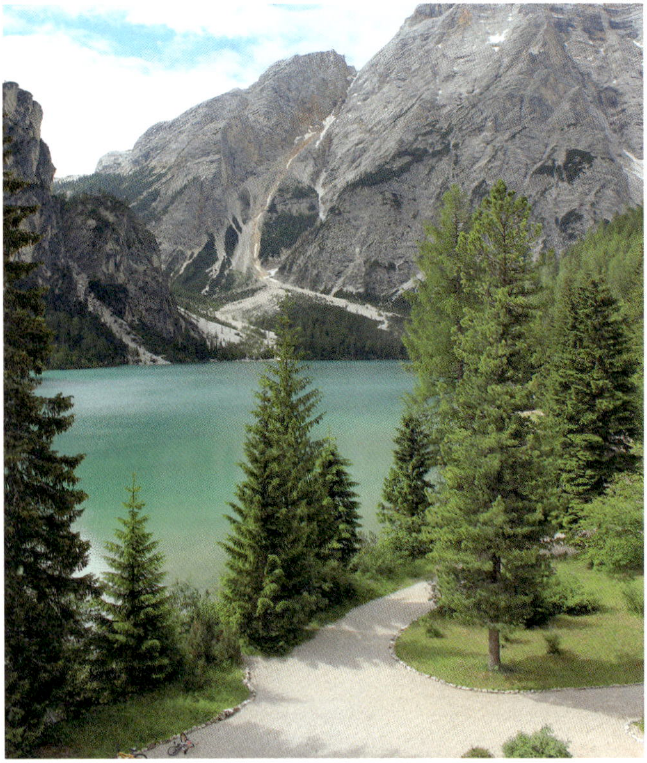

Der idyllische Pragser Wildsee

aus konnten mit dem Boot die unterirdischen Teile des Reiches der Fanes erreicht werden. Das lange verschüttete Tor zur Unterwelt soll am Südende des Sees Richtung Seekofel gelegen haben, weshalb dieser auf Ladinisch »Sass dla Porta« (Torberg) heißt. Wie eine alte Sage will, soll einmal im Jahr bei Vollmond ein schwarzes Boot die Runde auf dem Pragser Wildsee machen. Es kommt aus einem Felsentor und taucht in das leblose Gewässer des Sees ein. Im Boot sitzt die alte Königin mit ihrer Tochter Luianta. Sie warten auf das Ertönen der silbernen Trompeten, die Zeit, in der das Reich der Fanes wiederauferstehen soll.
Nach diesem kleinen Ausflug in die Welt der Sagen folgen wir dem Weg Nr. 1 bis nach Schmieden. Von dort aus nehmen wir den Pustertaler Radweg bis nach Mitterolang. In Mitterolang fahren wir Richtung Furkelpass. In Gassl kommen wir auf den Weg nach Bad Bergfall, wo ein schöner Waldweg in Richtung Trattes Hof und auf die Furkelpassstraße führt. Am Furkelpass angelangt, fahren wir auf die alte Furkelstraße Nr. 13, die uns wieder hinunter nach St. Vigil bringt.

HOTEL PRAGSER WILDSEE

Das Hotel »Pragser Wildsee« kann auf eine mehr als hundertjährige Geschichte zurückblicken. Das Hotel, das von dem angesehenen Wiener Architekten Otto Schmid entworfen wurde und schon deshalb eine Sehenswürdigkeit ist, wurde am 10. Juli 1899 eröffnet. Schnell fand das Grandhotel seine Gäste aus den höchsten aristokratischen Kreisen der Donaumonarchie. Sogar der Thronfolger Österreich-Ungarns, Erzherzog Franz Ferdinand, nächtigte mit Familie und Gefolge am Pragser Wildsee. Er fiel wenig später, am 28. Juni 1914, in Sarajevo einem Attentat zum Opfer, das den Ersten Weltkrieg auslöste.
Gegen Ende des Zweiten Weltkriegs wurden politische, überwiegend prominente Häftlinge des NS-Staates von der SS aus Konzentrationslagern in ein Hotel nahe Niederdorf verschleppt, wo sie für Verhandlungen mit den Westalliierten zur Verfügung stehen sollten.
Unter den 139 Gefangenen aus 17 Ländern befanden sich so hochrangige Persönlichkeiten wie der ehemalige österreichische Bundeskanzler Kurt von Schuschnigg mit Frau und Tochter, der frühere französische Ministerpräsident Léon Blum mit Ehefrau, der ehemalige ungarische Ministerpräsident Miklós von Kállay sowie Familienangehörige des Hitler-Attentäters Graf von Stauffenberg. Doch das Unternehmen scheiterte. Die Deutsche Wehrmacht befreite die Geiseln am 30. April 1945 in Niederdorf aus der Gewalt der SS und brachte sie noch am selben Tag ins Hotel »Pragser Wildsee«, wo ihnen die Hotelbesitzerin Emma Heiss-Hellenstainer die Rückkehr ins Leben ermöglichte.
Das Hotel »Pragser Wildsee« bietet seinen Gästen mit dem »Zeitgeschichtsarchiv Pragser Wildsee« im Haus die Möglichkeit, dem dramatischen Geschehen von damals am Originalschauplatz nachzuspüren und den Ort zu erkunden, an dem vor mehr als 60 Jahren europäische Geschichte geschrieben wurde.

Roadbook 2.1

1) Geradeaus Richtung Zentrum St. Vigil/Tourist Info

2) Bach überqueren, dann links Richtung Tourist Info

3) An Tourist Info vorbeifahren, am Ende der Straße links abbiegen

4) Geradeaus, bei Gabelung rechts halten

5) Gleich nach der Seilbahn erste Straße rechts abbiegen

6) Weg folgen bis zum Ende, dann rechts unter Seilbahn hindurch auf Weg Nr.19 abbiegen

7) Weg Nr. 19 Richtung Kreuzjoch auf 2283 m folgen

8) Auf dem Kreuzjoch rechts halten und auf den Weg Nr. 24 einbiegen

9) Dem Weg Nr. 24 auf das Grünwaldjoch auf 2295 m folgen, dort links in den Weg Nr. 25 abbiegen

10) Weg Nr. 25 durch das Lärchental folgen bis Alte Kaser auf 1751 m, dort rechts auf den Weg Nr. 19 abbiegen

11) Dem Weg Nr. 19 geradeaus vorbei an der Grünwaldalm bis zum Pragser Wildsee folgen

12) Beim Pragser Wildsee auf dem Wanderweg Nr. 1 links am See vorbeifahren

13) Dem Weg Nr. 1 bis nach Schmieden folgen

14) Hinter Schmieden (noch vor der Bundesstraße!) links auf den Wanderweg 2A abbiegen (Jakobsweg)

15) Auf dem Jakobsweg bis nach Welsberg fahren

16) In Welsberg dem Fluss (Rienz) nach links auf schmalen Pfaden folgen

17) Dem Flussverlauf folgen (unter Regionalstraße hindurch), bis wir auf den Pustertaler Radweg stoßen (linke Seite vom Fluss)

18) Dem Pustertaler Radweg am Olanger Stausee vorbei folgen und auf dem Jakobsweg nach Oberolang fahren

19) Hinter Oberolang den Bach queren und der Beschilderung nach Geiselsberg folgen (links in den Weg Nr. 32)

20) Dem Weg Nr. 32 bis zum Gasthof Bad Bergfall folgen, dort scharf rechts Richtung Unterbichl fahren

21) In Unterbichl links abbiegen und dem Weg (an der Marcher Skihütte vorbei) zum Furkelsattel auf 1759 m folgen

22) Vom Furkelsattel auf dem Weg Nr. 1 an La Miara (1502 m) vorbei zurück nach St. Vigil fahren

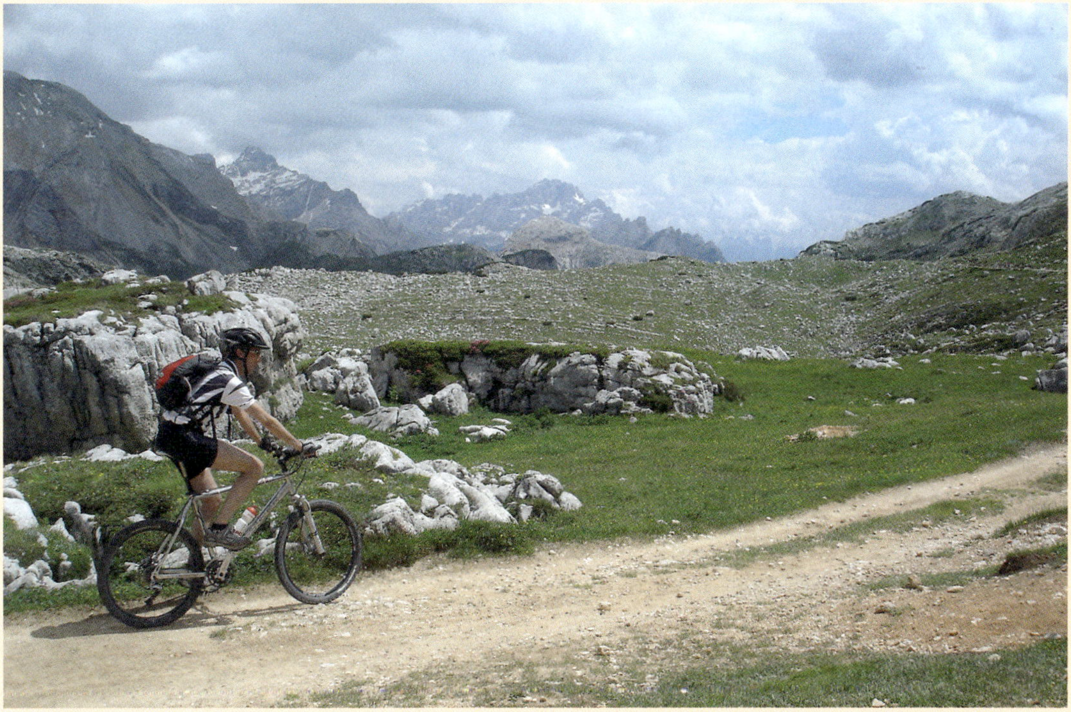

Atemberaubende Landschaft

2.2 Auf den Pfaffenberg

Zu den Viles im ladinischen Dolomitental

Schwierigkeit	Erlebniswert	Höhenmeter (in m)	Streckenlänge (in km)	e-Bike
1	5 Sterne	810	31,1	✓

TOURENCHARAKTER

KONDITION

5 Sterne

FAHRTECHNIK

5 Sterne

TOURCHARAKTER

Die Tour ist als moderat einzustufen und eignet sich auch für die ganze Familie. Die Strecke weist keine extrem steilen Teilstücke auf und bietet ein großartiges landschaftliches Erlebnis in zwei Tälern, dem Gadertal und dem Pustertal.

AUSGANGS-/ENDPUNKT

St. Vigil (1201 m)

HÖCHSTER PUNKT

1450 m

WEGBESCHAFFENHEIT

Schotterwege, Forst- und Waldwege, Asphalt

ANFAHRT

Auf der A22 Brennerautobahn über die Ausfahrt Brixen ins Pustertal Richtung Bruneck bis St. Lorenzen fahren. Hier die Abzweigung ins Gadertal nehmen und auf der Staatsstraße bis Zwischenwasser fahren. Dort Abzweigung nach links folgen. Durch das Ennebergertal erreichen wir St. Vigil.

EINKEHR

Gasthof in Maria Saalen, Gasthof Oberpalfrad

KARTE

Pragser Dolomiten, Enneberg, Kronplatz: Wanderkarte Tabacco 031, 1:25 000

Die Tour führt uns durch die malerisch gelegenen Weiler des Gadertales. Neben der landschaftlichen Schönheit hat sie auch kulturell und gastronomisch einiges zu bieten. Eine wahre Genießerrunde für alle, die eintauchen wollen in die ladinische Kultur und Lebensart.

Wir beginnen unsere Tour in St. Vigil und fahren von dort aus vier Kilometer auf der Asphaltstraße nach Enneberg Pfarre (1284 m). Dieses kleine Dorf liegt auf den steilen Sonnenhängen des Enneberger Tales, unterscheidet sich aber in jeder Hinsicht vom Hauptort. Mit etwa 700 Einwohnern widmet sich diese kleine Ortschaft bis heute fast ausschließlich der Landwirtschaft. Der Eindruck, dass Enneberg die letzten Jahrhunderte friedlich verschlafen hat, wird durch den sehr alten Ortskern mit der barocken Kirche noch verstärkt. Die Pfarrkirche mit dem hohen gotischen Turm ist der Heiligen Mutter Gottes geweiht, hat eine sehr lange Geschichte und ist einer der bekanntesten Marien-Wallfahrtsorte Südtirols.

Enneberg Pfarre gilt bis heute als die Wiege der ladinischen Kultur. La Pli de Mareo, so der ladinische Name des Ortes, ist die älteste Pfarrei des Gadertals, erster Dekanatssitz und Sitz der Landherren von Enneberg.

Neben der Landschaft und den kulturellen Schätzen ist Enneberg Pfarre ein wahrer Geheimtipp für all jene, die sich auch kulinarisch verwöhnen lassen wollen. Typische Produkte der örtlichen Landwirtschaft, etwa den Käse, den Speck und den Honig, sollte man sich auf keinen Fall entgehen lassen.

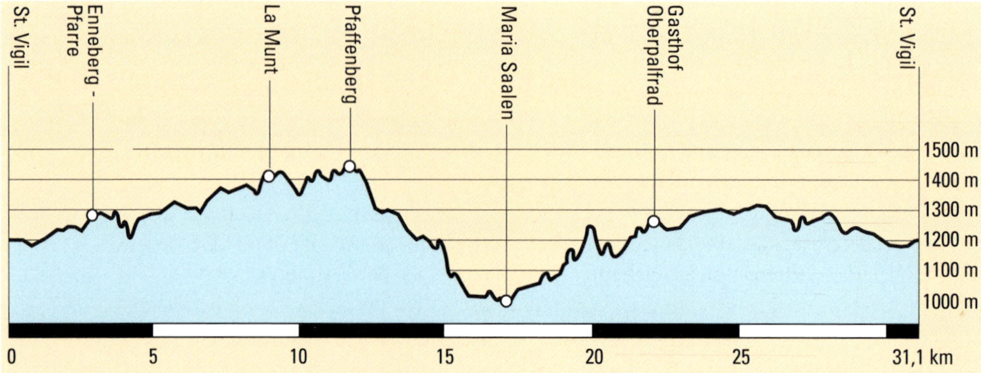

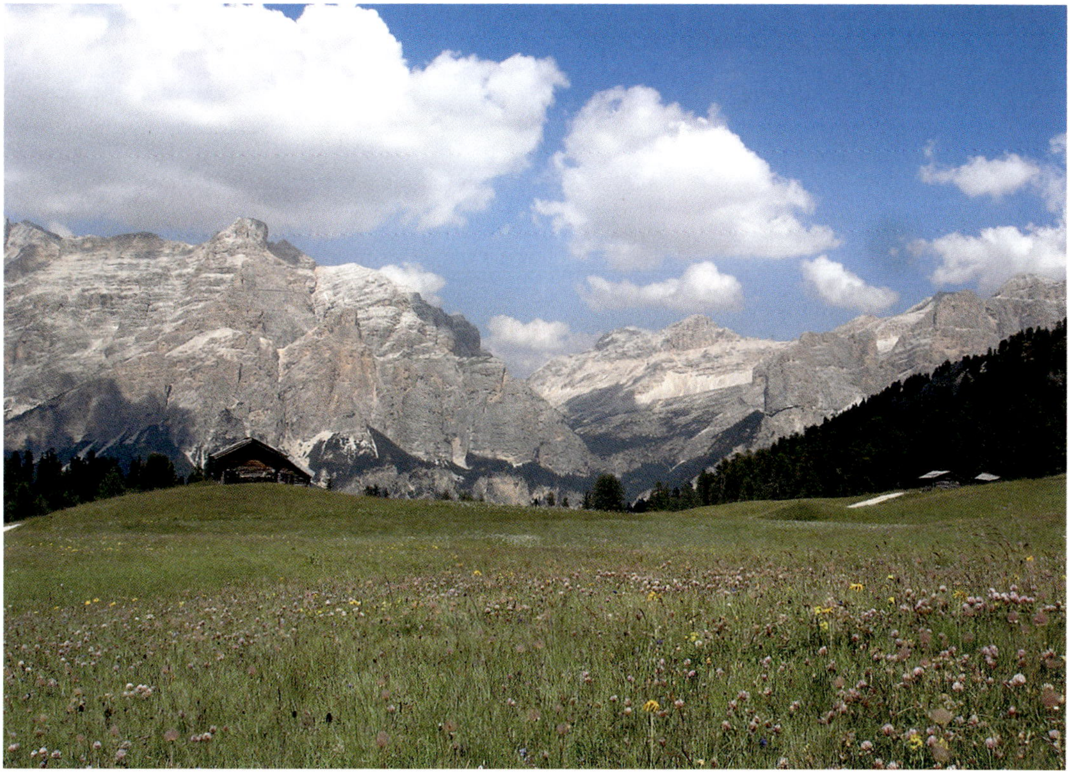

Blumenwiesen

Frisch gestärkt machen wir uns wieder auf den Weg. An der Kirche vorbeifahrend, biegen wir scharf nach links ab. Hier geht es durch die Felder weiter Richtung Brach. Nach einem kurzen Anstieg erreichen wir eine Brücke, an deren rechter Seite man eine sehr alte und interessante Mühle erblickt. Nach einem kurzen Anstieg zweigen wir rechts ab und steigen nach Ciaseles hoch. Dieser Weiler gehört zu den schönsten »Viles«, die es auf dem Enneberger Gebiet gibt.

Von hier zieht die Schotterstraße zuerst eben hinaus und zum Schluss leicht ansteigend nach La Munt und weiter nach Pfaffenberg. Ab Pfaffenberg geht es dann auf Asphalt weiter bis St. Lorenzen, wo uns die nächste historische Sehenswürdigkeit erwartet: die Michelsburg. Auf einem frei stehenden Hügel südlich von St. Lorenzen thront die Ruine der Burg. Hier sollen die Pustertaler Gaugrafen schon vor über 1000 Jahren ihren Sitz gehabt haben. Die ältesten heute noch erhaltenen Bauteile der Burg reichen bis ins 12. Jahrhundert zurück. Obwohl die Michelsburg heute weitgehend verfallen ist, ist ein Besuch dieser geschichtsträchtigen Stätte durchaus empfehlenswert.

Ab St. Lorenzen fahren wir weiter nach Maria Saalen zu dem beliebtesten Wallfahrtsort des mittleren Pustertales. Das kleine Wallfahrtskirchlein zu »Unserer Lieben Frau von Loreto« wurde um die Mitte des 17. Jahrhunderts erbaut. An der Eingangstür liest man die Jahreszahl 1652, rechts darüber befindet sich die moderne Malerei S. Virgo Lauretana. Besonders sehenswert ist die schwarze Muttergottes mit dem Christuskind.

Von Maria Saalen geht es weiter nach Pliscia/Plaiken, wo wir an einem hübschen kleinen Kirchlein mit Zwiebelturm vorbeifahren, und schließlich über Enneberg Pfarre zurück nach St. Vigil.

Tipp: Wer die Tour um ca. drei Kilometer abkürzen möchte, nimmt 2,8 Kilometer hinter Pfaffenberg den 8er-Wanderweg Richtung Maria Saalen. Ein herrlicher Trail führt quer durch den Wald direkt zum Gasthof Maria Saalen.

Roadbook 2.2

1) ↑ Vom Tourismuszentrum in St. Vigil in nördlicher Richtung an der Mittelstation der Gondel Miara vorbeifahren
2) ↑ Dem Weg immer geradeaus Richtung Enneberg Pfarre folgen
3) ↰ Bei der Gabelung links Richtung Enneberg Pfarre halten
4) ↑ Ab Enneberg Pfarre der Markierung Nr. 12 folgen
5) ↰ Erste Gabelung (hinter Mareo und Brach) links halten
6) ↱ Zweite Gabelung rechts den Weg 12A Richtung Ciaseles wählen
7) ↑ Ab Ciaseles den Weg 12A Richtung Pfaffenberg nehmen
8) ↑ Am Pfaffenberg der Beschilderung nach St. Lorenzen/ Michelsburg folgen (Markierung 8A)
9) ↰ Hinter der Michelsburg links auf den Weg Nr. 9, 12 Richtung Saalen abbiegen
10) ↑ Ab Saalen dem Weg Nr. 12 nach Oberpalfrad folgen
11) ↑ Dem Weg Nr. 12 immer weiter geradeaus zurück nach Enneberg Pfarre folgen
12) ↱ In Enneberg Pfarre rechten Weg Richtung St. Vigil wählen
13) ↑ Geradeaus zurück bis nach St. Vigil fahren

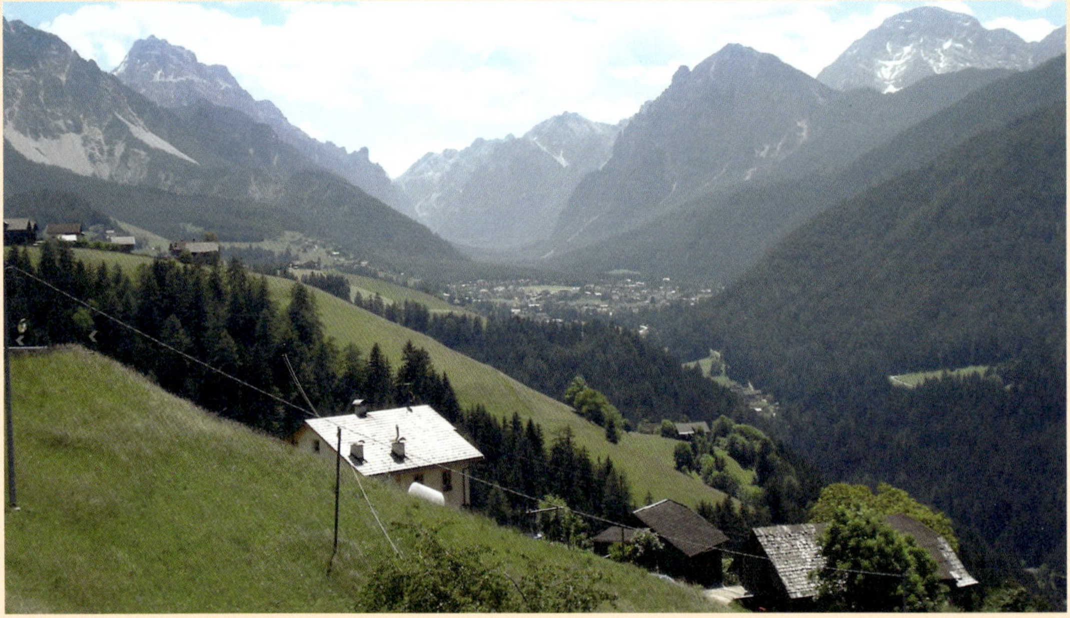

Blick auf St. Vigil mit den Bergen im Hintergrund

VILES/WEILER

Unter einem Weiler (Ladinisch: »Viles«) versteht man eine Gruppe von mindestens drei Bauernhöfen. Dieser Siedlungstyp ist gekennzeichnet durch eine bauliche und eine ökonomische Beziehung, etwa gemeinsamer Backofen und Brunnen, die zwischen den einzelnen Höfen besteht.

Als Hofgruppen hingegen bezeichnet man einzelne Bauernhöfe, die zwar nahe beisammen stehen, aber keine gemeinsamen Einrichtungen haben. Die typische Tiroler Siedlungsstruktur des Einzelhofes kommt nur vereinzelt und stellenweise vor. Die vielen Viles (im gesamten Tal dürften es 120 bis 150 sein), die aus dem 12.–16. Jahrhundert stammen und bis heute relativ unversehrt geblieben sind, stellen eine Besonderheit des Gadertales dar und bilden ein Gut von ethnologischem, geschichtlichem, kulturellem und landschaftlichem Wert.

Tipp: Da von einem Weiler aus der jeweils nächstgelegene sichtbar ist und die Weiler durch Straßen und Wege miteinander verbunden sind, kann jeder seine Route zurechtlegen und die Schönheit dieser Landschaft und die architektonischen Besonderheiten dieser Weiler erkunden.

2.3 Durch den Naturpark Fanes-Sennes-Prags

Unvergessliche Tour durch das sagenumwobene Fanesreich

4 Schwierigkeit | ●●●●○ Erlebniswert | 1780 Höhenmeter (in m) | 52,9 Streckenlänge (in km) | ✓ e-Bike

TOURENCHARAKTER

KONDITION

●●●●○

FAHRTECHNIK

●●●●○

TOURCHARAKTER

Die Strecke ist technisch anspruchsvoll und abwechslungsreich. Grober Schotter bergauf wie bergab erfordert eine sehr gute Fahrtechnik und ausreichend Kondition. Kurze Schiebepassage zur Senneshütte und steile Serpentinenabfahrt Richtung Pederü.

AUSGANGS-/ENDPUNKT

St. Vigil (1201 m)

HÖCHSTER PUNKT

2171 m

WEGBESCHAFFENHEIT

Asphalt, Schotterwege, Singletrail

ANFAHRT

Auf der A22 Brennerautobahn über die Ausfahrt Brixen ins Pustertal Richtung Bruneck bis St. Lorenzen fahren. Hier die Abzweigung ins Gadertal nehmen und auf der Staatsstraße bis Zwischenwasser fahren. Dort Abzweigung nach links folgen. Durch das Ennebergertal erreichen wir St. Vigil.

EINKEHR

Fanes-Hütte, Lavarella-Hütte, Ra Stua Hütte, Senneshütte und Fodara Hütte

KARTE

Tabacco Naturparkkarte Fanes-Sennes-Prags: Wanderkarte, 1:25 000

Die Tour führt durch eines der außergewöhnlichsten Naturschutzgebiete der Dolomiten. Wir fahren die alten Militärstraßen entlang, die bereits während des Ersten Weltkrieges gebaut wurden. Über diese Wege können wir die abwechslungsreichen und atemberaubenden Landschaften der Almen Fanes, Ra Stua, Sennes und Fodara an uns vorbeiziehen lassen. Nicht umsonst wird die Runde als schönste Strecke in der gesamten Region bezeichnet.

Die ersten zwölf Kilometer der Tour geht es nur leicht bergauf, bis wir zur Pederühütte gelangen. Auf diesem Streckenabschnitt haben wir die Wahl, ob wir unsere Kräfte schonen und auf dem Asphalt fahren wollen oder lieber den kleinen Singletrail nehmen, der gleich neben der Straße entlangführt.

In Pederü nehmen wir die Schotterstraße zur Fanesalm. Hier tauchen wir hinein in das sagenumwobene Fanesreich mit seinen klaren, blaugrünen Bergseen, eingebettet in einer unbeschreiblichen Bergkulisse mit mehreren Dreitausendern. Die Dreitausender der Fanesgruppe umfassen die Zehnerspitze, die Lavarella und den Cunturines. Diese imposanten Berge liegen allesamt am aufgebäumten Westrand des Zentralplateaus. Bei der Perderü umschlingen die riesigen Kalkwände der Berge das letzte Grün des Gadertales.

Schon bald erreichen wir die Fanes-Hütte (2042 m). Die Hütte liegt auf der alten Militärstraße, die Pederü und

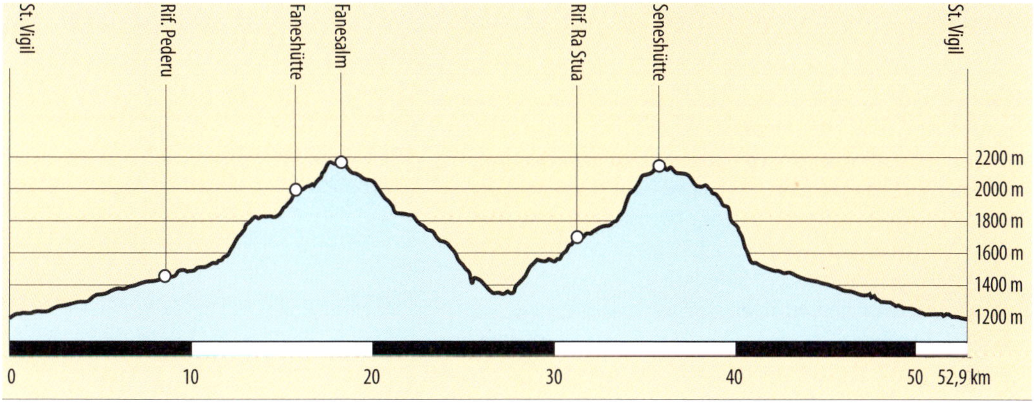

Weißer Kalkstein im Kontrast zu grünen Hochalmen

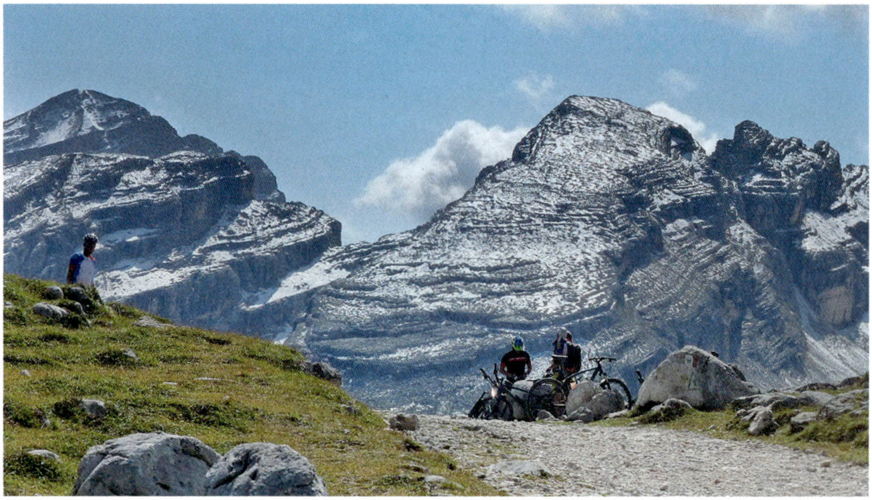

Cortina d'Ampezzo miteinander verbindet.
Von der Hütte führt uns die Route weiter bis zum herrlich grün schimmernden Limosee auf 2159 Metern. Durch das Fanestal folgen wir immer demselben relativ breiten Weg und freuen uns auf die erste Abfahrt: Zehn Kilometer und 800 Höhenmeter ziehen viel zu schnell an uns vorbei. Der Weg verlangt uns einiges ab: Grober Schotter, Steine sowie einige steile und rutschige Abschnitte erfordern eine gute Fahrtechnik. Ein Stein an der falschen Stelle kann hier schnell zu einem unsanften Abstieg führen. Unterwegs laden viele schöne Plätze am Wegesrand zum Verweilen ein, ein Stopp am schwindelerregenden Ponte Alto (1380 m) ist ein Muss für jeden Biker!
Wir erreichen die Groß-Fanesalm, bei der Almhütte biegen wir links ab. Weiter geht es abwärts in Richtung Cortina d'Ampezzo bis Fiames. Auf dieser Strecke kann man die wunderschönen Fanes-Wasserfälle bewundern. Dies ist einer der Höhepunkte der Tour, denn das laute Getöse des Wassers bringt die Schönheit und die Macht der Natur rundherum noch mehr zur Geltung.
In Fiames geht es auf Asphalt sechs Kilometer steil aufwärts bis zur Ra Stua Alm. Das 1668 m hoch gelegene Rifugio Ra Stua lädt zu einer weiteren kurzen Pause ein, bevor wir den letzten und wohl härtesten Abschnitt in Angriff nehmen. Rund 460 Höhenmeter trennen uns noch von der Sennesalm. Doch steiles Gelände sowie Steine und Geröll machen den Weg beinahe unbefahrbar und zwingen selbst den härtesten Biker aus dem Sattel. Rechts zweigt ein Weg zur Seekofelhütte ab, wir bleiben aber auf dem Weg Richtung Senneshütte (2126 m). Von der Senneshütte fahren wir bergab in das grüne Becken der Almen von Fodara Vedla und weiter steil abwärts bis Pederü. Über Beton und Schotter geht es mit einer Neigung von furchterregenden 21 Prozent und zahlreichen Serpentinen auf einer Militärstraße aus dem Ersten Weltkrieg zurück Richtung Pederü. Die Abfahrt ist kein Spaß für schwache Nerven. Von Pederü aus gelangen wir wieder auf der gleichen Strecke zurück nach St. Vigil in Enneberg.
Tipp: Um die Tour abzukürzen, kann man auch von der Pederühütte in den Naturpark starten. So spart man sich die insgesamt 20 Kilometer zwischen St. Vigil und der Pederühütte.

FANESALM

Die Fanesalm umfasst das südliche Gebiet des Naturparks Fanes-Sennes-Prags. Es zählt landschaftlich wie ökologisch zu den interessantesten Teilen der zentral-östlichen Dolomiten, für das eindrucksvolle Karsterscheinungen charakteristisch sind. Die Fanes-Hochebene, vor allem die Almen von Pices Fanes/Kleinfanes präsentieren sich wie ein halbkreisförmiges Tafelland mit einer Höhe zwischen 2000 und 2500 m. Hier gibt das Wasser den Ton an: Die oberflächlichen Gewässer verschwinden schnell in den Felsspalten, Dolinen und Karstbrunnen, um dann als Quellen oder Rinnsale wieder aufzutauchen. Diese Quellen speisen die kleinen, teils reißenden Bäche, welche seit Jahrtausenden die Landschaft formen.

Roadbook 2.3

1) Von der Tourist Info in St. Vigil die Straße zur Pederühütte nehmen (südlich Richtung Chiamaur)
2) Der Straße bis zum Rifugio Pederü folgen. Alternative: Ein kleiner Pfad (Fußweg) führt direkt neben der Straße bis zur Pederühütte.
3) An der Pederühütte rechts den Weg Richtung Fanesalm einschlagen
4) Bei Weggabelung links Richtung Fanes-Hütte halten
5) Wir erreichen die Fanes-Hütte auf 2060 m
6) Von der Fanes-Hütte dem Weg Nr. 11 über das Limojoch folgen
7) Bei Weggabelung rechts Weg Nr. 11 zur Großen Fanesalm (2102 m) folgen
8) Bei der Großen Fanesalm den Weg Nr. 10 links einschlagen
9) Bei Weggabelung rechts fahren (weiter auf Weg Nr. 10)
10) Dem Weg Nr. 10 zu den Fanes-Wasserfällen folgen
11) Bei der Via Ferrata G. Barbara – L. Delai hat man die Möglichkeit, zu Fuß zu den Fanes-Wasserfällen zu gehen
12) Wir folgen dem Weg Nr. 10 und überqueren eine tiefe Schlucht auf einer Brücke
13) Weitere Brücke überqueren und anschließend auf asphaltierter Straße weiterfahren
14) Links in den Schotterweg Richtung »Malga Ra Stua« abbiegen
15) Auf den Parkplatz an der Staatsstraße fahren
16) Asphaltstraße kreuzen, links Richtung »Malga Ra Stua« fahren
17) Bei Malga Ra Stua geradeaus weiterfahren
18) An der Kreuzung vorbei Richtung »Fodara Vedla« fahren
19) Dem Weg Nr. 6 bis zur Senneshütte folgen
20) Bei Weggabelung geradeaus weiter zur Senneshütte fahren
21) Ab der Senneshütte dem Weg Nr. 7 bis zum Rifugio Fodara Vedla folgen
22) Bei Weggabelung links Richtung Fodara Vedla fahren
23) Ab dem Rifugio Fodara Vedla den Weg Nr. 9 zurück zur Pederühütte nehmen
24) Bei der Pederühütte zurück auf der Straße Richtung St. Vigil fahren

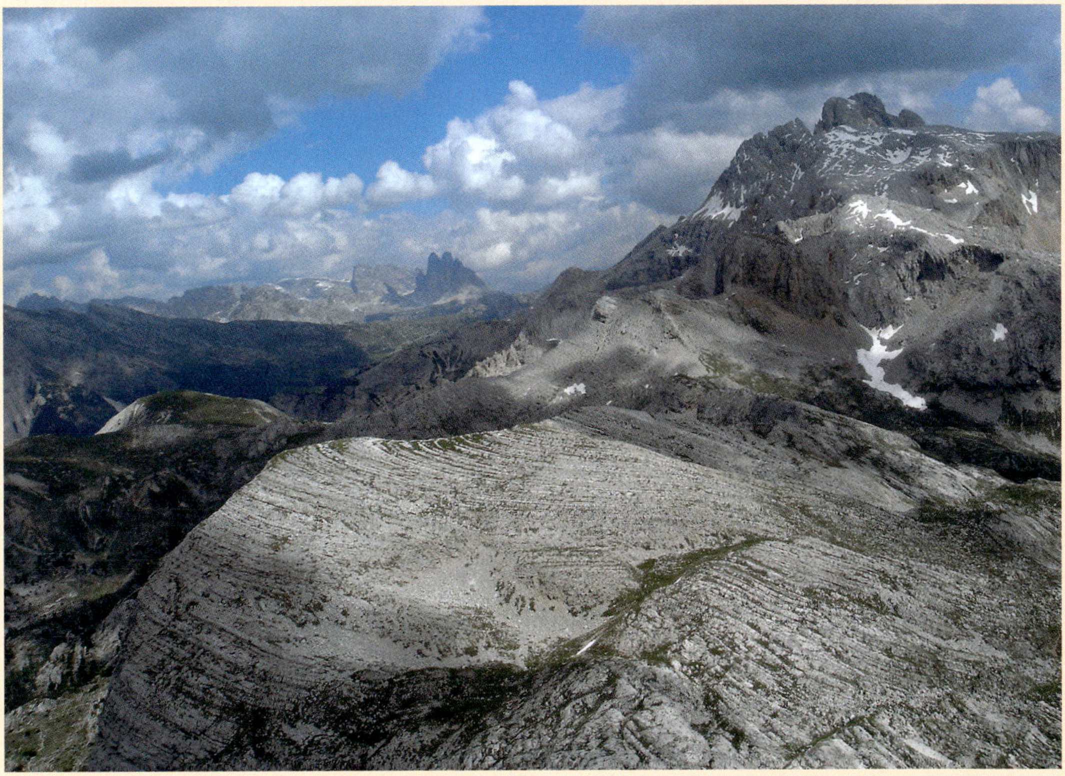

Bizarre Felsformationen so weit das Auge reicht

2.4 Zu den Armentara-Wiesen

Eine Halbtagestour in das Reich der Murmeltiere

1	★★★★★	910	14,4	✓
Schwierigkeit	Erlebniswert	Höhenmeter (in m)	Streckenlänge (in km)	e-Bike

TOURENCHARAKTER

KONDITION
★★★★★

FAHRTECHNIK
★★★★★

TOURCHARAKTER
Kurze Tour mit einem längeren Anstieg und einem schönen Downhill auf schmalem Singletrail.

AUSGANGS-/ENDPUNKT
Wengen (1353 m)

HÖCHSTER PUNKT
1855 m

WEGBESCHAFFENHEIT
Asphalt, Schotter, Trail

ANFAHRT
Auf der A22 Brennerautobahn über die Ausfahrt Brixen ins Pustertal Richtung Bruneck bis St. Lorenzen fahren. Hier die Abzweigung ins Gadertal nehmen und auf der Staatsstraße bis Zwischenwasser fahren. Über die Gadertalstraße erreichen wir den Talort Pederoa.

EINKEHR
Ranc Hütte auf den Armentara-Wiesen und urige Bauernhöfe sowie kleine Gasthöfe in Wengen, die typische ladinische Speisen servieren.

KARTE
Tabacco Naturparkkarte Fanes-Sennes-Prags, 1:25 000

Die Tour bietet alles, was ein eingefleischter Biker sucht: unberührte Natur, wunderschöne Landschaft, tolle Aussichten und fantastische Downhill-Trails.

Wir starten unsere Tour auf die Armentara-Wiesen in Wengen 15 Kilometer von St. Vigil enfernt. Wengen (Ladinisch: »La Val«) ist die Gemeinde mit dem höchsten Anteil Ladinisch sprechender Bevölkerung in Südtirol. Die kleinste und ruhigste Ortschaft vom Gebiet Alta Badia liegt in einem Szenarium von unvergleichlicher Schönheit am Fuße der mächtigen Kreuzkofelgruppe und breitet sich inmitten grüner und noch unberührter Wald- und Wiesenhänge aus.

In Wengen biegen wir rechts nach der Kirche ab und folgen der Straße bergauf durch die hübschen kleinen Weiler Tolpëi, Ciurnadù und weiter nach Colz. Dann halten wir uns auf dem Weg Nr. 13 und 15 Richtung Somcol. Hier biegen wir rechts ab Richtung Armentara-Wiesen und gelangen auf einen Forstweg. Wir überqueren auf diesem den kleinen Bach und folgen dem Forstweg bergauf bis zu unserem Zielort: den Armentara-Wiesen. Diese liegen unmittelbar unter den steilen Abstürzen des Kreuzkofels und bieten einen herrlichen Ausblick auf die umliegende Gegend. Die Armentara-Wiesen sind eine besondere Attraktion des Naturparks Fanes-Sennes-Prags. Vor allem während des Monats Juni können wir sie in ihrer strahlenden Blumenpracht bewundern. Danach belohnt uns der Downhill für unsere Aufstiegsmühen. Wir biegen rechts ab auf einen sehr schönen, teils steilen Trail durch den Wald. Der Trail verschwindet manchmal fast, dadurch sollte man sich aber nicht irritieren lassen. Er endet direkt auf einer Straße, die nach Wengen führt.

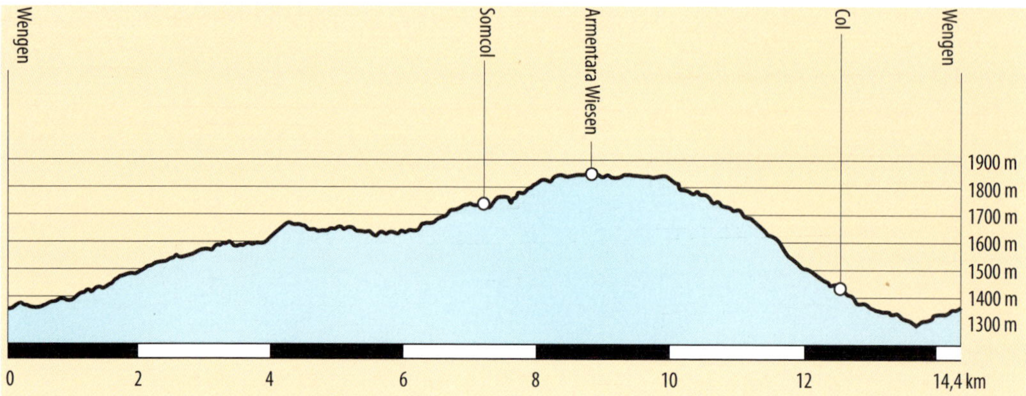

Roadbook 2.4

1) [↱] In Wengen hinter der Kirche rechts abbiegen
2) [↑] An der Feuerwehr vorbeifahren
3) [↑] Bergauf dem Weg Richtung Ciurnadù folgen
4) [↑] Den Weg weiter nach Colz fahren
5) [↑] Dem Weg Nr. 13 nach Somcol folgen
6) [↑] Hinter Somcol auf den Weg Nr. 15 zu den Armentara-Wiesen
7) [↱] Am Ende rechts in den Weg 15A einbiegen
8) [↑] Hinter der Ranch de Andre geradeaus weiterfahren
9) [↑] An dem Parkplatz vorbeifahren
10) [↱] Nach einer scharfen Linkskehre rechts in den Pfad 5A abbiegen
11) [↱] Dem Pfad bis zur nächsten Straße folgen, dort rechts abbiegen
12) [↑] Dem Weg weiter geradeaus folgen (nicht links nach Col abbiegen)
13) [↰] Bei der Weggabelung links Richtung Wengen abbiegen
14) [↑] Geradeaus zurück zur Kirche fahren

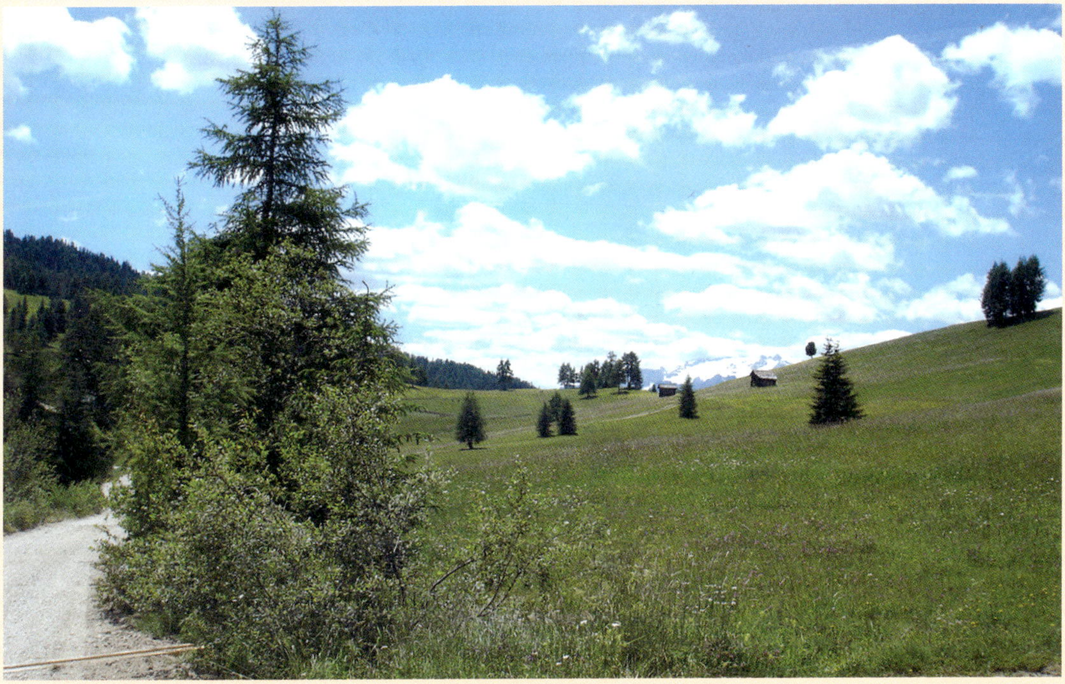

Die Armentara-Wiesen

LADINISCHE KÜCHE

Zu Beginn besaß man in den ladinischen Tälern nur das Notwendigste, um zu überleben. Die Ernährung war sehr einfach: Milchprodukte, Gemüse, Maismehl, Gersten- und Saubohnensuppe. Erst im 19. Jahrhundert hat man angefangen, Kartoffeln anzubauen. In der ladinischen Küche kommen etliche Speisen vor, die in Öl gebacken werden.
Typische ladinische Gerichte:
- Tutres: runde Küchelн, gefüllt mit Topfen und Spinat, Sauerkraut oder Mohn
- Cajincí arstìs: eine Art Schlutzkrapfen, der in Öl gebacken wird
- Gnoch da zigher: Käsenocken
- Bales da cioce: Speckknödel
- Crafuns mori und Furtaies: süße Mehlspeisen
- Cütles da pom: mit Äpfeln zubereitete Mehlspeise

Ladinische Mittagessen oder Abendessen werden in mehreren Bauernhöfen und Restaurants in Wengen angeboten.

3. Sextener Dolomiten

Die Ortschaft Sexten liegt auf einer Höhe von 1310 Metern in einem Seitental des Pustertales und ist bekannt für die Pracht der Sextener Dolomiten, die in atemberaubender Schönheit die Landschaft um den kleinen Ort bereichern. Sexten liegt mit seinen rund 2000 Einwohnern im gleichnamigen Tal, das bei Innichen in südöstlicher Richtung abzweigt und am Kreuzbergpass endet. Zur Ortschaft gehören auch das Innerfeldtal und das malerische Fischleintal, das bei Moos seinen Ausgang nimmt und einen komfortablen Zugang zu den Drei Zinnen anbietet. Im Norden grenzt Sexten unmittelbar an Osttirol und die Karnischen Alpen, im Süden liegen die bekannten Sextener Dolomiten mit der »Sextener Sonnenuhr«, die aus den fünf imposanten Dolomitengipfeln Neuner, Zehner, Elfer, Zwölfer und Einser besteht. Der höchste Gipfel auf Sextener Gemeindegebiet ist die Dreischusterspitze (3152 m).

Nicht nur landschaftlich, sondern auch kulturell hat Sexten so einiges zu bieten: die Pfarrkirche von Sexten wurde im Jahre 1824 erbaut. Besonders bekannt ist das Gemälde »Totentanz« am Eingang des Friedhofes, das von Rudolf Stolz geschaffen wurde. Diesem Maler ist auch ein Museum gewidmet, in dem mehr als 160 seiner Werke zu sehen sind. Zudem befindet sich in Sexten ein Krippenmuseum.

Spielraum für sportliche Betätigungen gibt es um Sexten in allen Jahreszeiten zur Genüge.

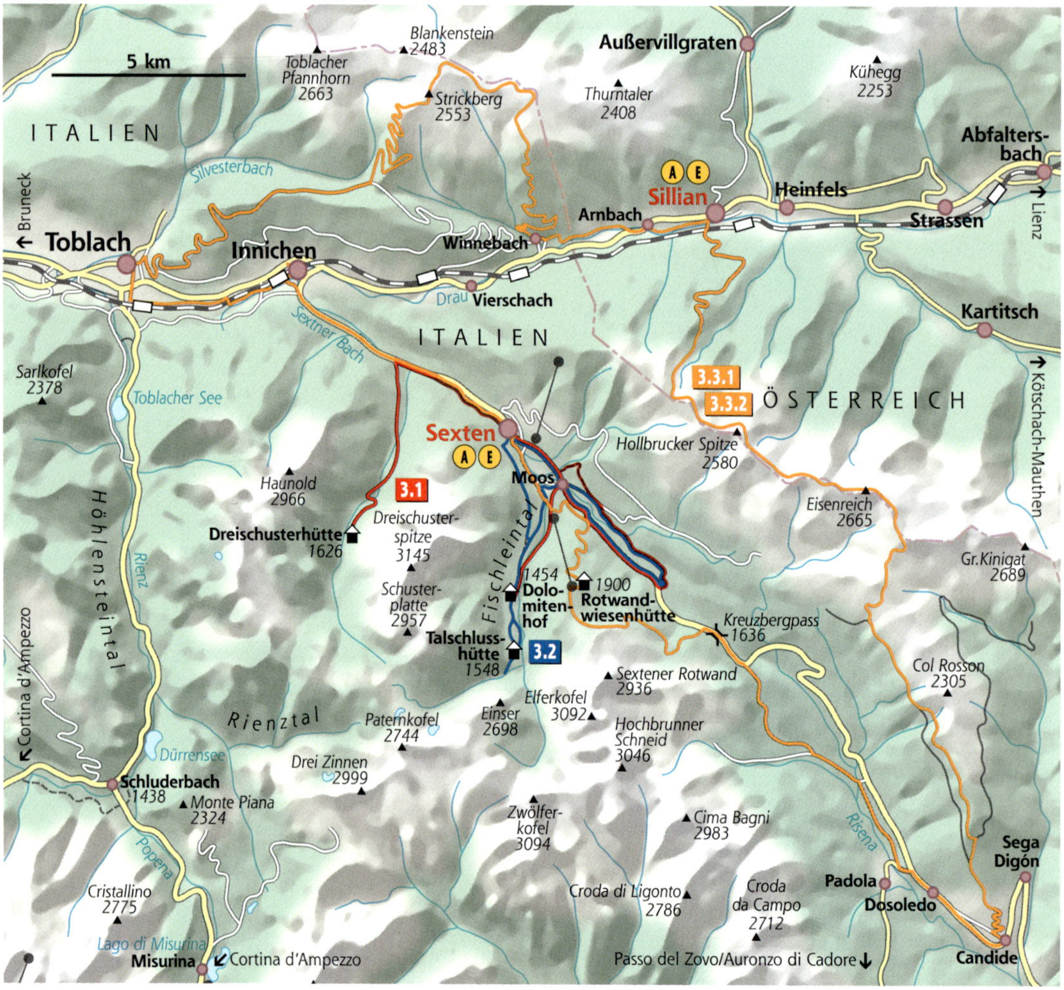

INFOS

TOURISTINFO

Tourismusverein Sexten
Dolomitenstr. 45
39030 Sexten
Tel. +39/(0)474/71 03 10
www.hochpustertal.info
info@sexten.it

ANREISE

Über die A8 bis zum Inntaldreieck, dann über die Inntalautobahn bis Innsbruck. Nun die Brennerautobahn über Brenner und Sterzing bis zur Ausfahrt Pustertal fahren. Dann geht es über die Staatsstraße 49 über Bruneck, Toblach nach Innichen. Hier biegen wir rechts auf die SS 52 ins Sextener Tal ein und erreichen wenige Kilometer später Sexten.

BESTE REISEZEIT

Zum Biken ist es von Juni bis Mitte Okt. optimal.

BIKEHOTELS

Hotel Alpenblick; Fam. Lanzinger
St. Josef-Str. 19
39030 Sexten
Tel. +39/(0)474/71 03 79
www.alpenblick.it
hotel@alpenblick.it

Vitalhof Pension Hirben
Rienzstr. 5
39039 Niederdorf
Tel. +39/(0)474/74 50 10
www.hirben.it
info@hirben.it

Hotel St. Veit
Europaweg 16
39030 Sexten
Tel. +39/(0)474/71 03 90
www.hotel-st-veit.com
info@hotel-st-veit.com

Hotel Wiesenhof
Helmweg/Via Monte Elmo 11
39030 Sexten/Moos
Tel. +39/(0)474/71 03 81
www.hotelwiesenhof.com
info@hotelwiesenhof.com

Pension im Wiesengrund
Höslerweg 7
39030 Sexten
Tel. +39/(0)474/71 02 12
www.im-wiesengrund.com
info@im-wiesengrund

ESSEN

Putschall, Fischleintalstraße 25, 39030 Sexten/Moos, Tel. +39/(0)347/220 68 32, www.putschall.it, info@putschall.it
Am Parkplatz der Rotwandbahn gelegenes, urgemütliches Restaurant mit einheimischen Gaumenfreuden

BIKE-SHOPS

Bike Store
Verkauf und Verleih, Testcenter
Rienzstraße 31
39039 Niederdorf
Tel. +39/(0)474/74 00 50
bikestore@pffft.it

KARTEN

Kompasskarte Sextener Dolomiten/Dolomiti di Sesto, 1:25 000
Sextener Dolomiten – Dolomiti di Sesto – Cortina d'Ampezzo, 1:50 000

Biketouren führen über den Sextener Radweg oder auf die umliegenden Almen in alle Himmelsrichtungen. Im Winter erwartet uns Sexten mit einer tief winterlichen Landschaft, den Skigebieten Rotwand, Helm und dem Kinderlift Waldheim. Langläufer hingegen erfreuen sich an unzähligen traumhaften Loipen des Dolomiti Nordic Ski. Ein Mekka ist Sexten übrigens auch für Skitouren.
Heiß her ging es hier im Ersten Weltkrieg, da die Pustertalbahn so nah lag. Blutige Stellungskriege wurden geführt und zerstörten die Dörfer Moos und Sexten fast völlig. Noch heute kann man unzählige Relikte aus dieser Zeit an Rotwand und am Karnischen Kamm sehen. Einige Stollen im Fels sind heute noch im Freilichtmuseum Bellum Aquilarum in Sexten für Besucher freigegeben.
BELLUM AQUILARUM, Kirchweg 9, 39030 Sexten (BZ), Tel. +39/(0)474/71 22 44
www.bellumaquilarum.it
info@bellumaquilarum.it

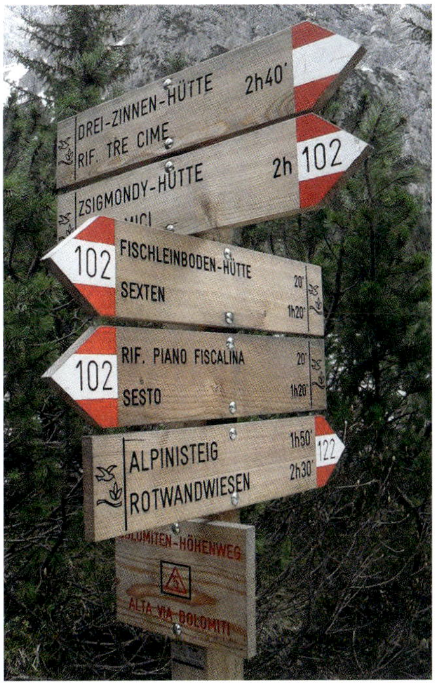

Welche Hütte darf's denn sein? Die Wege sind gut ausgeschildert.

3.1 Durch das Sextener Tal zur Dreischusterhütte

Eine familientaugliche Tour in einen ruhigen Abschnitt der Sextener Dolomiten

2	★★★★★	500	31	✓
Schwierigkeit	Erlebniswert	Höhenmeter (in m)	Streckenlänge (in km)	e-Bike

TOURENCHARAKTER

KONDITION
★★★★★

FAHRTECHNIK
★★★★★

TOURCHARAKTER
Eine einfache, aber variantenreiche Tour. Jedem Singletrail kann man auf einfacheren Wegen ausweichen, sodass die Tour auch für Fahranfänger und Familien bestens geeignet ist.

AUSGANGS-/ENDPUNKT
Caravanpark Sexten (1484 m)

HÖCHSTER PUNKT
1650 m

WEGBESCHAFFENHEIT
Asphalt, Schotter, Singletrail

ANFAHRT
Auf der Brennerautobahn bis zur Ausfahrt Brixen. Dann die Pustertaler Staatsstraße nach Bruneck nehmen. Über Olang, Welsberg und Innichen erreichen wir schließlich Sexten.

EINKEHR
Landgasthaus Alte Säge, Dreischusterhütte

KARTE
Kompasskarte Sextener Dolomiten/Dolomiti di Sesto: Wander- und Bikekarte, 1:25 000

Eine Tour durch das Sextener Tal zur Dreischusterhütte, die bestens für Familien geeignet ist. Auf dem Radweg entlang dem Bach gibt es viele schöne Gelegenheiten für eine kurze Rast, bei der man die Füße ins kalte Nass baumeln lassen kann. Der Anstieg zur Hütte ist schnell geschafft und oben warten leckere Südtiroler Köstlichkeiten auf uns.

Wir starten unsere Tour auf dem Campingplatz in Sexten. Von dort fahren wir über die zweite Brücke und stoßen dann auf den Wanderweg Nr. 13A in Richtung Moos-Sexten. Der Weg ist ein ausgebauter Forstweg und angenehm zu fahren. Wir folgen der Markierung die nächsten drei Kilometer bergab bis kurz vor Moos.
Hier treffen wir auf den Wanderweg 0, den Sextener Höhenweg. Diesem Weglein folgen wir rechts hoch. Bei dem Weg handelt es sich um einen hübschen Singletrail, der ideal zum Einfahren ist, da er weder mit technischen noch mit konditionellen Schwierigkeiten aufwartet. Nach einer Bachüberquerung kommen wir wieder auf eine Schotterstraße. Dieser folgen wir, bis rechts erneut der Wanderweg 0 abzweigt. Der Sextener Höhenweg Teil 2 erwartet uns, diesmal lauern allerdings ein paar fahrtechnische Tücken auf uns: Dicke Wurzeln und einige Blockpassagen lassen Anfänger unfreiwillig zu Wanderern werden.
Ein Stück weiter bei den Treppenstufen können wir entscheiden, ob wir weiter auf dem Höhenweg in Richtung Sexten fahren oder ob wir links hinunter weiter über die asphaltierte Talstraße in die Pedale treten wollen.
In Sexten geht es nach dem Hauptplatz links auf dem Radweg Richtung Innichen. Der Radweg verläuft sehr

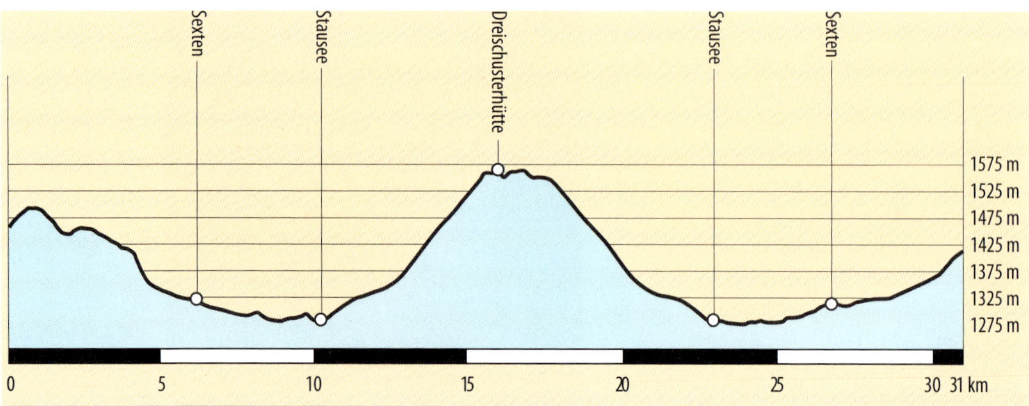

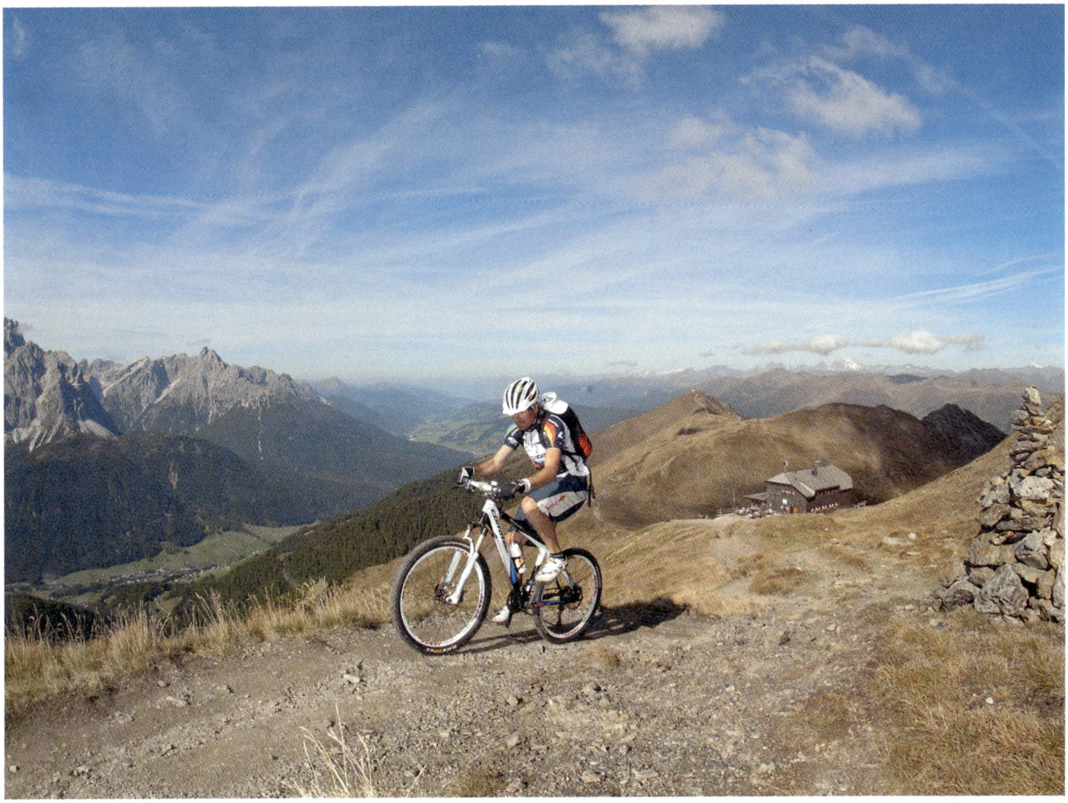

Wunderschöne Höhenwege sorgen für Panoramafahrten vom Feinsten

idyllisch entlang der Schmiedenwälder und des Bachlaufs. Wir folgen dem Bach am Stausee vorbei bis zum Landgasthof Alte Säge. Hier kann man sich mit hausgemachten Ravioli für die Weiterfahrt stärken.

Wer noch keinen Hunger verspürt, bleibt im Sattel. Ein paar Hundert Meter weiter treffen wir auf einen Parkplatz. Hier geht es links hoch ins Innerfeldtal. Der Anstieg ist sehr moderat und schnell geschafft. An der ersten Brücke gelangen wir auf den Wanderweg 4. Diesem können wir für ein kurzes Fahrspaß-Intermezzo bis zur nächsten Brücke folgen. Nach der nächsten Brücke kommen wir wieder auf den Asphaltweg. Ab hier wird der Anstieg etwas herausfordernder. Zum Glück kommen wir alle paar Hundert Meter an schönen Rastplätzen vorbei, um die Nörgler bei Laune zu halten.

Gegen Ende fahren wir auf Schotter weiter und der Weg öffnet sich zum Hochtal hin. Wir erreichen die Dreischusterhütte. Hier können wir bei herrlicher Hanglage die Aussicht und beste Südtiroler Speisen genießen.

Für den Rückweg steuern wir den Singletrail auf dem Wanderweg Nr. 4 und 105 an. Der Singletrail macht riesigen Spaß, aber nur denen, die ihr Bike auch richtig beherrschen. Alle anderen sollten lieber auf der Straße zurück nach Sexten fahren. In Sexten geht's 300 Höhenmeter hoch zurück zu unserem Ausgangspunkt der Tour auf dem Campingplatz.

Rast in luftigen Höhen

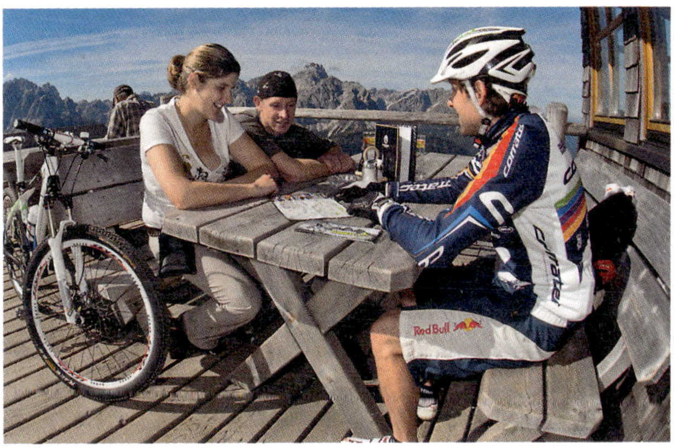

Roadbook 3.1

1) Vom Caravanpark Sexten über die zweite Brücke fahren

2) Den Wanderweg 13A in Richtung Moos-Sexten nehmen

3) Den Markierungen bis nach Sexten folgen

4) Rechts auf den Wanderweg 0 (Sextener Höhenweg) abbiegen

5) Der Schotterstraße geradeaus folgen

6) Rechts in den Wanderweg 0 abbiegen (Sextener Höhenweg)

7) Den Markierungen bis Sexten folgen

8) An den Treppen weiter auf dem Höhenweg in Richtung Sexten fahren

Alternativ: Links hinunterfahren und über die Talstraße bis nach Sexten

9) In Sexten nach dem Hauptplatz links auf den Radweg Richtung Innichen abbiegen

10) Dem Radweg bis zum Gasthof »Alte Säge« folgen

11) 200 m hinter dem Gasthof links ins Innerfeldtal abbiegen

12) Der Beschilderung bis zur Dreischusterhütte folgen

13) Erreichen der Dreischusterhütte auf 1626 m

14) Zurück auf dem Wanderweg Nr. 4 und 105 bis Sexten

15) In Sexten den gleichen Weg zurück über Moos zum Campingplatz fahren

Alternativ: Ab Moos nicht links auf den Wanderweg 4A abbiegen, sondern geradeaus auf der Hauptstraße zurück bis zum Campingplatz fahren

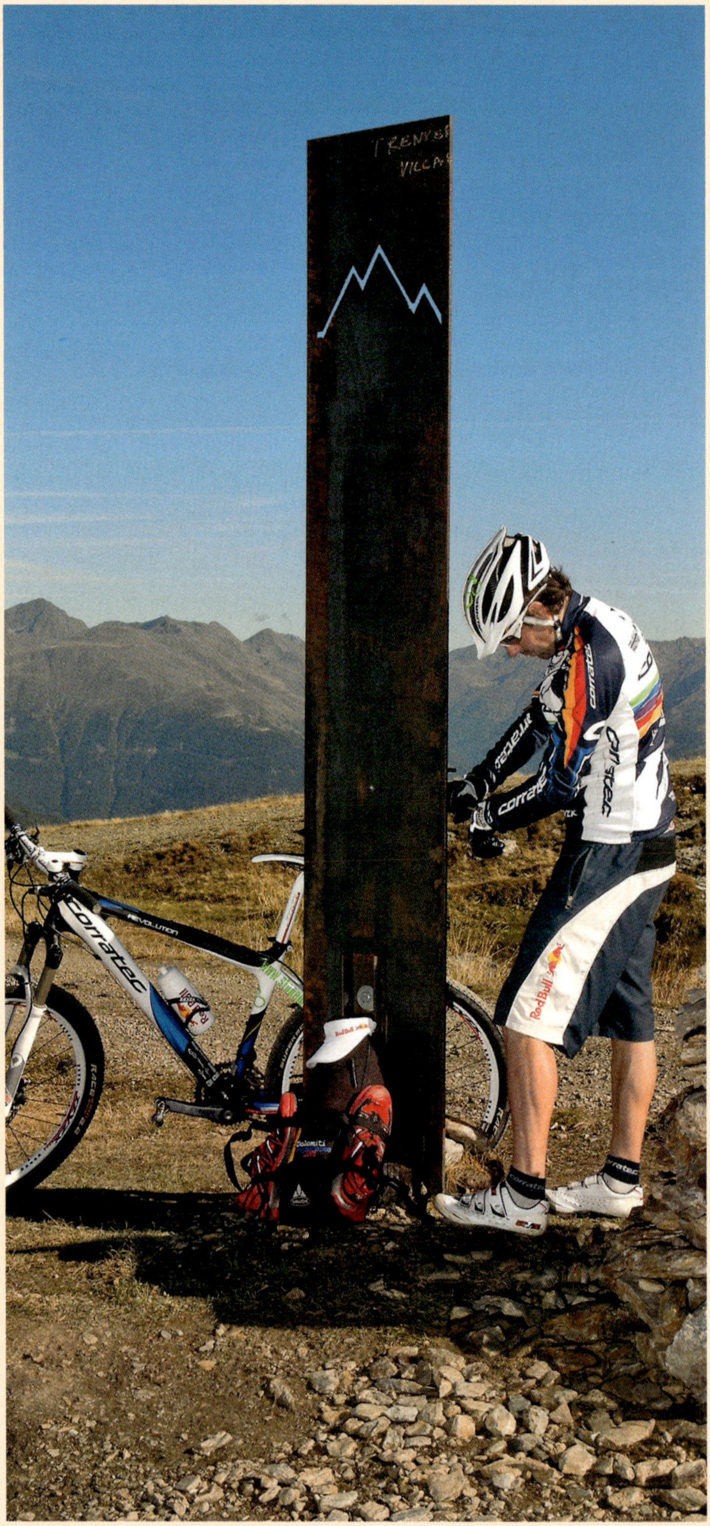

Endlich oben am Ziel

3.2 Von Sexten ins Fischleintal

Ein Ausflug in eines der schönsten Nebentäler der Sextener Dolomiten

2 Schwierigkeit | Erlebniswert | 500 Höhenmeter (in m) | 26,4 Streckenlänge (in km) | ✓ e-Bike

TOURENCHARAKTER

KONDITION

FAHRTECHNIK

TOURCHARAKTER

Eine einfache Tour, die nur etwas technisches Können auf den Singletrails voraussetzt.

AUSGANGS-/ENDPUNKT

Caravanpark Sexten (1484 m)

HÖCHSTER PUNKT

1526 m

WEGBESCHAFFENHEIT

Asphalt, Schotter, Singletrail

ANFAHRT

Auf der Brennerautobahn bis zur Ausfahrt Brixen. Dann die Pustertaler Staatsstraße nach Bruneck nehmen. Über Olang, Welsberg und Innichen erreichen wir schließlich Sexten.

EINKEHR

Talschlusshütte

KARTE

Kompasskarte Sextener Dolomiten/ Dolomiti di Sesto: Wander- und Bikekarte. GPS-genau, 1:25 000

Die Tour führt uns durch das Tal über Moos und Sexten, bevor wir rechts in das Fischleintal abbiegen. Der Weg bis zur Talschlusshütte führt durch herrliche Lärchenwälder. Dieser Ausflug durch das Fischleintal ist von besonderem Reiz, denn es gehört zu den schönsten Tälern im Naturpark Sextener Dolomiten.

Am Caravanpark in Sexten fahren wir über die erste Brücke und folgen dem Singletrail des Wanderwegs 13A in Richtung Moos-Sexten. Wir folgen den Schildern nach Moos und fahren die nächsten fünf Kilometer stets bergab.

In Moos hört der Wanderweg an der Kirche auf. Hier fahren wir geradeaus über die Hauptstraße bis zum Bach, dann über die Brücke in Richtung Fischleintal zum Mühlenhof. Wir fahren immer in Bachnähe bis zur Bergbahn. Dort geht es rechts auf den Wanderweg 102.

Der erste Anstieg verläuft durch den märchenhaften Lärchenwald bis zum großen Parkplatz am Hotel Dolomitenhof. Ab hier ist der Weg gut ausgebaut und bringt uns mit leichter Steigung bis zur Talschlusshütte. Die Hütte ist eine prima Einkehrmöglichkeit, aber Picknickfreunde können die mitgebrachte Brotzeit auch auf einem herrlichen Fleckchen unberührter Natur genießen. Nach der Pause lohnt sich ein Abstecher zum berühmten Einserkogel, der im Jahr 2007 durch eine gigantische Steinlawine deutlich kleiner wurde.

Zurück nehmen wir wieder den Weg durch den Lärchenwald. Weiter unten zweigt dann ein kleiner Trail links in den Wald. Der Trail ist ausgeschildert mit der Bezeichnung Sextener Höhenweg Nr. 1A. Nach einer

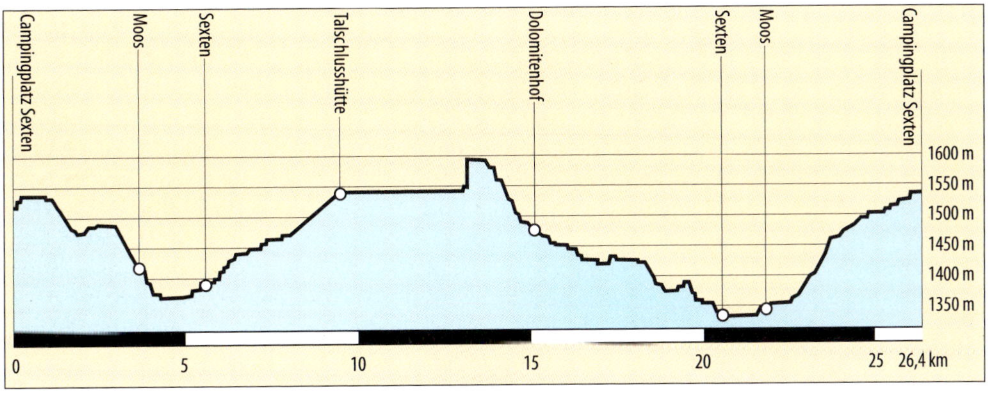

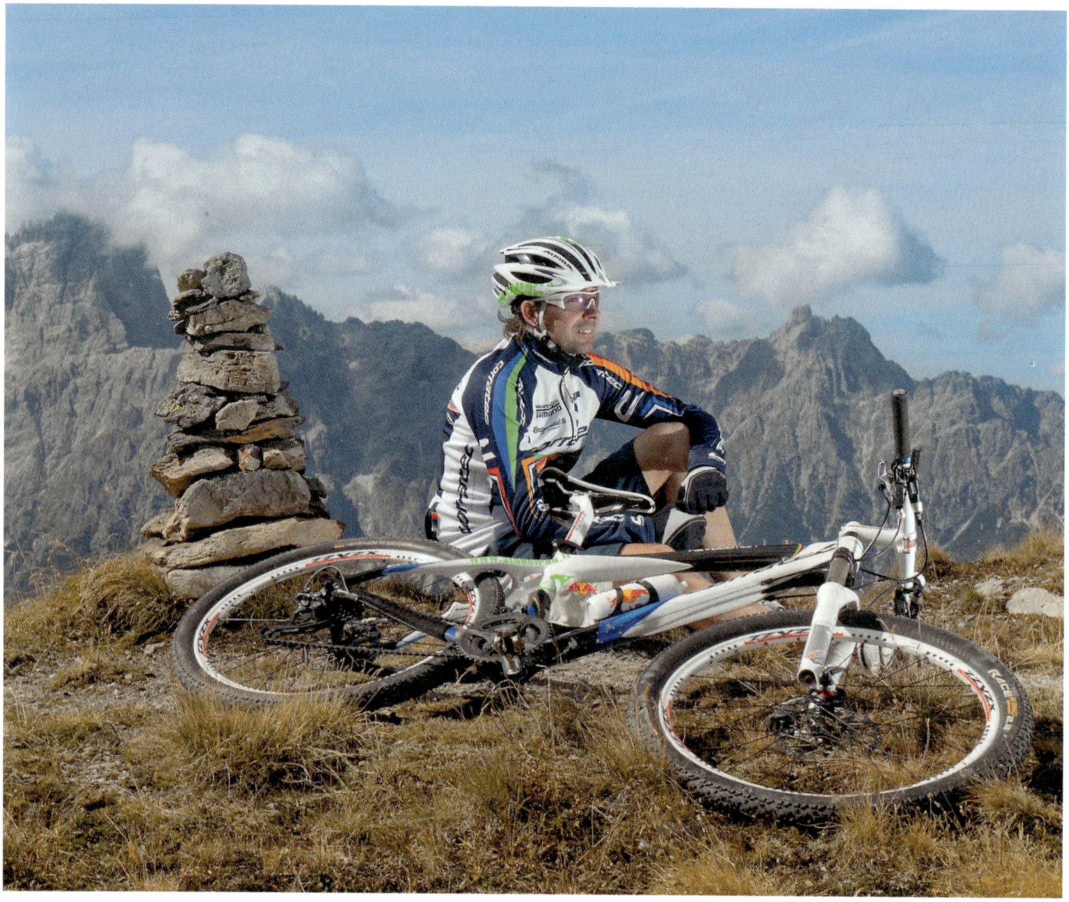

Sextener Dolomiten

sehr wurzelgespickten Strecke, die zum Glück schnell vorbei ist, geht es rechts ab auf einen herrlichen Singletrail. Dann müssen wir kurz über einen Schotterweg fahren, bevor rechts ein Weg nach Sexten abzweigt. Hier geht's vier Kilometer mit viel flowigem Fahrspaß zurück ins Tal Richtung Sexten. Über die Wiesenwege fahren wir zurück zum Hauptplatz in Sexten. Ab hier müssen wir nur noch die 300 Höhenmeter zurück zum Campingplatz bewältigen. Für die Strecke fahren wir entweder auf dem vom Hinweg bekannten Wanderweg oder wir entscheiden uns für die kräfteschonendere Alternative entlang der Hauptstraße.

Die Karte immer griffbereit dabei

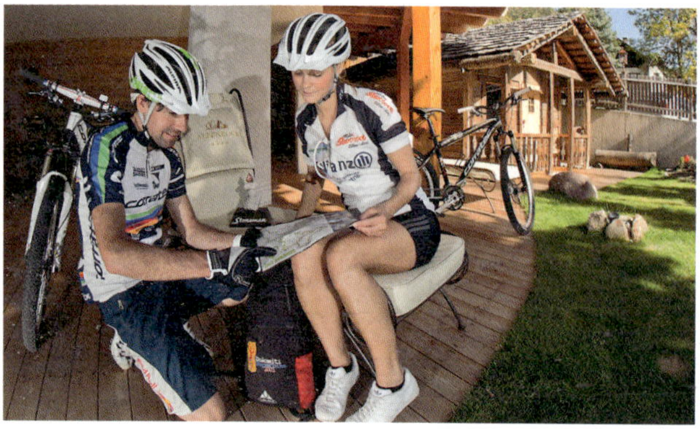

FELSSTURZ AM EINSERKOGEL

Am 12. Oktober um 8 Uhr früh stürzte ein 60 000 m^3 großes Gipfelstück vom Einser ins Tal hinab. Dem Wirt der Fischleinbodenhütte ist es zu verdanken, dass niemand zu Schaden kam. Der Wirt hatte zuvor eigenartige Wolken über der Spitze des Berges beobachtet und daraufhin das Tal sperren lassen. Ein riesiges Geröllfeld bedeckt heute die Stelle, wo 2007 noch der Bergpfad Nr. 102/103 begann.

Roadbook 3.2

1) ↑ Am Caravanpark Sexten die erste Brücke überqueren
2) ↑ Auf dem Wanderweg Nr. 13A in Richtung Moos-Sexten fahren
3) ↑ Den Markierungen bis Moos folgen
4) ↑ In Moos an der Kirche geradeaus über die Hauptstraße fahren
5) ↑ Bis zum Bach fahren, die Brücke überqueren
6) ↰ Nach der Brücke links abbiegen
7) ↑ Der Beschilderung Richtung Fischleintal zum Mühlenhof folgen
8) ↑ Am Mühlenhof auf dem Wanderweg Nr. 102 bis zum Dolomitenhof weiterfahren
9) ↑ Dem Wanderweg Nr. 5 bis zur Talschlusshütte (1526 m) folgen
10) • Erreichen der Talschlusshütte
11) ↑ Zurück ein kurzes Stück auf dem Wanderweg Nr. 102/103 fahren
12) ↑ Bis zum Parkplatz hinter der Fischleinbodenhütte fahren
13) ↑ Dem Weg 102 durch den Lärchenwald folgen
14) ↰ Links auf den Wanderweg 1A abbiegen (Sextener Höhenweg)
15) ↱ Rechts auf den Singletrail abbiegen
16) ↱ Dem Schotterweg folgen, nächste Abzweigung rechts dem Weg nach Sexten folgen
17) ↑ Über die Wiesenwege zum Hauptplatz von Sexten fahren
18) ↑ Von Sexten den gleichen Weg zurück zum Campingplatz

Alternativ: Von Sexten auf der Staatsstraße B52 über Moos bis zum Campingplatz fahren.

FISCHLEINTAL IM ERSTEN WELTKRIEG

Im Fischleintal haben sich während des Ersten Weltkrieges dramatische Szenen abgespielt, als sich die Kaiserjäger und die Alpini auf den Spitzen der Hohen Gaisel und auf den Felsbändern des Popera und des Paterno bekämpften. Spuren dieser Ereignisse sind bis heute erhalten geblieben: höhlenartige Schießscharten und Felsenmauern, die die Gefechtsstellungen sicherten. Am Paternkofel (2722 m) führt ein 600 m langer Militärstollen durch den Fels. Er ist als Klettersteig zu begehen. Die Soldaten starben hier weniger im Kampf als vielmehr in den harten Wintermonaten, wo es bis zu 12 Meter Schnee gab und sie verhungerten und erfroren.

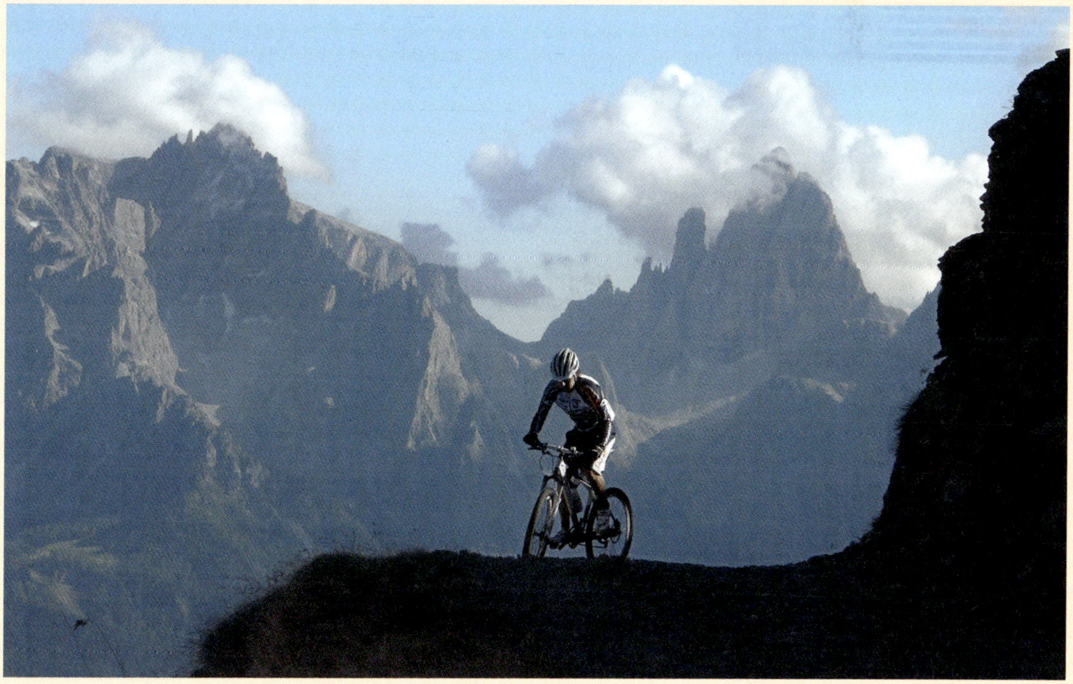

Biken in sagenhafter Landschaft

3.3 Abenteuer Stoneman-Trail

Die Bike-Attraktion im Hochpustertal

Nach seiner Karriere als Mountainbike-Profi will Roland Stauder, der Initiator des Stoneman-Trail, jetzt neue Wege gehen und den Mountainbikern zeigen, dass seine Heimat Sexten ein Paradies für Biker ist. So kann das Hochpustertal seit Kurzem mit einer neuen, einzigartigen Attraktion aufwarten: Der Stoneman-Trail verspricht abenteuerliche Erlebnisse für Mountainbiker und soll den Radtourismus im Ort ankurbeln. Die schönsten Trails der Region wurden zu einer perfekten Tour aneinandergereiht, markiert und mit Steinmännchen versehen. Roland Stauder will den Bikern das Gefühl vermitteln, das seiner Meinung nach beim Biken im Mittelpunkt stehen sollte: nicht Leistung oder Technik, sondern das Naturerlebnis. »Ich habe in den letzten zehn Jahren sehr hart trainiert und unzählige Rennen in ganz Europa und oft auch darüber hinaus bestritten. Mehr als das harte Training haben mir aber die unfairen Methoden vieler Konkurrenten zu schaffen gemacht. Deshalb ist mir der Abschied vom Rennzirkus nicht schwer gefallen«, erzählt Roland Stauder, der in den letzten zehn Jahren zur Spitze der Weltklasse-Mountainbiker gehörte und seit Kurzem auch Teamchef des Mountainbike-»Corratec World Teams« ist.

Jetzt hat sich der gebürtige Sextener als Initiator des Stoneman-Trails neue Ziele gesetzt: »Ich bin überzeugt, dass der Bike-Tourismus großes Potenzial hat und dass diese Art von Tourismus vor allem im Hochpustertal eine große Zukunft haben könnte«, meint Roland Stauder.

Die gesamte Route ist perfekt ausgeschildert – das GPS-Gerät und die Karte können getrost zu Hause bleiben.

Und wer nicht zu übertriebenem sportlichen Ehrgeiz tendiert – umso besser. Die Runde ist eigentlich zu schade, um sie an einem Tag herunterzukurbeln. Auf zwei oder drei Tage aufgeteilt, kann man sie noch viel besser genießen.

Der Stoneman-Trail

Der Stoneman-Trail ist 120 Kilometer lang, verläuft über 4000 Höhenmeter und ist markiert mit »steinernen Männchen«. Er führt von Sexten nach Toblach aufs Markinkele, weiter nach Sillian zur Sillianer Hütte und zum Kniebergsattel, über Candide ins »Val Grande« und zurück über den Kreuzbergpass und die Rotwandwiesen nach Sexten.

An aus rohem Stahl geschweißten Kontrollstationen müssen die Biker verschiedene Symbole auf ein Armband stempeln. »In vier verschiedenen Orten, davon einer auch in der Gesundheitswelt in Sillian, kann man das Startpaket mit Stempelarmband, Karte und Höhenprofil erwerben«, informiert Roland Stauder.

Ansprechen will Roland mit dem Stoneman-Trail Biker mit guter Kondition und Lust auf ein »richtiges Abenteuer« im Sattel ihres Bikes. Wer alle Stempel auf dem Armband an einem Tag sammelt, wird mit der goldenen Stoneman-Trophäe prämiert, die Roland Stauder eigens für dieses Projekt kreiert hat und in Handarbeit anfertigt. Wer nach zwei Tagen finisht, bekommt die silberne, wer es in drei Tagen schafft die bronzene Stoneman-Trophäe. »So ist der Stoneman-Trail auch für Genuss-Biker zu schaffen«, erklärt Roland Stauder. Alle Finisher nehmen dann an der jährlichen Verlosung eines Corratec-Bikes teil.

Werbung fürs Hochpustertal

Dem großen Bekanntheitsgrad von Roland in Deutschland ist es zu verdanken, dass verschiedene wichtige Zeitschriften bereits über den Stoneman-Trail berichtet haben.

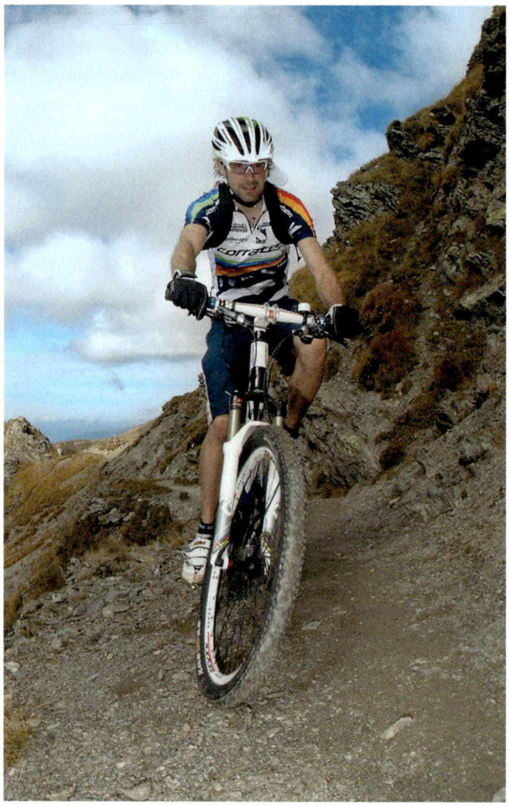

»Die ersten Finisher gibt es bereits, sie waren begeistert und täglich erreichen mich neue Anfragen von Bikern. Unter anderem hat sich eine Gruppe von 20 Bikern, die ursprünglich in der Provinz Trient gebucht hatte, dank des Stoneman-Trails entschieden, eine Bike-Woche in Sexten zu verbringen«, freut sich Roland Stauder, der mit zwölf Hotels im Hochpustertal zusammenarbeitet und für diese auch als Bike-Guide tätig ist. Weitere Infos finden alle Interessierten im Internet unter www.stoneman.it.

Ausgabestellen Startpaket Stoneman-Trail:
Sexten Kletterhalle: 9–23 Uhr

Toblach Bahnhof Globo Alpin: 8–12.30 Uhr werktags

Tourismusverein Toblach
Juni/September: Mo–Fr 9–12 und 15–18 Uhr; Sa 9–12 Uhr; So geschlossen
Juli/August: Mo–Fr 8.30–19 Uhr; Sa 8.30–12.30 und 14–18 Uhr; So 10–12 Uhr

An diesen Orten kann man das Abenteuer beginnen und das Startpaket erwerben. Auf dem Stempelarmband befindet sich eine Nummer, die vor dem Start in einer der vier Ausgabestellen registriert werden muss. Ab dem Startdatum hat man maximal drei Tage Zeit, um alle Stempelstellen zu erreichen, dort die verschiedenen Symbole am Armband abzustempeln und somit eine der Trophäen zu gewinnen. Zur Endkontrolle und zur Prämierung muss man zur Ausgabestelle zurück.
Bitte die Öffnungszeiten der jeweiligen Ausgabestelle beachten! Das Startpaket kann bereits am Vortag ab 19 Uhr erworben werden, wobei der folgende Tag als Startdatum gilt. Wird der Trail abends – und damit außerhalb der Öffnungszeiten der Ausgabestelle – beendet, so kann das Armband auch am Folgetag bis 9 Uhr abgegeben werden.

Fünf Stempelstellen gilt es anzufahren:
- Markinkele: 2545 m
- Sillianer Hütte: 2447 m
- Passo Silvella: 2329 m
- Valgrande: 1362 m
- Bergstation Rotwandbahn: 1900 m

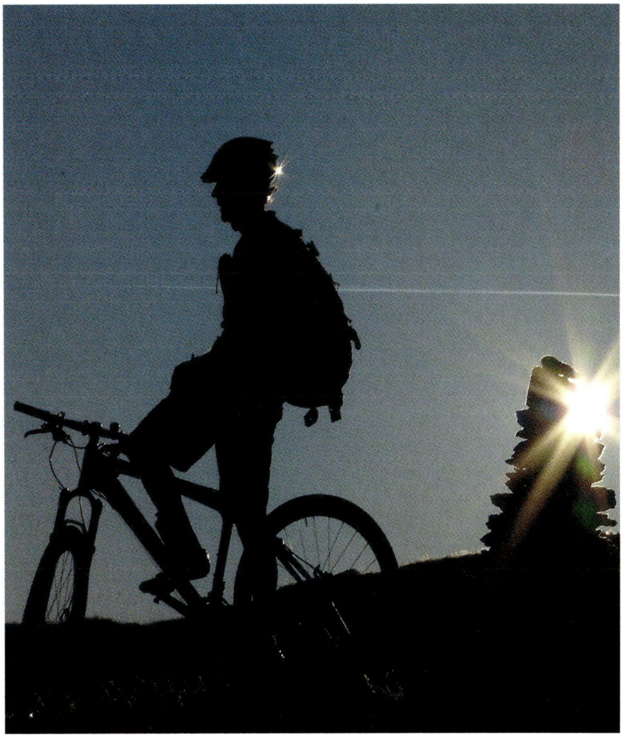

Stoanmandl in der Abendsonne

Wichtiger Tipp
Um den Stoneman-Trail in drei Tagen zu bewältigen, sollte man Tagesetappen mit 1500 Höhenmetern bewältigen können. Der drei Kilometer lange Anstieg zur Sillianer Hütte ist extrem steil! Die zehn Kilometer lange Demut-Passage ist der technisch schwierigste Teil. Spezialisten werden ihre Freude daran haben.

Genussbikern empfehlen wir folgende Etappen:
In drei Tagesetappen, ohne Demut-Passage, Beispiel mit Start ab Sexten:
1. Tag, dunkelgrüner Teil: Sexten–Innichen–Toblach–Lachwiesenhütte–Silvesterplatz–Markinkele–Hochrast–Winnebach–Innichen–Sexten (1 Stempel)
2. Tag, gelber Teil: Sexten–Innichen–Winnebach–Sillian–Leckfeldalm–Sillianer Hütte–Hornischegg–Klammbachalm–Moos–Sexten (1 Stempel)
3. Tag, blauer Teil: Sexten–Moos–Nemesalm–Passo Silvella–Col Roson–Dosoledo–Padola–Valgrande–Kreuzbergpass–Rotwandwiesen–Moos–Sexten (3 Stempel)

Bild linke Seite: Trailspaß pur!

3.3.1 Der Stoneman-Trail mit Start in Sillian

Die schönsten Routen um Sexten zu einer Tour zusammengeführt

2–5 je nachdem, in wie vielen Tagen man die Runde fährt
Schwierigkeit

Erlebniswert

bei 3 Tagen tägl. ca. 1500
Höhenmeter (in m)

bei 3 Tagen tägl. ca. 35
Streckenlänge (in km)

✓ e-Bike

TOURENCHARAKTER

KONDITION

FAHRTECHNIK

TOURCHARAKTER

Die schönsten Trails der Region wurden zu einer perfekten Tour aneinandergereiht, markiert und mit Steinmännchen versehen. Ein MTB-Traum wird wahr!

AUSGANGS-/ENDPUNKT

Sillian (1100 m)

HÖCHSTER PUNKT

Markinkele (2545 m)

WEGBESCHAFFENHEIT

Trail, Schotter- und Forstwege, kaum Asphalt

ANFAHRT

Auf der Brennerautobahn bis zur Ausfahrt Brixen. Dann die Pustertaler Staatsstraße nach Bruneck nehmen. Über Toblach kommt man nach Sillian.

EINKEHR

Alpe Nemes (1950 m); Rifugio Malga Nemes, Tel. +39/(0)347/011 93 60, info@alpe-nemes.com; Sillianer Hütte (2447 m), Tel. +43/(0)664/532 38 02, viktoria_sch@hotmail.com; Rotwandwiesenhütte (1924 m), Tel. +39/(0)474/71 06 51, info@rotwandwiesenhuette.it

KARTE

Kompasskarte Sextener Dolomiten/Dolomiti di Sesto: Wander- und Bikekarte. GPS-genau, 1:25 000

Roland Stauder, Ex-Mountainbikeprofi, hat in seiner Heimatregion in Sexten eine einmalige Erlebnisrunde für Mountainbiker ausgearbeitet und bestens markiert. Für die Tour gibt es zwei mögliche Startpunkte. Der erste davon liegt in Sillian.

Frühmorgens starten wir von Sillian. Es ist kalt und dunkel und wir philosophieren müde über Sinn und Unsinn des Mountainbikens »mitten in der Nacht«.
Es hilft alles nichts und so machen wir uns auf den Weg zur Sillianer Hütte. Sehr moderat beginnt der Stoneman-Trail von dieser Seite. Es gilt, alle fünf Stempelstellen anzufahren. Als Belohnung winkt eine Trophäe und die Verewigung auf der Homepage www.stoneman.it.
Bis zur Leckfeldalm geht es recht gemütlich bergauf, erst danach beginnt es steiler zu werden. Hier ist bereits teilweises Schieben angesagt, da es uns zum Fahren zu anstrengend ist. Schließlich haben wir einen langen Tag vor uns und wollen nicht unsere ganze Energie schon am Anfang verpulvern.
Kurz vor der Sillianer Hütte kommt die erste Stempelstelle in Sicht, das Armband erhält seine erste Markierung und die ersten 1350 Höhenmeter sind geschafft.
Wir lassen die Sillianer Hütte in Richtung Hornischegg (2550 m) hinter uns und gelangen rasch auf den Karnischen Höhenweg, die sogenannte Demut-Passage. Dies

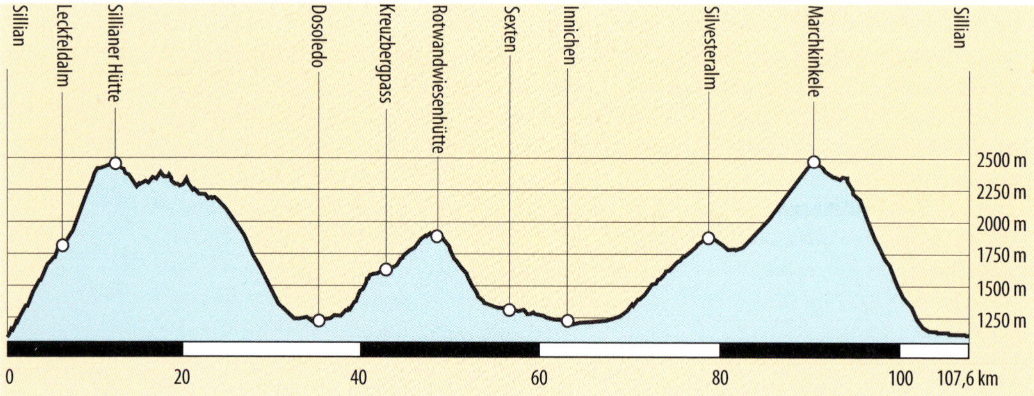

ist ein ca. zehn Kilometer langer Singletrail, der je nach Fahrkönnen mehr oder weniger fahrbar ist. Eigentlich sollte es bis zum Kniebergsattel leicht bergab gehen. In der Praxis jedoch tun sich unzählige Gegenanstiege auf und die Passage scheint kein Ende zu nehmen. Hier kann sehr viel Zeit verloren gehen und die kurzen Anstiege summieren sich auf ca. 350 Höhenmeter. Das kostet Energie!

Endlich kommt die zweite Stempelstelle in Sicht. Der Höhenmesser zeigt knappe 1800 Höhenmeter an. In den vier Stunden, die wir bereits unterwegs sind, haben wir kaum 25 Kilometer geschafft.

Hinter dem Kniebergsattel erwartet uns ein weiterer kleiner Anstieg über ein Geröllfeld. Ums Eck fällt der Blick auf eine Madonna-Statue, die auf einem Felsvorsprung steht. Ab hier geht es flüssiger bergab, trotz des einen oder anderen kleinen Gegenanstiegs. Der Singletrail beginnt nun richtig Spaß zu machen, geht später in einen Karrenweg über und mündet schließlich auf Asphalt.

In rasanter Fahrt geht es nach Padola hinunter, durch den Ort hindurch und bereits wieder leicht ansteigend ins Val Grande. Hier befindet sich die Stempelstelle Nummer drei. Wieder eine Verzierung für unser Armband.

Kurz hinter der Stempelstelle lassen wir den Asphalt hinter uns und zweigen ab auf eine teils steile Forststraße, die unter dem Kreuzbergpass wieder auf die Regionalstraße mündet. Wir folgen der Regionalstraße und biegen bald hinter einem Hotel wieder nach links ab. Ca. 250 Höhenmeter haben wir jetzt noch bis zu den Rotwandwiesen zu bewältigen. Anfangs kurbeln wir auf einem breiten Singletrail, später auf Forst- und Karrenwegen voran. Am Ende queren wir einen breiten Fußweg, der uns direkt zur Seilbahnstation auf der Rotwandwiese führt und an der sich die vierte Stempelstelle findet.

Unser Höhenmesser zeigt bereits 2500 Höhenmeter an und nur noch ein letzter Stempel fehlt auf unserem Armband. Doch dieser muss erneut hart erkämpft werden.

Eine reine Forststraßenabfahrt folgt, eher eine Seltenheit auf dieser Tour. Sie führt uns in schneller Fahrt hinunter zum Gasthaus Purtschall und nach Sexten. Über Innichen fahren wir auf dem Radweg nach Toblach, wo es dann an die letzten Reserven geht. Gute 1500 Höhenmeter müssen wir am finalen Aufstieg zum Markinkele noch bewältigen. Dabei ist es durchaus hilfreich, dass der erste Teil der Auffahrt auf Asphalt und einer recht bequemen Forststraße stattfindet. Erst ab dem Wanderparkplatz in der Nähe der Lachwiese wird die Strecke dann schlechter und vor allem auch kräftezehrender.

In vielen Serpentinen windet sich der Weg nach oben und unsere Kräfte schwinden merklich. Die letzten 300 bis 400 Höhenmeter schaffen wir mit letzter Motivation und sind heilfroh, als wir die fünfte und letzte Stempelstelle erspähen. Die letzte Markierung schmückt unser Armband, der Höhenmesser steht bei knapp 4000 Höhenmetern. Wir gönnen uns noch eine kurze Rast und machen uns dann an die Abfahrt.

Ein oder zwei Kilometer führt uns die Schotterstraße in Richtung einiger Befestigungsanlagen aus dem Ersten Weltkrieg. Dann folgt eine kurze Querung auf einem Singletrail vorbei an weiteren Bunkern und schließlich die finale Abfahrt, deren Auftakt ein traumhafter Singletrail ist. Abwechslungsreich und anspruchsvoll, aber nie zu schwierig führt er uns hinab. Doch auch der schönste Trail ist mal zu Ende und wir kommen auf eine Forststraße, die später zu Asphalt wird. So erreichen wir zügig das Tal in der Nähe von Winnebach.

Zum Schluss geht es dann stets leicht bergab auf dem Radweg Richtung Sillian, wo wir müde und erschöpft, aber glücklich ins Ziel einlaufen.

Eine einzigartige Traumtour liegt hinter uns. Wir haben alles erlebt, was das Mountainbikerherz begehrt: fantastische Landschaft, perfekte Streckenführung, Singletrails von flowig bis ruppig und dazu die bizarren Dolomiten-Felstürme, die keine Wünsche offen lassen. Das Ganze ist von Roland Stauder und seinem Team perfekt ausgeschildert – das GPS und die Karte können getrost zu Hause bleiben.

Und wer nicht zu übertriebenem sportlichen Ehrgeiz tendiert – umso besser. Die Runde ist eigentlich zu schade, um sie an einem Tag abzuwickeln. Auf zwei oder drei Tage aufgeteilt, kann man sie noch viel besser genießen.

3.3.2 Der Stoneman-Trail mit Start in Sexten

Die schönsten Routen um Sexten zu einer Tour zusammengeführt

2–5 je nachdem, in wie vielen Tagen man die Runde fährt — Schwierigkeit

Erlebniswert

bei 3 Tagen tägl. ca. 1500 — Höhenmeter (in m)

bei 3 Tagen tägl. ca. 40 — Streckenlänge (in km)

✓ e-Bike

TOURENCHARAKTER

KONDITION

FAHRTECHNIK

TOURCHARAKTER

Die schönsten Trails der Region wurden zu einer perfekten Tour aneinandergereiht, markiert und mit Steinmännchen versehen. Ein MTB-Traum wird wahr!

AUSGANGS-/ENDPUNKT

Sexten (1310 m)

HÖCHSTER PUNKT

Markinkele (2545 m)

WEGBESCHAFFENHEIT

Trail, Schotter- und Forstwege, kaum Asphalt

ANFAHRT

Auf der Brennerautobahn bis zur Ausfahrt Brixen. Dann die Pustertaler Staatsstraße nach Bruneck nehmen. Über Toblach nach Innichen und weiter nach Sexten.

EINKEHR (u. a.)

Alpe Nemes (1950 m); Rifugio Malga Nemes, Tel. +39/(0)347/011 93 60, info@alpe-nemes.com; Sillianer Hütte (2447 m), Tel. +43/(0)664/532 38 02, viktoria_sch@hotmail.com; Rotwandwiesenhütte (1924 m), Tel. +39/(0)474/71 06 51, info@rotwandwiesenhuette.it

KARTE

Kompasskarte Sextener Dolomiten/ Dolomiti di Sesto: Wander- und Bikekarte. GPS-genau, 1:25 000

Als zweite Einstiegsmöglichkeit in den Stoneman-Trail bietet sich Sexten an. Diese Route von Roland Stauder beginnt sehr komfortabel, bevor wir den Aufstieg zur Markinkele bewältigen müssen. Grandioser Abschluss der Tour ist die Traumabfahrt nach Sillian!

Wir beginnen die Tour in Sexten an der Kletterhalle, wo wir uns ein Kontrollarmband holen und den Schotter-Radweg talauswärts nach Innichen fahren. Wir halten uns an der linken Talseite und rollen auf dem nun asphaltierten Radweg weiter nach Toblach. Am Bahnhof, einer weiteren Stoneman-Startpaket-Ausgabestelle, wechseln wir die Talseite. Wir fahren durch den netten kleinen Ort, immer den Bodenmarkierungen folgend. Hier beginnt nun der Anstieg zur Lachwiesenhütte ganz in der Nähe der Kirche. Die fünf Kilometer lange, asphaltierte Bergstraße bietet von Beginn an einen tollen Ausblick. Wir pedalieren bis zur Jausestation »Lachwiesenhütte« hinauf, von wo aus eine Schotterstraße im Wald ca. vier Kilometer bis kurz vor den Silvesterplatz führt. Es folgt ein kurzes Auslockern der Beine bei 100 Höhenmetern bergab. Von hier an können wir uns an den Steinernen Männchen orientieren, die uns auf der herrlichen, teils grob schottrigen Militärstraße fünf Kilometer lang in zahlreichen Kehren zum Markinkele hinaufführen. Dort befindet sich eine Kontrollstelle. Mit

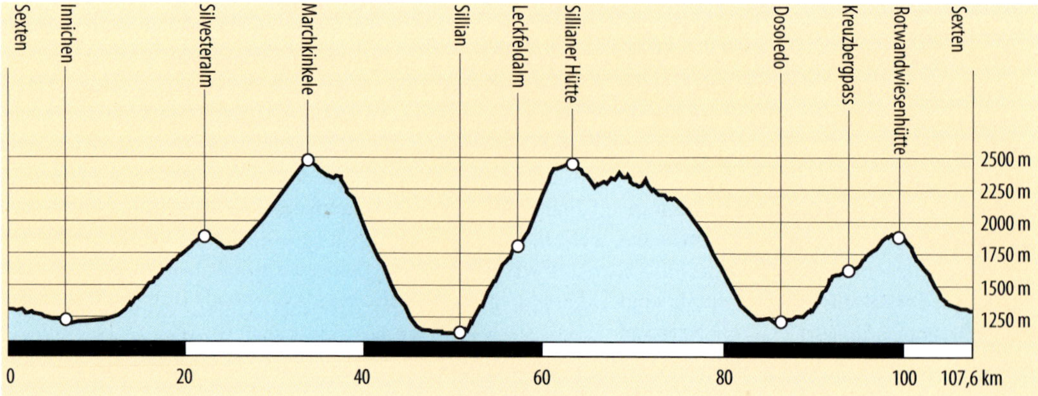

der Symbolzange drücken wir uns das erste der fünf Kontrollzeichen aufs Armband.
Von hier, 100 Meter entfernt vom Gipfelkreuz des 2530 Meter hohen Strickberg, genießen wir die herrliche Aussicht. Weiter geht es die ca. zwei Kilometer lange Militärstraße leicht bergab bis zur Hochrast, wo wir in einen Trail nach rechts einbiegen. Dieser führt uns vorbei an Stellungen des Ersten Weltkrieges, direkt in die Abfahrt nach Winnebach. Ein Traum für jeden Biker, der Abfahrten liebt! Durch blumenreiche Almmatten windet sich unser Pfad in zahllosen Serpentinen, immer gut fahrbar, flowig, bergab und entlockt uns heimliche Freudenjauchzer. Ungefähr 500 Höhenmeter geht es über diesen Singletrail bergab, bis wir auf eine Forststraße treffen, die uns in steiler Talfahrt bis nach Winnebach führt. Achtung, vorsichtig fahren, denn immer mal wieder können Bergbauern mit ihren landwirtschaftlichen Fahrzeugen die Straße versperren, bei ihrer mühsamen Feld- und Waldarbeit in diesem steilen Terrain.
Im Tal angelangt, folgen wir dem asphaltierten Drauradweg vier Kilometer in Richtung Osten bis nach Sillian, wo er dann rechts über eine Brücke und Bahngleise in eine sofort ansteigende Forststraße abbiegt.
Diese auch für Autos offene Naturstraße führt 800 Höhenmeter zur Leckfeldalm. Ab hier wird sie zu einem sehr steilen Karrenweg, der uns weitere 500 Höhenmeter zur nächsten Kontrollstelle mit grandiosem Ausblick auf die Sextener Dolomiten führt. Ganz nah schmiegt sich die Sillianer Hütte (2447 m) wie ein Adlerhorst an den Hang. Ganz beharrlich ruft sie nach einer kleinen Einkehr und wir folgen bereitwillig und hungrig. Das ist auch gut so, denn wer glaubt, dass es bergab geht, der irrt! Kurze Zeit später befinden wir uns nämlich an der Einfahrt zur sagenumwobenen Demut-Passage, die sich über zehn Kilometer auf einer Höhe von 2400 Metern auf und ab an der Himmelkante entlangschlängelt. Über die tatsächliche Schwierigkeit wird diskutiert. Für den einen ist sie genial ausgesetzt, andere müssen sich schon sehr überwinden und für wieder andere bedeutet dieses Teilstück ein stetiges Auf- und Absteigen vom Bike. Für alle gemeinsam zu bestaunen ist jedoch das unvergleichliche Panorama, das sich uns von hier oben in alle Himmelsrichtungen bietet. Einfach himmlisch!
Am Passo Silvella angekommen, drücken wir das dritte Symbol in unsere Armbänder. Nach einer letzten kurzen Schiebepassage beginnt ein flowiger Trail, vorbei am Col Roson und Monte Spina. Dieser geht im Wald in einen grobschottrigen Karrenweg und dann in Asphalt über. Die Abfahrt endet in Casamazzagno und Candide. Dort führt uns die einzige Verbindung nach Padola ca. zwei Kilometer die Staatsstraße entlang. In Padola führen uns die Stoneman-Markierungen weiter ins Tal »Valgrande«, wo sich eine erneute Kontrollstelle befindet. Zunächst noch auf asphaltierter Straße, dann auf einem steilen Schotterweg, führt uns die Route kurz vor dem Kreuzbergpass auf die Staatsstraße und auf den Pass. Wir fahren noch ca. 300 Meter weiter auf der asphaltierten Straße und biegen dann links auf den Karrenweg ab, der uns vier Kilometer lang im Wald bis auf die Rotwandwiesen führt. Dort, nahe der Bergstation der Rotwand-Umlaufbahn, befindet sich die letzte Stempelstelle für uns. Bis zum Ziel haben wir jetzt nur noch eine fünf Kilometer lange Forststraße zurückzulegen, die im Winter als Rodelbahn genutzt wird. Nach der schnellen Abfahrt fahren wir den letzten Kilometer auf dem Radweg talauswärts bis zur Kletterhalle.
So schließt sich der Kreis mit 117 Kilometern und 4000 Höhenmetern. Ein herrliches Erlebnis!

STONEMAN-TRAIL

Da der Weg auch ohne ausführliches Roadbook leicht gefunden wird, reichen die folgenden Informationen völlig aus. Für Genussbiker empfehlen wir den Stoneman-Trail in 3 Tagesetappen ohne Demut-Passage. Start ab Sexten:

1. Tag: dunkelgrüne Markierung entlang des Weges Sexten–Innichen–Toblach–Lachwiesenhütte–Silvesterplatz–Markinkele–Hochrast–Winnebach–Innichen–Sexten (1 Stempel)

2. Tag: gelbe Markierung entlang des Weges Sexten–Innichen–Winnebach–Sillian–Leckfeldalm–Sillianer Hütte–Hornischegg–Klammbachalm–Moos–Sexten (1 Stempel)

3. Tag: blaue Markierung entlang des Weges Sexten–Moos–Nemesalm–Passo Silvella–Col Roson–Dosoledo–Padola–Valgrande–Kreuzbergpass–Rotwandwiesen–Moos–Sexten (3 Stempel)

4. Pustertal

Das Pustertal erstreckt sich östlich von Brixen bis zur österreichischen Grenze parallel zum Alpenhauptkamm.

Das Pustertal ist eines der schönsten und bekanntesten Täler in Südtirol. Das Gebiet, auch das »grüne Tal« genannt, ist bekannt für seine Postkartenlandschaft, für die hübsche und lebhafte Stadt Bruneck, das berühmte Skigebiet am Kronplatz, die Dörfchen Toblach und Innichen, die weltweit bekannten Drei Zinnen und den Pragser Wildsee, um nur einige der vielen Sehenswürdigkeiten zu nennen. Zu den außergewöhnlichsten Orten im Pustertal gehören auf jeden Fall die Seen in Toblach und Prags, die das ganze Jahr über viele Besucher anlocken.

Das Pustertal ist ein ideales Urlaubsziel für Familien, Sportfreunde und Aktivurlauber, die viel Zeit im Freien verbringen möchten. Ein besonderer Tipp für begeisterte Radler: Ein langer, gemütlicher Radweg durchzieht das gesamte Tal von Bruneck bis nach Lienz in Osttirol und führt dabei an vielen schönen Plätzen in der Natur vorbei.

Aber auch Mountainbiker, die sich tiefer ins Gelände wagen wollen, finden im Pustertal ein wahres Schlaraffenland an besonders abwechslungsreichen Touren zwischen Berghöhen und kristallklaren Seen. Anstiege für die gute Kondition werden beim Treten in die Pedale mit wunderschönen Panoramen belohnt. Immer wieder stoßen wir auf urige Hütten, wo schmackhafte Südtiroler Spezialitäten serviert werden. So wird Mountainbiken im Pustertal zum sportlichen Urlaubserlebnis.

Umweltschutz im Pustertal

Umweltschutz wird belohnt: Wer mit Bus oder Bahn anreist, schont die Umwelt und bekommt beim Fahrradverleih im Pustertal eine Ermäßigung von 50 Prozent. Auch Familien sind im Pustertal willkommen: Bei Familien ab drei Personen (Eltern + 1 Kind) erhalten alle weiteren Kinder (Kind Nr. 2 und Nr. 3 usw.) unter 14 Jahren das Fahrrad kostenlos.

Informationen über den genauen Zugfahrplan, spezielle Angebote, eine exakte Preisliste sowie eine Vorab-Rad-Reservierung unter www.pusterbike.com, Tel. +39/(0)474/91 29 69.

Bruneck

Bruneck kann als Herz des Pustertales bezeichnet werden. Die Stadt blickt auf eine lange Geschichte zurück, sie wird bereits 1256 erstmals urkundlich erwähnt. Die Entstehung der Stadt geht auf die Gründung der Burg Bruneck zurück. Diese wurde im Jahr 1250 auf Anweisung des Brixener Bischofs Bruno von Bullenstätten erbaut, um seine Gebiete im Pustertal zu schützen. In den Jahren nach der Fertigstellung des Baus gruppierten sich mehr und mehr Häuser am Fuße der Burg – das heutige Bruneck.

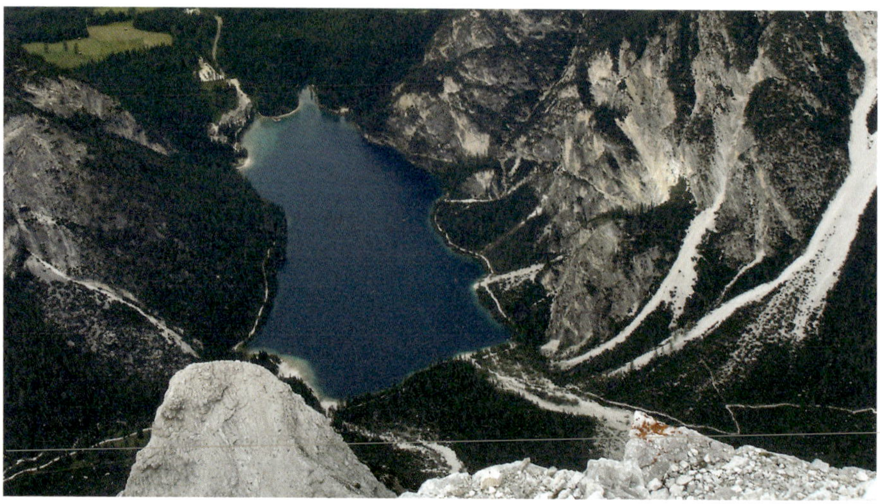

Blick auf den Pragser Wildsee

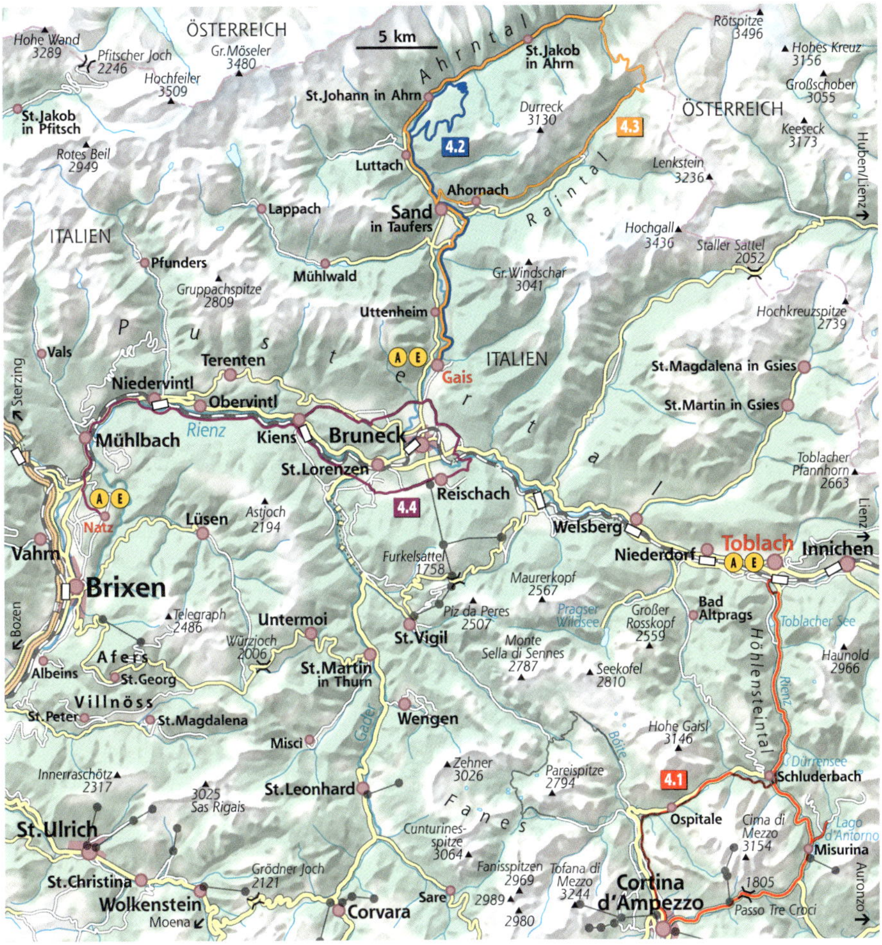

Mit knapp 15 400 Einwohnern ist die Kleinstadt mit den Bezirken Bruneck, Reischach, St. Georgen, Stegen, Aufhofen, Dietenheim, Percha, Luns und Amaten die fünftgrößte Stadt in Südtirol. Sie öffnet sich im Süden zum Gadertal und den Dolomiten hin, gen Norden erstreckt sich das Ahrntal bis zu den Gletschern der Zillertaler Alpen. Heute ist Bruneck vor allem durch seine zahlreichen Industrie-, Handels- und Handwerksbetriebe geprägt. Der wichtigste Wirtschaftszweig ist seit jeher der Tourismus. Herzstück des Wintertourismus ist Brunecks Hausberg, der Kronplatz auf 2275 Metern Meereshöhe. Bruneck ist einerseits lebhaft, andererseits beschaulich und bietet eine einzigartige Mischung: im Kern historisch, im Zentrum hip und angesagt, rundherum ländlich. Das reichhaltige Freizeitangebot, die behagliche Gastfreundschaft und die naturbelassene Bergwelt ziehen Besucher von nah und fern an. Das Aufeinandertreffen von Natur, Kultur und Sport macht das Städtchen für Urlauber jeden Alters attraktiv. Im Laufe des letzten Jahrzehntes hat sich Bruneck zudem zu einem bedeutenden Kunst- und Kulturzentrum entwickelt. Die Palette der Initiativen auf dem Kultursektor reicht von Ausstellungen berühmter Künstler bis hin zu Theaterfestivals, Schulprojekten und Veranstaltungen junger heimischer Künstler.

Sehenswertes

Lohnenswert ist ein Besuch des Schlosses Bruneck, das wie die Stadt den Namen seines Gründers trägt. Das Schloss ist von einer starken Wehrmauer mit Türmen und Rondell umgeben. Es ist bis heute vollständig erhalten

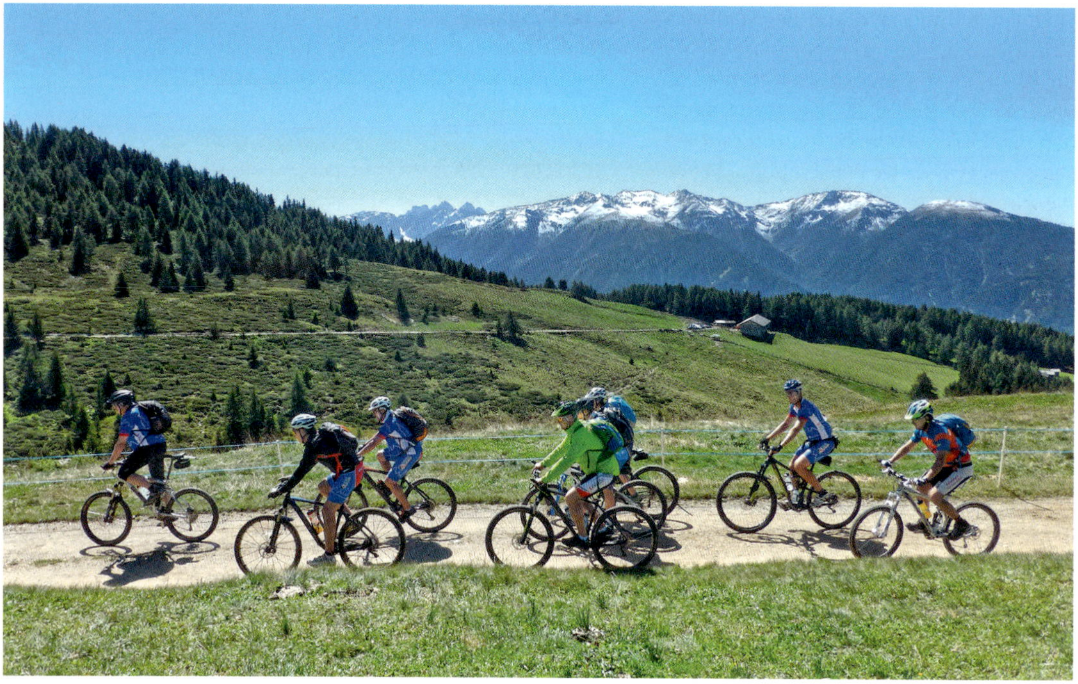

Blick von den Lüsener Almen in den Naturpark Puez-Geisler

und nach wie vor im Besitz des Bischofs von Brixen.

2010 eröffnete der bekannte Bergsteiger Reinhold Messner im Schloss Bruneck sein fünftes Museum, das Messner Mountain Museum Ripa. Das Museum zum Thema Bergvölker will nicht »ausstellen«, sondern zum Erfahrungsaustausch und Dialog mit der bäuerlichen Bevölkerung vor Ort einladen. Jedes Jahr sollen Gäste aus einer anderen Bergregion den Sommer im MMM Ripa verbringen und über ihre Lebensweise erzählen. Durch Kunstwerke und Exponate soll die Alltagskultur der verschiedenen Bergregionen und deren Bewohner gezeigt werden. Der Name des Museums, Ripa, bedeutet »Bergmensch« in tibetischer Sprache.

Im Stadtmuseum kann man sich über den berühmtesten Sohn der Stadt, den Maler und Bildhauer Michael Pacher, informieren. Pacher führte in Bruneck von etwa 1460/65 bis 1495 eine der leistungsfähigsten Altarbauwerkstätten seiner Zeit. Zu seinen bedeutendsten Werken zählen der Laurentiusaltar in St. Lorenzen, der Marienaltar der Pfarrkirche Gries bei Bozen und der gotische Flügelaltar von St. Wolfgang im Salzkammergut, der als einziger komplett erhalten ist.

Neben den zahlreichen Kirchen der Stadt lohnt sich auch ein Besuch auf dem Friedhof von Bruneck. Der Waldfriedhof (auch Heldenfriedhof genannt) zählt zu den schönsten seiner Art. Die Gefallenen der Dolomitenfront des Ersten und Zweiten Weltkrieges haben hier ihre letzte Ruhestätte gefunden.

Des Weiteren empfehlen wir dem Besucher, einfach mal durch die mittelalterlichen Stadtgassen mit den vier Stadttoren zu bummeln, die malerischen Herrenhäuser zu bewundern, sich in den vielen Geschäften ein wenig umzuschauen und bei einem köstlichen Glas Wein das Flair der Stadt zu genießen.

Stadtrundgang

Ein Stadtrundgang beginnt an einem der vier erhaltenen Stadttore und führt durch die Stadtgasse, die heute als Einkaufszentrum unter freiem Himmel dient. Durch das Ragentor betritt man die Oberstadt, die vom Palais Sternbach beherrscht wird. Auf dem Platz davor steht die Mariensäule, ein Werk des Brixener Künstlers Michael Rasner (1661–1725). Das Stadtmuseum liegt auf der anderen Seite des Flusses und zeigt eine ständige Ausstellung spätgotischer Werke von Michael Pacher. Ein Fußweg führt von der Stadtgasse hinauf zum Schloss, dessen Fürstenzimmer für Besucher offenstehen. Etwas unterhalb des Schlosses beginnt die Promenade, die auf den Kühbergl führt. Der Lärchenwald auf dem Hügel diente im Ersten Weltkrieg als Soldatenfriedhof.

Highlights

- Schloss Bruneck mit dem Mountain Messner Museum Ripa
- Stadtmuseum: Werke von Michael Pacher und Grafikwerkstatt
- Stadtgasse: renovierte Bürgerhäuser bilden eine großzügige Shoppingmeile

In der Umgebung

- Landesmuseum für Volkskunde in Dietenheim: großes Freigelände mit alten Höfen und Haustieren
- Museum Ladin in St. Martin in Thurn: widmet sich der Kulturgeschichte der rätoromanischen Bevölkerung in den Dolomiten
- Kronplatz: eines der größten Skigebiete Südtirols
- Schaubergwerk in Prettau/Ahrntal

Veranstaltungen

- Internationales Chorfestival im Juni
- Stegener Markt im Oktober
- Christkindlmarkt im Dezember

INFOS

TOURISTINFO

Tourismusverband Hochpustertal
Dolomitenstr. 29
39034 Toblach
Tel. +39/(0)474/91 31 56
info@hochpustertal.info

ANREISE

Via Brenner bis zur Abfahrt Brixen-Pustertal fahren, dann durch das Pustertal Richtung Bruneck/Toblach/Innichen

BESTE REISEZEIT

Anfang Mai bis Sep.

BIKEHOTELS

Hotel Innerhofer (Hotel mit Bike-Angebot)
Lützelbucherstr. 6
39030 Gais
Tel. +39/(0)474/50 43 77
info@hotel-innerhofer.com
Das Hotel bietet neben einer Bike-Werkstatt und einer abschließbaren Garage auch Mieträder, Shuttledienst, einen Waschsalon und einen Trockenraum.

ESSEN

Pizzeria Hans
Pustertalerstr. 9, 39034 Toblach
Tel. +39/(0)474/97 21 87
www.pizzeria-hans.com

Dolomiten
Alemagnastr. 3, 39034 Toblach
Tel. +39/(0)474/97 21 36
www.hotel-dolomiten.com

Gostnerhof
Wahlen 39, 39034 Toblach
Tel. +39/(0)474/97 90 14
gostnerhof@rolmail.net

Gasthaus Weber
Graf Künigl Str. 26, 39034 Toblach
Tel. +39/(0)474/97 24 91
www.weberhof.it

Kurterhof
Frondeigen 2, 39034 Toblach
Tel. +39/(0)474/97 90 93

Pension Frieda
Alemagnastr. 14, 39034 Toblach
Tel. +39/(0)474/97 25 53
www.pensionfrieda.com

Santer
Alemagnastr. 4, 39034 Toblach
Tel. +39/(0)474/97 21 42
www.hotel-santer.com

Seeschupfe
Toblacher See 3, 39034 Toblach
Tel. +39/(0)474/972294
www.toblachersee.com

Winkelkeller
Graf Künigl Str. 8, 39034 Toblach
Tel. +39/(0)474/97 20 22
www.app-pichler.com

Gasthof Jaufen/Ristorante da Kathi
Jaufenstr./Via Jaufen 11
Winnebach/Prato Drava
Tel. +39/(0)474/96 67 36
www.kathi.it

Hotel Rainer
St. Silvesterstr./Via San Silvestro 13
Winnebach/Prato Drava
Tel. +39/(0)474/96 67 24
www.hotel-rainer.com

Pizzeria Helmhotel
Boznerstr./Via Bolzano 2
Vierschach/Versciaco
Tel. +39/(0)474/91 01 03
www.helmhotel.com

Restaurant Kupferdachl
Sextnerstr./Via Sesto 20
Innichen/San Candido
Tel. +39/(0)474/91 37 11
app.kupferdachl@web.de

BIKE-SHOPS/VERLEIH/TOUREN

Radboutique Steger
Tel. +39/(0)474/55 04 42

Mister Bike, Brixen
Tel. +39/(0)472/20 06 35

Profi Bike, Brixen
Tel. +39/(0)472/83 15 75

Geführte Radtouren werden angeboten über das Hotel Innerhofer oder Infos bei www.kronplatzbike.it

KARTEN

Kompass, WK 045 »Bruneck-Kronplatz«, 1:25 000 und WK 635 »Hochpustertal/Alta Pusteria«, 1:25 000. Kompass WK 82, »Taufers-Ahrntal«, 1:50 000

4.1 Von Toblach an den Misurinasee

Eine Tour durch die einzigartige Schönheit des Höhlensteintals

3	✪✪✪✪✪	1200	64	✓
Schwierigkeit	Erlebniswert	Höhenmeter (in m)	Streckenlänge (in km)	e-Bike

TOURENCHARAKTER

KONDITION

✪✪✪✪✪

FAHRTECHNIK

✪✪✪✪✪

TOURCHARAKTER

Eine technisch einfache Tour, die weder mit schwierigen Trails noch harten Steilrampen aufwartet. Die Steigungen sind stets moderat auf gut fahrbarem Untergrund. Etwas Kondition für die Bewältigung der Höhenmeter sollte man aber schon mitbringen!

AUSGANGS-/ENDPUNKT

Toblach (1256 m)

HÖCHSTER PUNKT

1866 m (Lago Antorno)

WEGBESCHAFFENHEIT

Asphalt, Schotter- und Forststraßen

ANFAHRT

Auf der Brennerautobahn bis zur Ausfahrt Brixen. Dann die Pustertaler Staatsstraße ins Hochpustertal nehmen, dort der Beschilderung nach Toblach folgen.

EINKEHR

Unzählige Restaurants in Cortina
Tipp: Pizzeria Grill al Passetto, Via Guglielmo Marconi

KARTE

Kompasskarte Bruneck/Brunico, Toblach/Dobbiaco, Hochpustertal/Alta Pusteria. Wander-, Bike- und Skitourenkarte. 1:50 000

Die Tour führt über die alte Bahntrasse durch das reizvolle Höhlensteintal rund um die Cristallogruppe. Die schöne Gebirgslandschaft um den Misurinasee beeindruckt mit gewaltigen Gebirgsmassiven wie den Drei Zinnen, dem Monte Cristallo und der Marmarolegruppe.

Ausgangspunkt dieser schönen Mountainbiketour ist der Toblacher Bahnhof, der gegenüber dem Kulturzentrum Grand Hotel gelegen ist. Toblach ist bekannt als die »Gemeinde der Drei Zinnen«, da die Nordwand der etwa 13 Kilometer Luftlinie entfernten Drei Zinnen noch auf Gemeindegebiet liegt.

Wir befinden uns auf ca. 1230 Metern über dem Meeresspiegel und fahren Richtung Cortina den Oberlauf des Baches Rienz entlang. Der Weg führt nach Süden, zu Beginn auf einer asphaltierten Gemeindestraße, dann über einen gepflegten Forstweg. Nach wenigen Minuten sind wir im Höhlensteintal am Toblacher See. Im seichten Wasser spiegeln sich die Berge. Weiter flussaufwärts zweigt ein Weg zum Soldatenfriedhof ab, hier liegen Opfer des Ersten Weltkrieges begraben. Damals herrschte in den Dolomiten ein jahrelanger harter Stellungskampf zwischen dem italienischen und dem österreichischen Heer.

Der weitere Anstieg ist nicht besonders anstrengend. Uns trennen noch 18 Kilometer vom Pass auf 1530 Meter. Der Pass von Schluderbach (Passo di Cimabanche), der Südtirol von Venetien trennt, ist auch

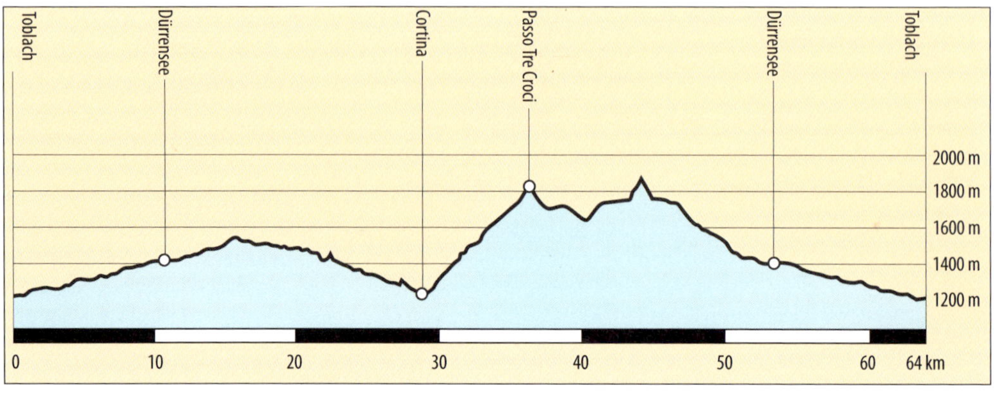

eine Sprachgrenze: Toblach ist vorwiegend deutschsprachig, in Cortina spricht man Ladinisch.
Wir befinden uns hier in einem Naturparkdreieck: links die Sextener Dolomiten, rechts der Naturpark Fanes-Sennes-Prags, im Süden der Naturpark der Ampezzaner Dolomiten. Es geht jetzt leicht abwärts und langsam verdichten sich die Hinweise, dass wir uns auf einer ehemaligen Eisenbahntrasse fortbewegen. Die alte Bahntrasse des Höhlensteintals führt durch dunkle Tunnel, über spektakuläre Viadukte und an verlassenen Bahnhofsgebäuden mitten im Wald vorbei. Die elektrische Eisenbahn Toblach–Cortina–Calazo verkehrte von 1921 bis 1964 und wurde dann eingestellt.
Nach der Durchquerung der Tunnel und der Brücke finden wir uns in einer Mondlandschaft aus Dolomitengestein wieder. Steinmassen, karge Nadelbäume und tiefe Täler prägen die einmalige Landschaft der Ampezzaner Dolomiten. Weit ist es nicht mehr bis Cortina (1211 m), dem größten besiedelten Zentrum der Dolomitenladiner. Die Strecke am Stadtrand ist wieder asphaltiert und wird auch gern als Spazierweg benutzt, wir fahren also mit Rücksicht auf die Fußgänger langsam und vorsichtig.
Cortina selbst ist eine wahre Perle: In Italien ist Cortina d'Ampezzo seit jeher als Klassiker des Wintersports bekannt. 1956 fanden hier die Olympischen Winterspiele statt und Italiens Schickeria amüsiert sich in dem beschaulichen Bergstädtchen Jahr für Jahr im Schnee. Eine Runde über den Corso Italia sollte man sich auf keinen Fall entgehen lassen. Cortinas Flaniermeile ist für Autos gesperrt, trotzdem herrscht meist Trubel auf dem Corso. Wir schieben also besser und passieren Heimatmuseum, Barockkirche und El Canpanon, den Glockenturm im neogotischen Stil.
Nach dem Mittagessen ist über die Passstraße ein Anstieg von etwa 550 Höhenmetern bis auf den Passo Tre Croci (1809 m) zu bewältigen. Der Pass verbindet in 1809 Metern Höhe Cortina d'Ampezzo mit der Verbindungsstraße (SS 48 bzw. SS 51) zwischen Auronzo di Cadore und Toblach. Nördlich des Passes liegt der Monte Cristallo (3216 m), südlich der Sorapis (3205 m).

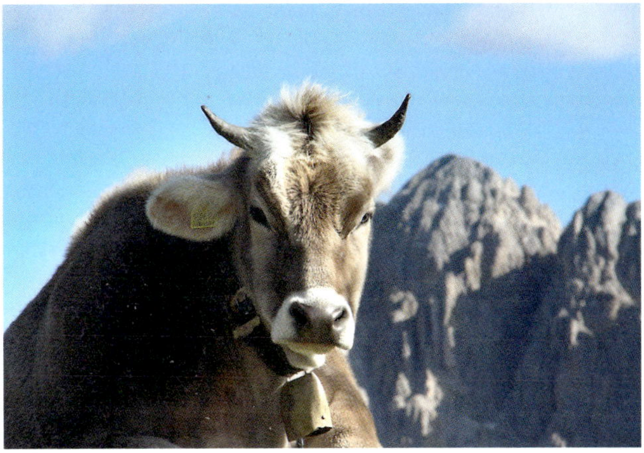

Auch die Kühe fühlen sich rundum wohl

Nach der Abfahrt bis zur Kreuzung mit der Straße nach Auronzo und einem kurzen Anstieg erreichen wir den Misurinasee (1754 m). Gab es zuerst nur dichten Wald, der kaum einen Blick auf die berühmten Dolomitengipfel freigab, ist man am Misurinasee überwältigt von dem gebotenen Dolomitenpanorama. Atemberaubend schön baut sich mit dem See, der Cadinigruppe, den Drei Zinnen und der Sorapisgruppe eines der schönsten Bergszenarien der Dolomiten vor einem auf. Besonders reizvoll ist sein Anblick von Norden her, wenn sich die Gipfel des Sorapis im klaren Wasser des Sees spiegeln. Ein unvergesslicher Anblick und wohl eines der am meisten fotografierten Dolomitenmotive.
Nach einem kurzen Abstecher zum Lago Antorno (1866 m) über die Drei-Zinnen-Straße geht die Fahrt über das Popena-Tal zurück nach Schluderbach und über den Radweg zum Ausgangspunkt nach Toblach.

HÖHLENSTEINTAL

Das Höhlensteintal zweigt bei Toblach vom Pustertal Richtung Süden ab. Das Tal bildet die Grenze zwischen zwei Naturparks. Östlich liegt der Naturpark Sextener Dolomiten, westlich der Naturpark Fanes-Sennes-Prags.
Im Höhlensteintal liegen auch der Toblacher See und der Dürrensee. Als eines der wenigen noch verbliebenen Feuchtgebiete Italiens ist der Toblacher See vor allem bei Vogelfreunden sehr bekannt.

Roadbook 4.1

1) Vom Toblacher Bahnhof südlich Richtung Cortina fahren (entlang dem Oberlauf des Baches Rienz)
2) Am Toblacher See vorbeifahren
3) Am Dürrensee vorbeifahren
4) Weiter der Beschilderung Richtung Cortina folgen
5) Über den alten Bahnweg Richtung Gemärk/Cimabanche weiterfahren
6) Über den Passo de Cimabanche weiter Richtung Cortina fahren
7) In Cortina über den Corso Italia fahren
8) Am Ende des Corso Italia links abbiegen
9) Zweite Straße links fahren (Via Cantore)
10) Auf der Passstraße Richtung Passo Tre Croci fahren
11) Den Anstieg von 550 Hm bis auf den Passo Tre Croci (1809 m) hochfahren
12) Nach der Abfahrt bei der Kreuzung geradeaus fahren (nicht rechts nach Auronzo abbiegen)
13) Erreichen des Misurinasees (1754 m)
14) Weiter der Straße in das Popena Tal folgen
15) 600 m hinter dem Misurinasee kann man noch einen kurzen Abstecher zum Lago Antorno (1866 m) machen
16) Weiter auf der Straße Richtung Schluderbach fahren
17) Ab Schluderbach über den Radweg zum Ausgangspunkt nach Toblach

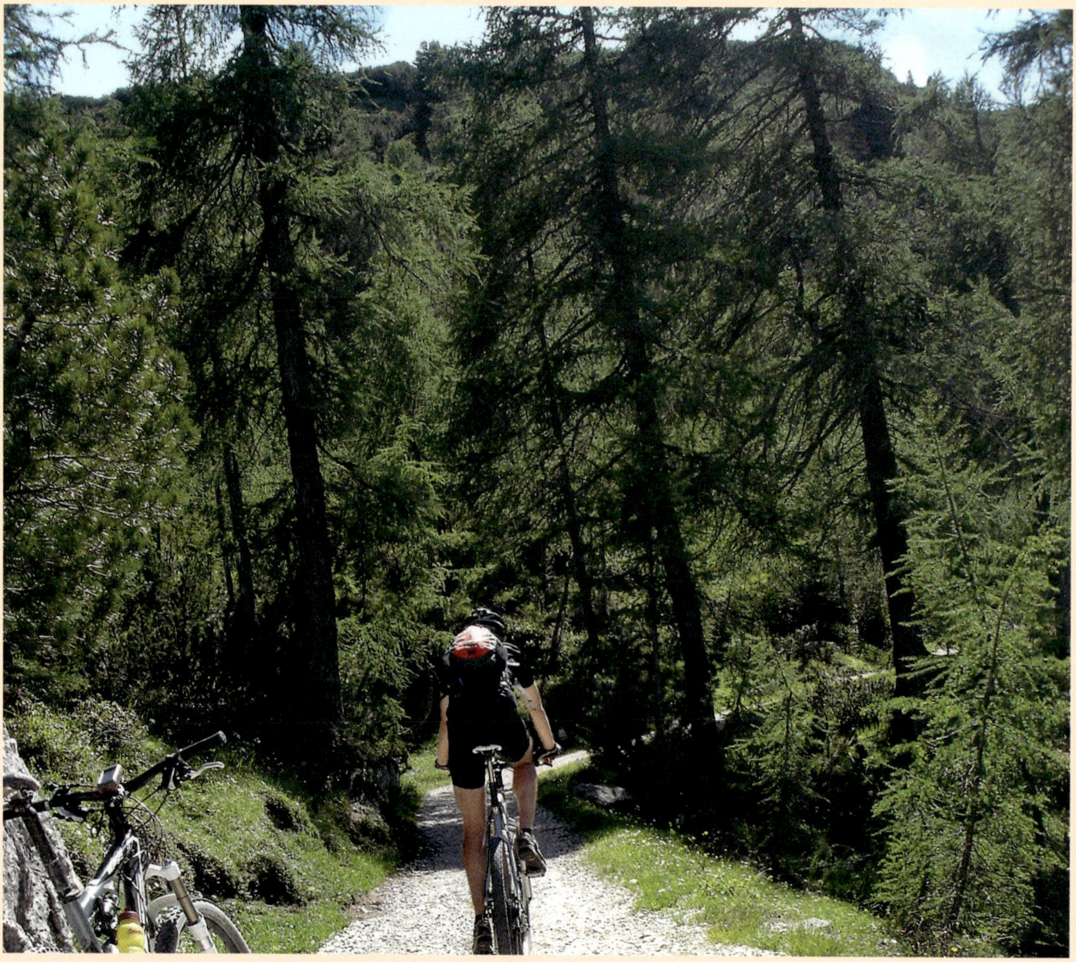

Schattige Auffahrten durch geheimnisvolle Lärchenwälder

4.2 Durch das Ahrntal zur Burg Taufers

Eine mittelschwere Tagestour zu einer der größten Burgen Südtirols

3 Schwierigkeit | Erlebniswert | 1500 Höhenmeter (in m) | 53 Streckenlänge (in km) | ✓ e-Bike

TOURENCHARAKTER

KONDITION

FAHRTECHNIK

TOURCHARAKTER

Wer anspruchsvolle Touren liebt, Tragepassagen nicht verabscheut und auch vor ruppigen Abwärtstrails nicht zurückschreckt, der wird sich während dieser Tour sicher wohlfühlen. Herrliche Aussicht zum Alpenhauptkamm inklusive.

AUSGANGS-/ENDPUNKT

Gais (840 m)

HÖCHSTER PUNKT

1906 m

WEGBESCHAFFENHEIT

Asphalt, Schotter- und Forststraßen, Trails

ANFAHRT

Auf der Brennerautobahn bis zur Ausfahrt Brixen. Dann folgt man der Landesstraße bis nach Bruneck. Weiter über die Ahrntaler Straße bis Gais.

EINKEHR

Gruber Alm, Gasthof Roaner in Pojen, Maireggalm auf dem Klausberg

KARTE

Kompasskarte Taufers, Ahrntal/Tures, Valle Aurina: Wander-, Bike- und Skitourenkarte 1:50 000

Über die Rodelbahn zur Gruber Alm fahren wir zum Weiler Pojen. Unterwegs bietet sich ein herrlicher Blick auf die Dolomiten, bevor wir auf einem Singletrail der allerfeinsten Sorte Sand in Taufers erreichen. Von dort ist es nicht mehr weit über Kematen zurück nach Gais.

Wir starten im Ortszentrum von Gais und fahren den ausgeschilderten Radweg 20 Kilometer taleinwärts Richtung Tauferer-Ahrntal bis hinter St. Johann (1017 m). Bei der Kreuzung Kottersteghof biegen wir rechts ab auf die Rodelbahn. Wir pedalieren aufwärts Richtung Bergstation Klausberg. Am Ende der Rodelbahn geht es rechts weiter Richtung Gruber Alm. Diese Aufwärtspassage zieht sich und wird immer steiler, da müssen wir uns unsere Reserven gut einteilen. Nach dieser schweißtreibenden Kurbelarbeit geht es ein kurzes Stück abwärts und wir stoßen endlich auf die Gruber Alm.

Hier können wir uns von den Strapazen des Aufstiegs erholen und mit den Spezialitäten des Hauses Kraft für die nächste Etappe tanken.

Weiter geht es links über die Wiese (Vorsicht, kann bei Regen sehr sumpfig sein!) und von dort hinein in den Wald auf eine Forststraße. Bei der Weggabelung halten wir uns rechts Richtung Steinerhöfe.

Am Ende vom Wald auf einer Lichtung sind die Steinerhöfe. Nun beginnt das eigentliche Abenteuer. Nach der ersten Kurve steuern wir links über die Wiese und kommen an einem Wochenendhaus vorbei. Auf dem Weg Nr. 10A radeln wir aufwärts Richtung Pojen. Hier

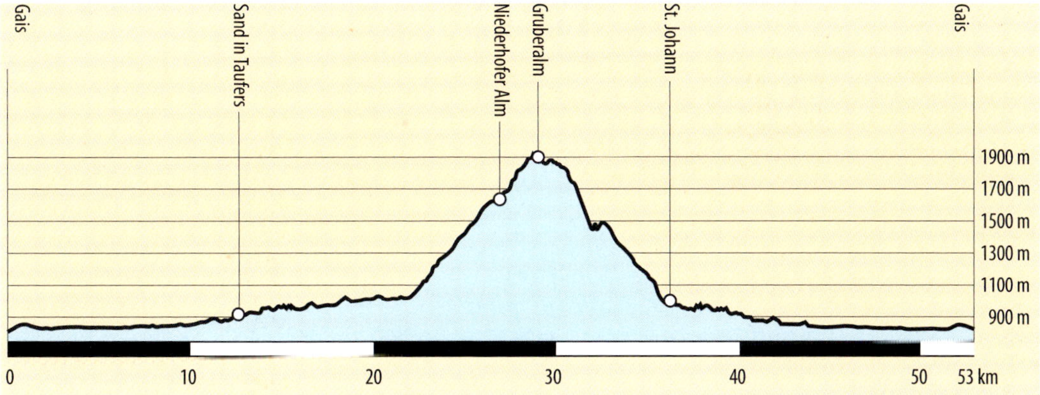

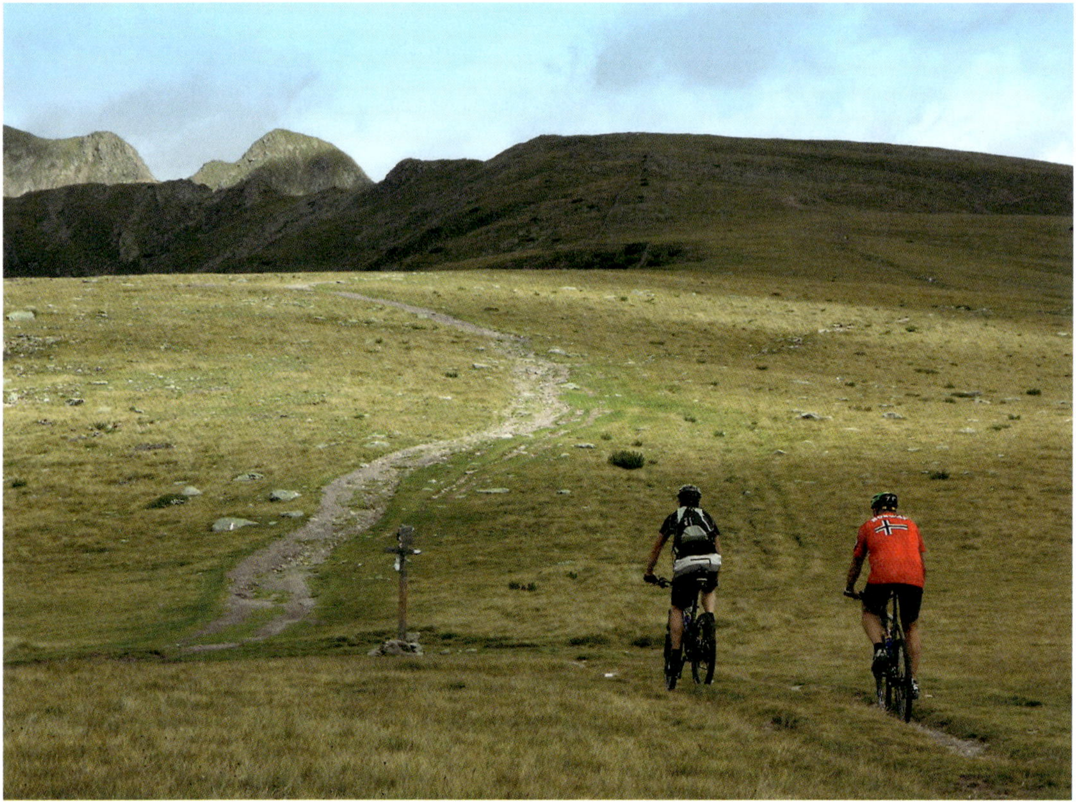

Biken in einsamer Bergidylle

beginnt eine 20-minütige Tragepassage, nach der wir auf eine Forststraße treffen. Wir schwingen uns wieder in den Sattel und fahren rechts ab. Endlich werden wir für die Plackerei mit einem herrlichen Blick auf die Dolomiten belohnt!

Nach einem nur kurzen Stück erreichen wir den Weiler Pojen (1570 m). Vorbei am Gasthof Roaner biegen wir nach der Brücke rechts ab und kommen zu einem kleinen Bach.

Den Bach entlang rocken wir auf dem alten Kirchweg Nr. 33 steil nach unten. Der Weg ist ein anspruchsvoller, wunderschöner Singletrail, der bis nach Sand in Taufers führt. Vorbei am Stieger Hof und bis zum Aschbachhof erreichen wir die Burg Taufers.

An der Burg fahren wir links über den Wanderweg und müssen einige Steintreppen überwinden, bis wir zum Bachdamm in Moritzen/Sand in Taufers gelangen. Auf dem Damm treten wir entlang der Ahr talauswärts bis nach Kematen. Links über die Brücke und dann gleich wieder rechts kommen wir auf dem Radweg zurück nach Gais.

Tipp: Um Höhenmeter zu sparen, kann man von Steinhaus zum Klausberg die Kabinenbahn benutzen.

BURG TAUFERS

Die vollständig möblierte und sehr gut erhaltene Burg Taufers zählt zu den größten und schönsten Burgen des gesamten Tiroler Raumes.

Ein großer Teil der Anlage ist heute für die Öffentlichkeit zugänglich. Die Einrichtung ist in den 64 Räumen fast vollständig erhalten und alte Kachelöfen beheizen die Wohnräume. Rund zwei Dutzend Räume besitzen eine Zirbelholztäfelung, besonders wertvoll sind die Fresken von Friedrich Pacher in der Kapelle. Schränke aus den verschiedenen Kunstepochen, Rüstungen, Fürstenzimmer, Verlies und eine große Bibliothek bieten dem Besucher kleine Einblicke in die Geschichte der Burg.

Roadbook 4.2

1) In Gais dem ausgeschilderten Radweg Richtung Taufer-Ahrntal folgen
2) Dem Radweg an Uttenheim und Kematen vorbei 20 km bis Sand in Taufers folgen
3) Durch Sand in Taufers fahren und dem Weg Nr. 4 bis Luttach folgen
4) Bei der Kreuzung Kottersteghof rechts abbiegen auf die Rodelbahn
5) Dem Weg Richtung Bergstation Klausberg folgen
6) Am Ende der Rodelbahn rechts Richtung Gruber Alm fahren
7) Weg zur Gruber Alm folgen
8) An der Gruber Alm links über die Wiese in den Wald fahren bis zur Forststraße
9) Bei der Weggabelung rechts Richtung Steinerhöfe halten
10) Am Waldende an den Steinerhöfen vorbeifahren
11) Nach der ersten Kurve links über die Wiese fahren
12) Dem Weg Nr. 10A aufwärts Richtung Pojen folgen (hier beginnt eine 20-minütige Tragestrecke)
13) An der Forststraße rechts abbiegen
14) Bis Pojen weiterfahren
15) Vorbei am Gasthof Roaner nach der Brücke rechts abbiegen
16) Auf dem Weg Nr. 33 steil nach unten fahren
17) Am Stieger Hof und Aschbachhof vorbeifahren
18) Dem Weg bis zur Burg Taufers folgen
19) An der Burg links fahren über den Wanderweg und über die Steintreppen
20) Bis zum Bachdamm in Moritzen/Sand in Taufers fahren
21) Auf dem Damm entlang der Ahr talauswärts bis nach Kematen fahren
22) Links über die Brücke fahren
23) Erste Straße rechts hinter der Brücke dem Radweg zurück nach Gais folgen

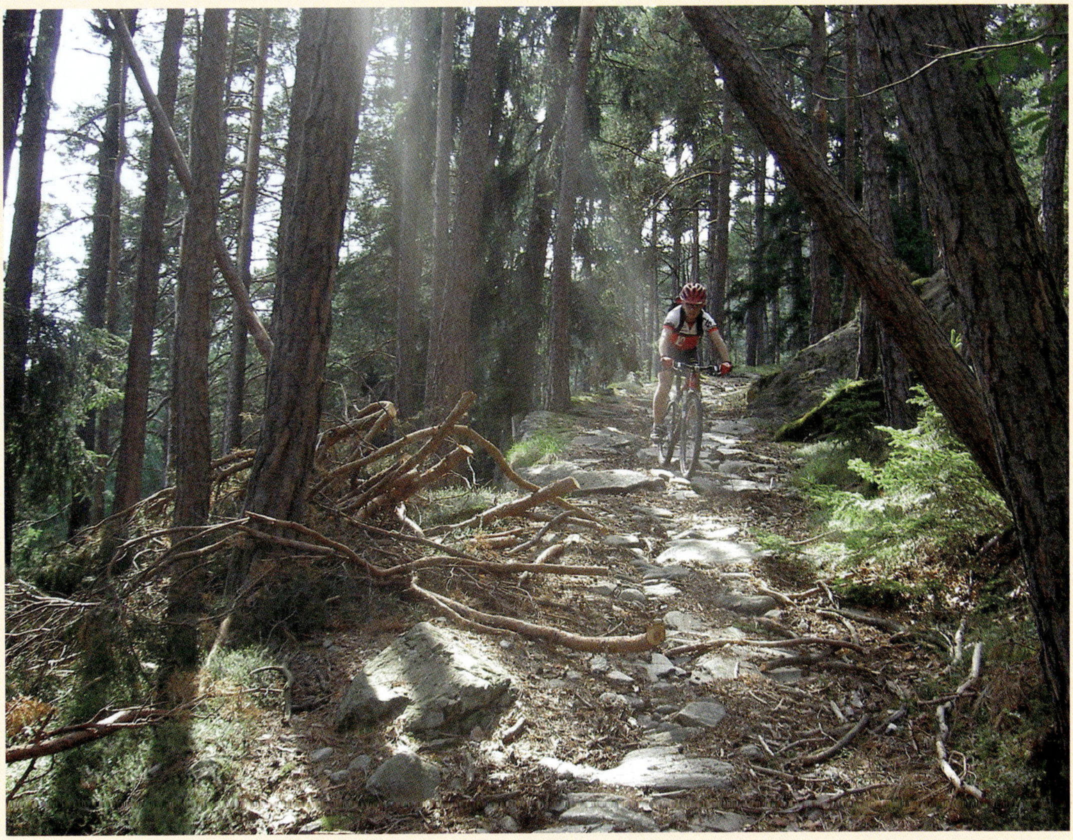

Fordernde Trails durch den Wald

4.3 Auf dem Reiner Höhenweg zur Lobisa Schupfn

Eine reizvolle Tour mit herrlichem Schlusspanorama auf die Gletscher

3	★★★☆☆	1100/1960	41,1/75,1	✓
Schwierigkeit	Erlebniswert	Höhenmeter (in m)	Streckenlänge (in km)	e-Bike

TOURENCHARAKTER

KONDITION
★★★★☆

FAHRTECHNIK
★★★☆☆

TOURCHARAKTER
Die Tour verlangt genügend Kraft und Kondition, da einige Anstiege sehr steil und nur mit genügend Power in den Waden zu schaffen sind.

AUSGANGS-/ENDPUNKT
Gais (840 m)

HÖCHSTER PUNKT
1728 m (2585 m in der Langversion)

WEGBESCHAFFENHEIT
Asphalt, Waldwege, Schotter- und Forststraßen

ANFAHRT
Auf der Brennerautobahn bis zur Ausfahrt Brixen. Dann folgt man der Landesstraße bis nach Bruneck. Weiter über die Ahrntaler Straße bis Gais.

EINKEHR
Gasthof Moosmair in Ahornach, Hotel Bacher in Rein

KARTE
Kompasskarte Taufers, Ahrntal/Tures, Valle Aurina: Wander-, Bike- und Skitourenkarte, 1:50 000

Da wir uns die meiste Zeit im Wald tummeln, ist das Panorama bei dieser Tour eher weniger vorhanden. Die schönen Waldwege entschädigen uns aber zur Genüge. Bei den Lobisa Schupfn wirkt das Panorama auf die Gletscher dafür umso beeindruckender.

Wir starten in Gais und fahren Richtung Sportplatz. Dort geht es auf dem Waldweg Nr. 1 Richtung Uttenheim und weiter auf dem asphaltierten Radweg bis Kematen. Beim Gasthof Bruckwirt fahren wir links über die Brücke. Weiter geht es geradeaus über die Kreuzung Richtung Sand in Taufers. Am Ende von Sand in Taufers biegen wir vor der Brücke links auf den Schotterradweg bis zur Abzweigung »Burg Sand in Taufers«. Die Hauptstraße überqueren wir und fahren rechts den steilen Schotterweg bis zur Burg.
Hier biegen wir links in den steilen Wanderweg Nr. 33 ein und folgen diesem bis zum Aschbachhof. Ab dem Hof fahren wir auf der asphaltierten Straße Richtung Ahornach. Wir kommen am Gasthof Moosmair vorbei bis zum Stocker Hof. Über den kleinen Parkplatz erreichen wir den Schotter- und Forstweg Nr. 10, bevor man zu den Lobisa Schupfn oberhalb von Rein kommt. Diese sieben Heuhütten waren teilweise stark verfallen und wurden wieder neu aufgebaut. Heute bieten sie zusammen mit dem Bergpanorama wieder ein tolles Fotomotiv.
Für die Rückfahrt fahren wir die gleiche Strecke wie bei der Auffahrt oder wir entscheiden uns, rechts abwärts auf den Forstweg zu biegen, der nach Rein führt. An der Kirche vorbei geht es auf der asphaltierten Hauptstraße nach Sand in Taufers und schließlich zurück nach Gais.

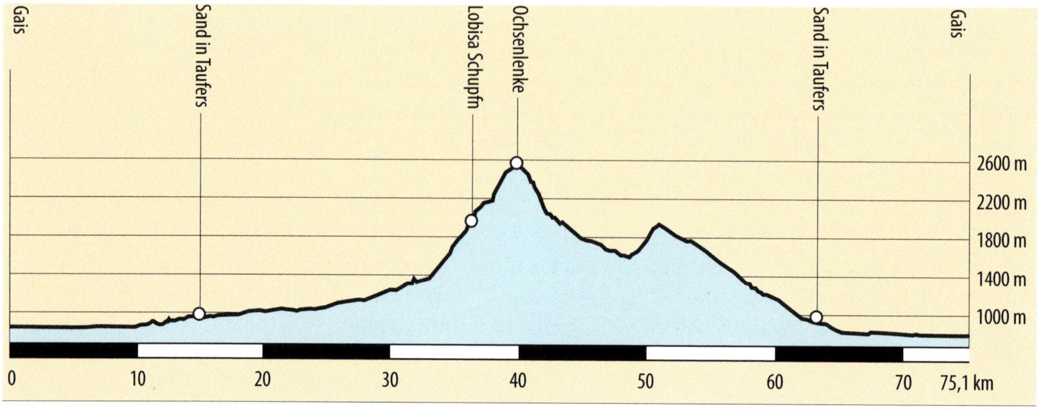

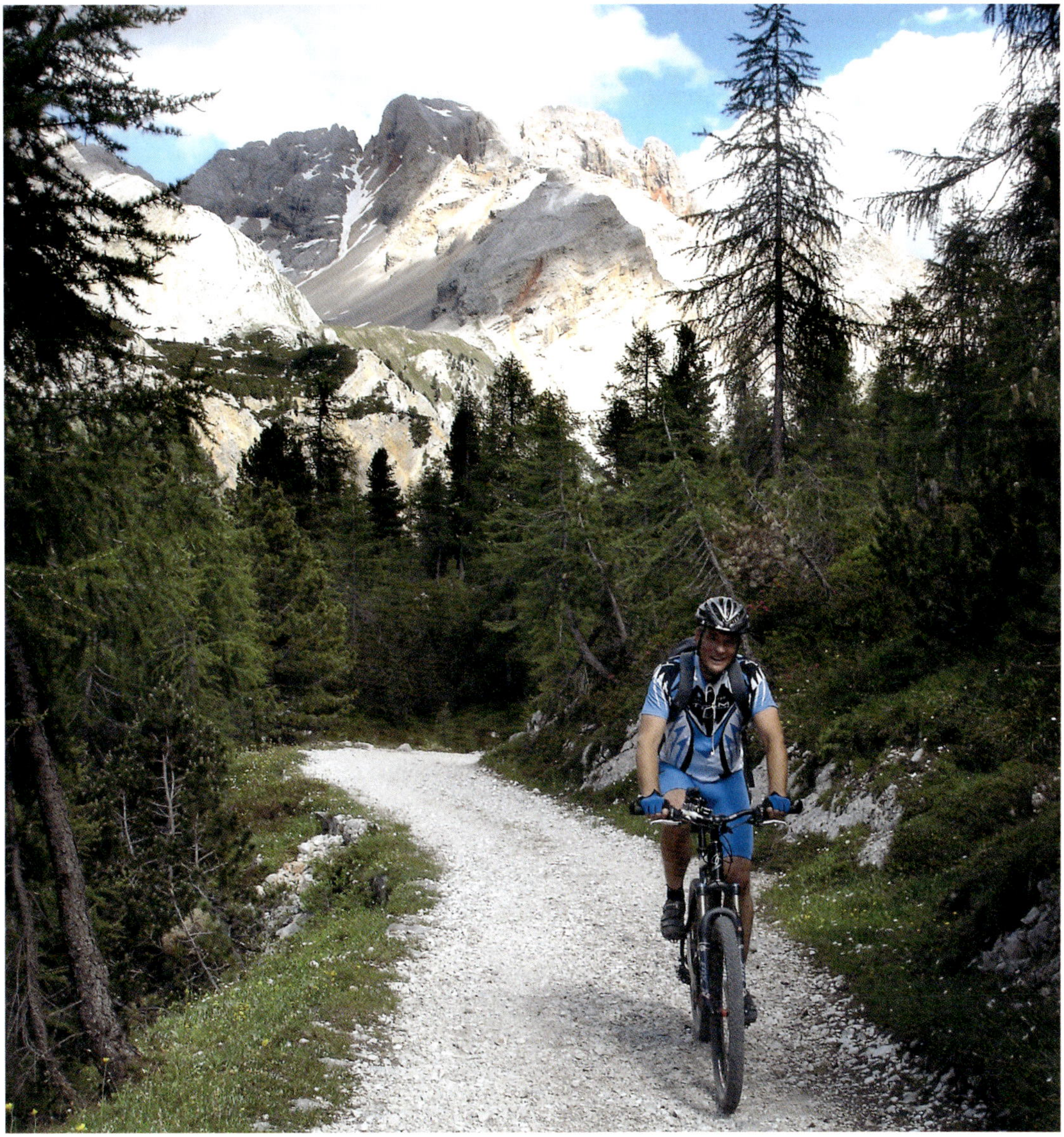

Forstweg durch schattige Wälder

Gute Techniker fahren zum Gasthof Tobelhof und biegen dann links zum dritten Wasserfall ab. Ein schöner Trail mit einigen kurzen Tragepassagen führt hinunter bis zum ersten Wasserfall. Von dort fahren wir über Kematen zurück nach Gais.

Streckenvariante für Abenteuerlustige:
Wem die Tour nicht anspruchsvoll genug ist, kann die Strecke um satte 31 Kilometer und dicke 860 Höhenmeter verlängern, indem man den Weg über die Ochsenlenke wählt.

Für dieses Abenteuer folgen wir ab Rein in Taufers dem Weg Nr. 9 ins Knuttental. Links führt ein Wanderweg zur Ochsenlenke auf 2585 Meter hoch. Hier kann jeder seine Kondition auf die Probe stellen!

Ab der Ochsenlenke folgt eine lange Abfahrt zurück ins Tal. Hier treffen wir auf die Bundesstraße, die nach Sand in Taufers führt. Auf dem Radweg fahren wir über Steinhaus, St. Johann und Luttach zurück nach Sand in Taufers, um dort den altbekannten Weg zurück nach Gais zu nehmen.

Roadbook 4.3

1) In Gais Richtung Sportplatz fahren
2) Dem Waldweg Nr. 1 Richtung Uttenheim folgen
3) In Uttenheim auf dem asphaltierten Radweg bis Kematen fahren
4) Beim Gasthof Bruckwirt links die Brücke überqueren
5) Geradeaus über die Kreuzung Richtung Sand in Taufers fahren
6) Am Ende von Sand in Taufers vor der Brücke links auf den Schotterradweg biegen
7) Bis zur Abzweigung »Burg Sand in Taufers« fahren
8) Die Hauptstraße überqueren
9) Rechts den steilen Schotterweg bis zur Burg nehmen
10) Links in den steilen Wanderweg Nr. 33 einbiegen
11) Weg Nr. 33 bis zum Aschbachhof folgen
12) Ab dem Hof auf der asphaltierten Straße Richtung Ahornach fahren
13) Am Gasthof Moosmair vorbei bis zum Stocker Hof fahren
14) Über den kleinen Parkplatz auf den Schotter- und Forstweg Nr. 10 fahren
15) Ankommen an den Lobisa Schupfn oberhalb von Rein

Rückweg Variante 1:

16) Rechts abwärts auf den Forstweg Richtung Rein biegen
17) In Rein an der Kirche vorbei auf der asphaltierten Hauptstraße Richtung Sand in Taufers fahren
18) In Sand in Taufers den gleichen Weg wie auf der Hinfahrt zurück nach Gais nehmen

Rückweg Variante 2:
(für gute Techniker)

16) Zurück bis zum Gasthof Tobelhof fahren (kurz vor Sand in Taufers)
17) Am Gasthof links zum 3. Wasserfall abbiegen
18) Auf dem Trail hinunter bis zum 1. Wasserfall fahren (Vorsicht, einige Tragepassagen!)
19) Vom 1. Wasserfall den Weg nach Kematen nehmen
20) Von Kematen auf dem bekannten Weg zurück nach Gais fahren

Verlängerung für Hartgesottene:
(+ 34 km, + 860 Hm)

16) Rechts abwärts auf den Forstweg Richtung Rein biegen
17) Bei Rein in Taufers auf der Markierung Nr. 9 ins Knuttental folgen (Rieserferner Radweg)
18) Links den Weg 1 zur Ochsenlenke nehmen (Vorsicht! Nicht den ersten 1er-Weg nehmen, nach 1,3 km kommt der zweite Weg zur Ochsenlenke, dieser ist besser fahrbar)
19) Dem Weg 1B zur Ochsenlenke (2585 m) folgen
20) Auf dem Weg 1B zurück ins Tal fahren
21) Bei der Gabelung rechts in den Weg Nr.1 Fuldaer Weg abbiegen
22) Auf dem Weg Nr. 1 talabwärts bis zur Bundesstraße fahren
23) Links abbiegen (auf den Radweg neben der Bundesstraße)
24) An der Bundesstraße entlang über Steinhaus, St. Johann und Luttach zurück nach Sand in Taufers fahren
25) Von Sand in Taufers den gleichen Weg wie auf der Hinfahrt zurück nach Gais nehmen

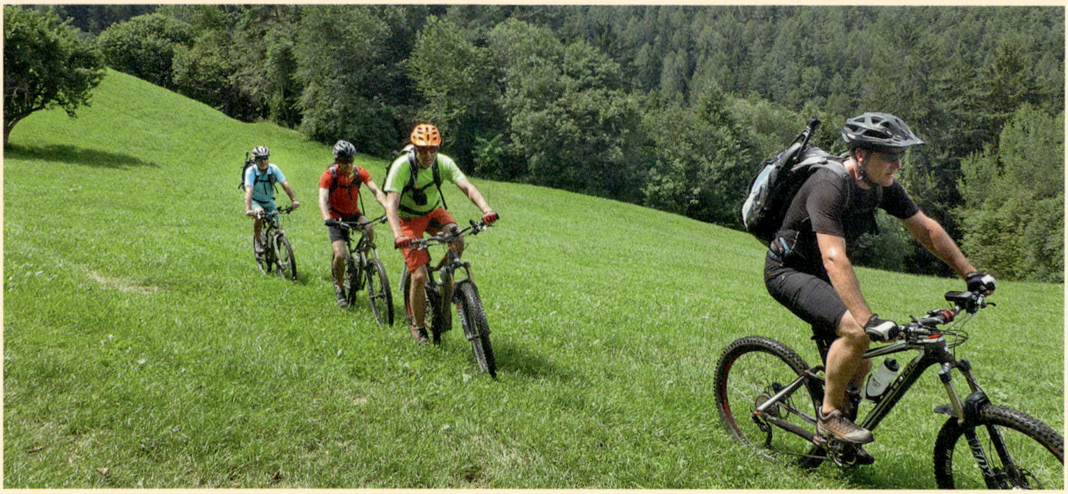

Wunderschöne Wiesen-Trails

4.4 Talrunde auf dem Pustertaler Radweg

Eine schöne Einsteigertour für technisch unerfahrene Biker

2 Schwierigkeit | Erlebniswert | 1138 Höhenmeter (in m) | 72,7 Streckenlänge (in km) | ✓ e-Bike

TOURENCHARAKTER

KONDITION

FAHRTECHNIK

TOURCHARAKTER

Eine Einsteigertour für alpin unerfahrene Biker. Der Großteil der Strecke verläuft auf Radwegen quer durch das Pustertal, auf denen man sich einen schönen Überblick über die Region verschaffen kann.

AUSGANGS-/ENDPUNKT

Natz (890 m)

HÖCHSTER PUNKT

997 m

WEGBESCHAFFENHEIT

Asphalt, Schotter- und Forststraßen

ANFAHRT

Auf der Brennerautobahn A22 bis zur Ausfahrt Brixen-Pustertal, Richtung Pustertal einfädeln. Nach 1 km rechts nach Natz abbiegen.

EINKEHR

See-Restaurant am Issinger Weiher oder eine der vielen Einkehrmöglichkeiten entlang der Strecke

KARTE

Wanderkarte Tabacco: Pustertal 1:50 000

Eine Tagestour, die für jeden zu bewältigen ist. Gemütliches Einfahren von über 25 Kilometern auf einem asphaltierten Fahrradweg. Es folgen ein kurzer Anstieg nach Reischach und die Abfahrt über Bruneck nach Dietenheim. Ein weiterer kurzer Anstieg führt uns nach Pfalzen. Über Kiens fahren wir abschließend gemütlich auf dem asphaltierten Fahrradweg zurück nach Natz.

In der Ortsmitte von Natz beginnen wir unsere Tour und fahren die Straße mit der Markierung Nr. 4 entlang. Bei der Kreuzung biegen wir rechts ab Richtung Seehof. Ab dem Seehof folgen wir der rot-weißen Markierung und fahren auf einer gut fahrbaren Schotterstraße bis nach Schabs.

Wir durchqueren Schabs und kommen auf der Hauptstraße bis zum Gasthof Sonneck. An dem Gasthof nehmen wir die Schotterstraße Nr. 9, um bei der nächsten Kreuzung rechts abzubiegen (Nr. 9A).

Wir haben uns erneut auf dem Radweg eingefunden und folgen der beschilderten Route Richtung Bruneck. Nach 22 Kilometern überqueren wir die Hauptstraße und finden uns in der Industriezone von Montal wieder. Bei der nächsten Kreuzung verlassen wir die beschilderte Radroute und zweigen rechts ab. Wir folgen

PUSTERTALER RADWEG

Der Pustertaler Fahrradweg ist ca. 61 km lang und hat einen Höhenunterschied von ca. 400 m. Er erstreckt sich von Mühlbach bis Innichen. Von Innichen nach Lienz in Österreich sind es 44 km. Wenn man möchte, kann man auch mit dem Zug zurückfahren.

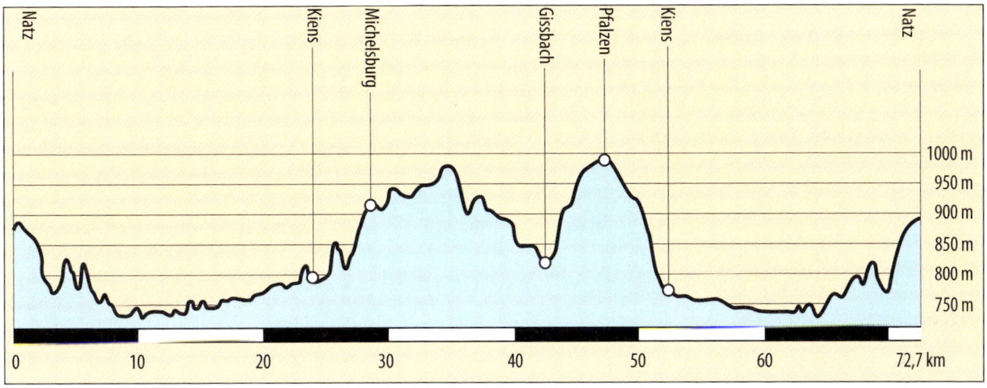

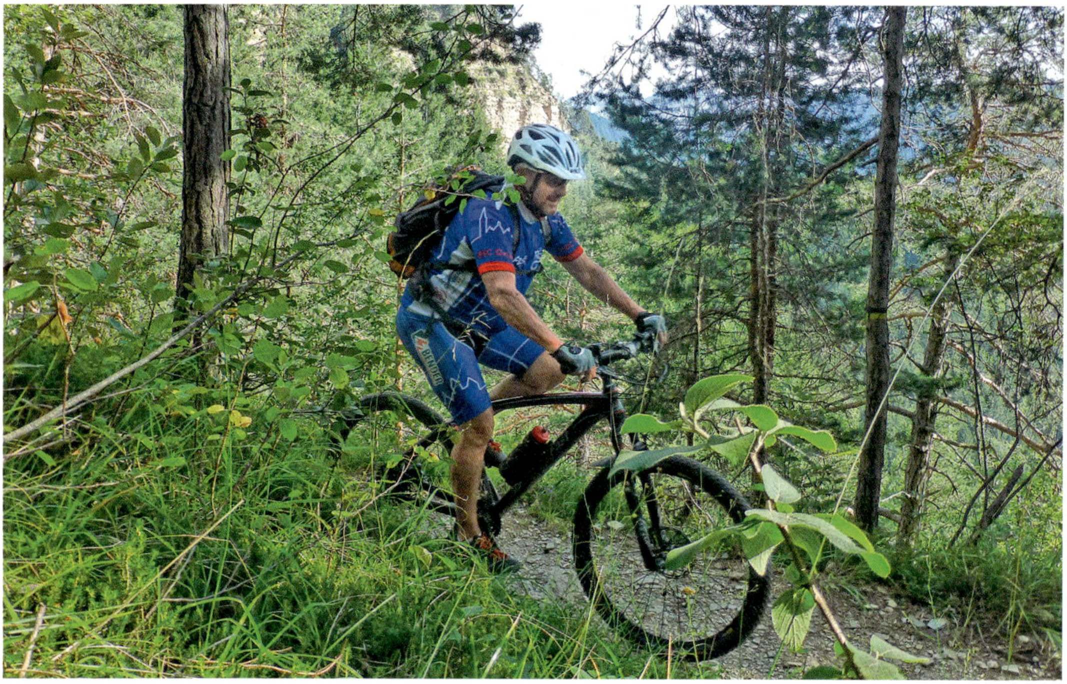

Flowiger Trail

der Straßenführung bis unterhalb der Michelsburg und fahren danach rechts weiter.
Bei der nächsten Gabelung halten wir uns links und treffen nach einigen Metern rechts auf einen Schotterweg. Die rot-weiße Markierung am Brunnermoos-Biotop führt uns bis ins kleine Dorf Stefansdorf. Hier fahren wir geradeaus weiter an Reischach vorbei. Nach dem »Reischacher Ried« biegen wir links auf einen Schotterweg ab. Nach der Überquerung der mächtigen Rienz folgen wir erneut der rot-weißen Markierung und biegen bei der nächsten Kreuzung links ab (Nr. 16). Nach der Hauptstraße fahren wir geradeaus auf einem Schotterweg weiter, bis wir Dietenheim erreichen.
Wir durchqueren das Dorf und kommen auf die Straße (Nr. 2) Richtung Aufhofen. In Aufhofen halten wir uns links an die blaue Markierung B und folgen dieser bis nach St. Georgen. Durch die Ortschaft Gissbach fahren wir geradeaus auf der Dorfstraße, bis wir auf die Hauptstraße gelangen. Der Hauptstraße (Pustertaler Sonnenstraße) folgen wir bis Pfalzen und biegen dann links ab. Hier halten wir Ausschau nach den Schildern, die uns zum Moorbad Issinger Weiher bringen. Am Weiher legen wir erneut eine Pause ein und lassen die Füße ins kalte Nass baumeln.
Nach dem Weiher fahren wir links über die Hauptstraße nach Kiens. In Kiens überqueren wir die Straße und folgen der beschilderten Radroute zurück Richtung Mühlbach. Der restliche Verlauf der Strecke bis Natz ist identisch mit dem auf der Hinfahrt.

VOLKSKUNDEMUSEUM DIETENHEIM

Das Volkskundemuseum in Dietenheim gehört zu den schönsten Freilichtmuseen Europas. Auf dem 4 ha großen Freigelände des Volkskundemuseums sind zwei Dutzend Bauernhöfe aus verschiedenen Tälern Südtirols zu erkunden. Anhand von originaler Ausstattung und Gerätschaften des bäuerlichen Lebens kann man handwerkliche Fertigkeiten und die Alltagsbewältigung der Vorfahren gut nachvollziehen.
Das Leben des Landadels, Kunsthandwerk und religiöses Brauchtum sind im Ansitz Mair am Hof zu besichtigen. Lebende Nutztiere und Aktionen wie Brotbacken, Krauthacken, Schafschur etc. machen das Freilichtmuseum auch für Familien zum Abenteuer.

Roadbook 4.4

1) In Natz die Straße mit der Markierung Nr. 4 entlangfahren
2) Bei der Kreuzung rechts abbiegen Richtung Seehof
3) Ab dem Seehof der rot-weißen Markierung bis nach Schabs folgen
4) Schabs durchqueren
5) Auf der Hauptstraße bis zum Gasthof Sonneck fahren
6) An dem Gasthof die Schotterstraße Nr. 9 nehmen
7) Bei der nächsten Kreuzung rechts abbiegen (Nr. 9A)
8) Der Route Richtung Bruneck folgen
9) Nach 22 km die Hauptstraße überqueren (Industriezone Montal)
10) Bei der nächsten Kreuzung rechts abbiegen (Radroute verlassen)
11) Der Straßenführung bis unterhalb der Michelsburg folgen
12) An der Michelsburg rechts weiterfahren
13) Bei der nächsten Gabelung links halten
14) Nach einigen Metern rechts auf einen Schotterweg abzweigen
15) Der rot-weißen Markierung bis Stefansdorf folgen
16) Geradeaus weiter bis Reischach fahren
17) Nach dem »Reischacher Ried« links auf den Schotterweg abbiegen
18) Nach der Überquerung des Flusses (Rienz) der rot-weißen Markierung folgen
19) Nächste Kreuzung links abbiegen (Nr. 16)
20) Über die Hauptstraße geradeaus auf den Schotterweg fahren
21) Dem Schotterweg bis Dietenheim folgen
22) In Dietenheim auf der Straße (Nr. 2) Richtung Aufhofen fahren
23) In Aufhofen links der blauen Markierung B bis nach St. Georgen folgen
24) Durch die Ortschaft Gissbach geradeaus auf der Dorfstraße bis zur Hauptstraße fahren
25) Der Hauptstraße (Pustertaler Sonnenstraße) bis Pfalzen folgen
26) In Pfalzen links abbiegen
27) Den Schildern zum Moorbad Issinger Weiher folgen
28) Nach dem Weiher links über die Hauptstraße nach Kiens fahren
29) In Kiens die Straße überqueren und der beschilderten Radroute zurück Richtung Mühlbach folgen
30) Ab Mühlbach auf der bereits bekannten Strecke bis Natz fahren

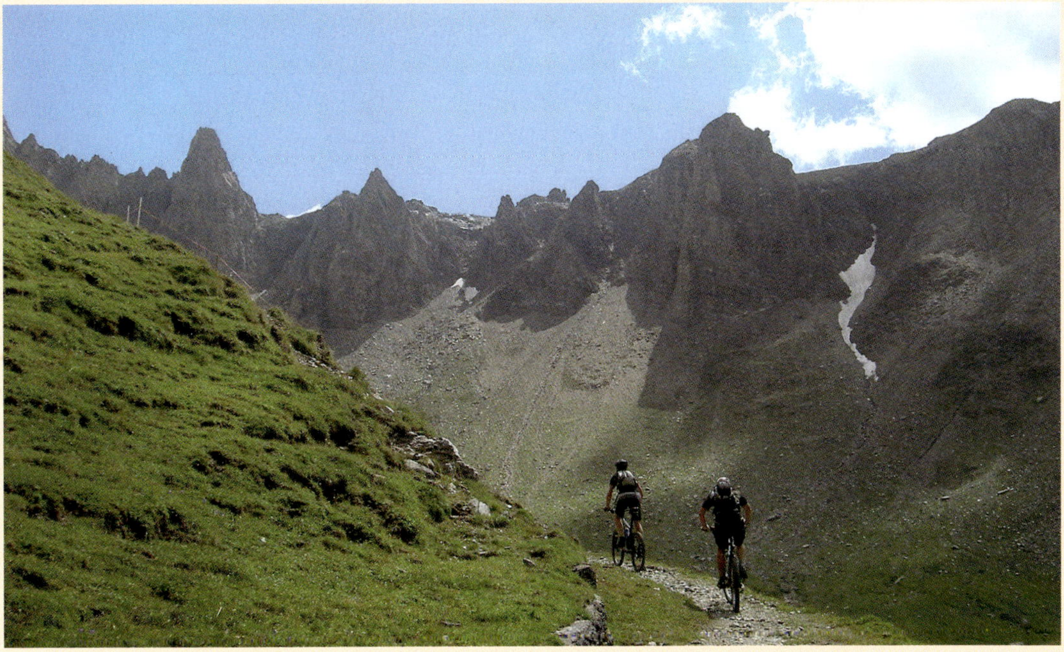

Welcher Ausblick erwartet mich hinter dem nächsten Hügel?

5. Brixen

Brixen liegt auf einer Höhe von 559 Metern mitten im Zentrum des Eisacktals und ist die drittgrößte Stadt in Südtirol. Die zwei Flüsse Eisack vom Brenner und Rienz aus dem Pustertal treffen sich hier. Gerne lassen sich Besucher von der über 1000 Jahre alten Stadt mit ihren Lauben und dem weithin sichtbaren Dom verzaubern. Im 16. Jahrhundert war sie ein bedeutender Bischofssitz am Übergang zwischen Oberitalien und Süddeutschland. Bis 1803 blieb Brixen Hauptsitz des geistlichen Fürstentums. Die Macht der Bischöfe hörte hier erst durch die Säkularisierung auf, wobei Brixen 1806 an Bayern fiel. Schon acht Jahre später gehörte es aber wieder zu Tirol. Nach dem Zweiten Weltkrieg wurde im Zuge des Aufschwungs eine neue Diözese gegründet. So wurde der Bischofssitz 1964 nach Bozen verlegt. Östlich der Altstadt steht der Dom Mariä Himmelfahrt, der zwischen 1745 und 1754 barockisiert wurde. Von der Vorhalle aus gelangt man zu einem Kreuzgang, der ursprünglich romanisch, später aber mit gotischem Kreuzrippengewölbe verziert wurde. Am Gewölbe sind herrliche Fresken mit zum Teil kuriosen Bildern zu sehen. Meist sind Szenen aus der Bibel dargestellt. Da zur damaligen Zeit nur wenige Menschen lesen konnten, wurde die Bibel auf diese Weise anhand von Abbildungen vermittelt.

Südwestlich vom Dom steht die hervorragend restaurierte, ehemalige bischöfliche Hofburg, in der sich heute ein Diözesanmuseum befindet. Seit 1260 stand hier eine massive Burg, die im Jahre 1595 einem Renaissanceschloss weichen musste. Fertiggestellt wurde die Anlage erst 1710. Daher sind die letzten Anbauten vom Barock geprägt worden.

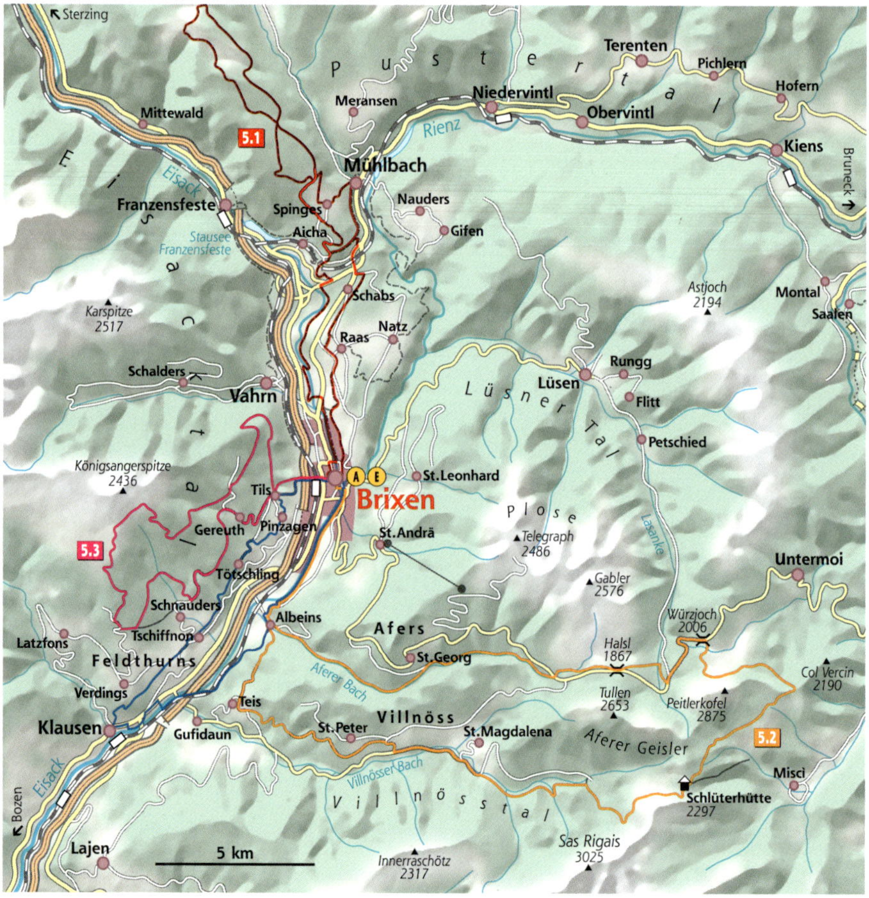

Eisacktal

Die Eisack ist der zweitgrößte Fluss Südtirols. Er entspringt am Brenner in einer Höhe von 1990 Metern und mündet nach ca. 96 Kilometern etwas südlich von Bozen in die Etsch, die vom Reschenpass kommt. Das Eisacktal dient heute mit seiner Brennerautobahn als wichtige Transitstrecke über die Alpen. Teilweise ist es sehr eng, sodass die Straßen immer wieder in Tunneln verschwinden. Bei Brixen öffnet sich das Tal und gibt den Blick auf saftig grüne Wiesen und Weinberge frei. Winzige idyllische Dörfer schmiegen sich an die Hänge. Die Städte Sterzing, Brixen und Klausen wurden als bedeutende Handels- und Bergbauzentren bekannt.

Zu jeder Jahreszeit ziehen die wundervolle Landschaft, das reichhaltige Kulturangebot und die erlesene Gastronomie viele Touristen an.

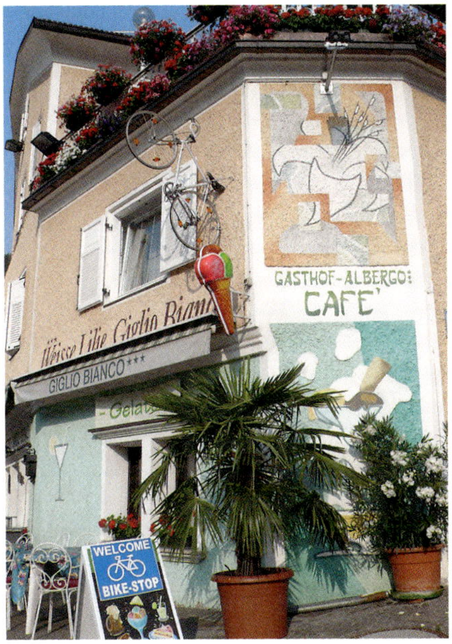

Ein beliebter Stopp: die Eisdiele in Mühlbach

INFOS

TOURISTINFO

Tourismusverein Brixen
Regensburger Allee 9
39042 Brixen
Tel. +39/(0)472/83 64 01
info@brixen.org

Tourismusverband Eisacktal
Großer Graben 26 a
39042 Brixen
Tel. +39/(0)472/80 22 32
www.eisacktal.com
info@eisacktal.com

ANREISE

Über die A8 bis zum Inntaldreieck, dann über die Inntalautobahn bis Innsbruck fahren. Nun über den Brenner und Sterzing bis zur Autobahnausfahrt Brixen.

BESTE REISEZEIT

Zum Biken ist es in den höheren Lagen optimal von Ende Mai bis Oktober. Unten im Tal ist von der Apfelblüte im April bis November Bikesaison.

BIKEHOTELS

Vital Stadthotel Goldene Krone (Bikehotel)
Familie Resch
Stadelgasse 4
39042 Brixen
Tel. +39/(0)472/83 51 54
www.goldenekrone.com
info@goldenekrone.com
Das Hotel hat einen eigenen Service für Mountainbiker:
- Geführte Biketouren mit Hotelier Alex
- Ausführliche Bikerinfos und Tourenkarten
- Leihbikes
- Persönliche Tipps und Tricks
- Vitales Bikerfrühstück
- Bikegarage

Mehr Bike-Hotels gibt es unter
www.bike-holidays.com

ESSEN

Finsterwirt
Domgasse 3, 39042 Brixen
Tel. +39/(0)472/83 53 43
www.finsterwirt.com.
Ein historisches Restaurant mit exzellentem Mix aus heimischer und mediterraner Küche in schönem Ambiente

Hotel Grauer Bär
Altenmarktgasse 27, 39042 Brixen
Tel. +39/(0)472/83 64 72
www.grauerbaer.tk
Gutbürgerliche Küche, preiswert und lecker

Grissino
Altenmarktgasse 28/B, 39042 Brixen
Tel. +39/(0)472/26 25 00
www.acquarena.com
Erlebnisgastronomie, Pizza, einheimische Gerichte, asiatische Spezialitäten, legeres Ambiente, nichts für ein romantisches Candle-Light-Dinner

BIKE-SHOPS/VERLEIH/TOUREN

Mister Bike
Plosestr. 24/B, 39042 Brixen-Milland
Tel. +39/(0)472/20 06 35
www.misterbike.net
info@misterbike.net

M2 Bike
Sterzing-Ried
Tel. +39/(0)472/76 04 70
www.m2-bike.com

Infos und Touren rund ums Biken gibt es unter:
www.eisackbike.info und
www.mountainbike.bz

5.1 Auf den Stoanamandl

Mittelschwere Tagestour mit herrlichem Singletrail

3 Schwierigkeit | Erlebniswert | 1700 Höhenmeter (in m) | 46,3 Streckenlänge (in km) | ✓ e-Bike

TOURENCHARAKTER

KONDITION

FAHRTECHNIK

TOURCHARAKTER
Moderat

AUSGANGS-/ENDPUNKT
Brixen (560 m)

HÖCHSTER PUNKT
Stoanamandl (2118 m)

WEGBESCHAFFENHEIT
Hauptsächlich Bergstraßen und Trails, etwas Asphalt

ANFAHRT
Auf der Brennerautobahn bis zur Ausfahrt Brixen, dann ins Zentrum fahren.

EINKEHR
Bergrestaurant Jochtal

KARTE
freytag & berndt, Sterzing – Brixen, Wanderkarte 1:50 000

Dies ist eine mittelschwere Tagestour, lang, aber technisch nicht sehr anspruchsvoll. Der Uphill erfolgt auf Schotter und nach dem Erreichen des höchsten Punktes auf dem Stoanamandl (wo uns ein herrliches Panorama erwartet) erfolgt ein flowiger Singletrail. Ein weiterer Downhill führt uns über Spinges und Vahrn bis nach Brixen.

Vom Hotel Krone in Brixen fahren wir Richtung Norden und folgen dem markierten Weg Nr. 15 bis in die Ortschaft Oberdorf. Weiter geht es auf dem T-Weg, vorbei am Gasthof Alter Pacher bis zum Gasthof Steinraffler. Hier halten wir uns links und fahren auf dem Schotterweg Nr. 8 bis nach Schabs. Wir machen einen kurzen Abstecher auf die Hauptstraße, überqueren die Brücke und rollen zum Gasthof Sonneck. Wir biegen auf den Schotterweg Nr. 9 ein, nehmen die erste Kreuzung links und folgen der Nr. 9A bis zum Urlaubsstöckl.

Es geht stets der Straße entlang weiter bergauf. Bei der zweiten Kreuzung fahren wir rechts auf den Schotterweg. Der blau-weißen Markierung (teils Schotter, teils Straße) folgen wir bis zum Wetterkreuz. Wir treten kräftig weiter bergauf und orientieren uns an der Markierung Nr. 9 bis unterhalb des bewirtschafteten Bergrestaurants Jochtal (2006 m). Hier bietet sich die große Sonnenterrasse für eine Mittagsrast an. Vom Restaurant fahren wir leicht bergab Richtung Hinterberg und über die Ochsenalm zu unserem heutigen Gipfel mit dem lustigen Namen »Stoanamandl« (2118 m). Der Downhill, der nun folgt, ist ein richtiges Highlight der Region und über 1000 Höhenmeter lang. Er erfolgt über den Knappensteig der rot-weißen Markierung entlang bis zur Witzbrücke. Weiter geht

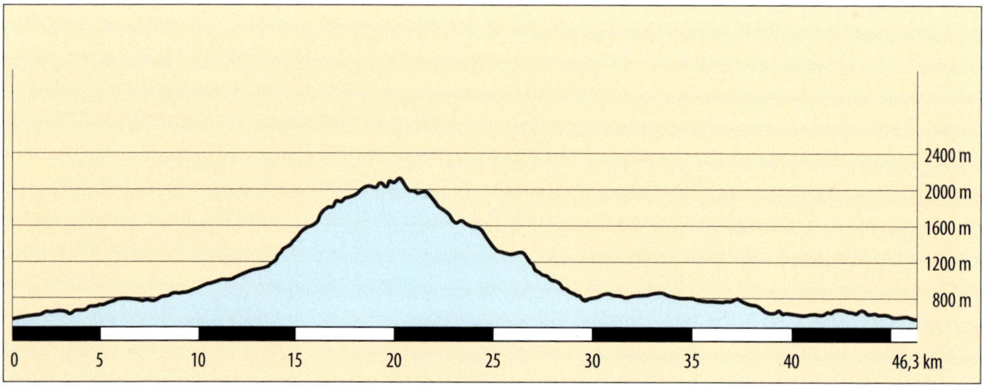

SPINGES UND SEINE HELDIN

Da wir nun schon einmal über das Hochplateau von Spinges fahren, müssen wir unbedingt die folgende Geschichte erzählen, ohne die der kleine Ort hoch über der Rienzschlucht wohl kaum bekannt geworden wäre. Man erzählt sich hierzulande seit jeher den Mythos um Catarina Lanz. Heute erinnert eine Gedenktafel an die mutige Magd von Spinges:
Als Spinges zum Schauplatz einer tobenden Schlacht zwischen Tirolern und Franzosen wurde, warf sie sich spontan ins Getümmel. Von einer Friedhofsmauer herab stach Catarina Lanz am 2. April 1797 mit einer Mistgabel auf die anstürmenden Franzosen ein. Eigentlich gehörte sie gar nicht zum Dorf, sondern suchte nur Arbeit hier. Nach der Schlacht kehrte sie wieder in ihre Gadertaler Heimat zurück, wo Catarina Lanz 1771 in St. Vigil in Enneberg geboren worden war. Nach ihrem turbulenten Auftritt in Spinges verließ sie ihre ladinische Heimat nie wieder und arbeitete als »Häuserin« (Haushälterin) bei verschiedenen Kuraten und Pfarrern. Erst in hohem Alter berichtete sie von ihrer jugendlichen Wehrhaftigkeit. Jahre nach ihrem Tod wird die Mär vom »Mädchen von Spinges« über Ladinien hinaus bekannt und zum Mythos hochstilisiert. Die Spingeser lassen sich ihre Heldin nicht mehr nehmen. Und so wird Catarina Lanz heute neben vielen männlichen Helden der Tiroler Freiheitskämpfe hoch verehrt.

es in wilder Fahrt bergab über den Sarnweg. Bei einer Wasserquelle biegen wir links ab in Richtung Schweigerhof. Auf der Straße angelangt, halten wir uns kurz links und biegen dann rechts in eine Schotterstraße ein. Dem Weg Nr. 6 folgen wir zum Hoferhof und weiter der Markierung Nr. 7 bis nach Mühlbach. Ab hier fahren wir den Schildern der Radroute Richtung Brixen nach bis zu einem kurzen Anstieg. Nach diesem biegen wir rechts in eine Schotterstraße ein und folgen dem Weg Nr. 9A bis zum Urlaubsstöckl bei Schabs, einer schlichten Wallfahrtskapelle am Südhang des Spingeser Berges. Sie wurde im Jahre 1641 vom Kuraten Georg Stocker errichtet. Im Inneren hängt ein Bild, das den Abschied des Heilands von seiner Mutter Maria darstellt.
Von hier biegen wir auf der Straße links ab und nach einer Linkskurve folgen wir rechts einem Schotterweg. Dann geht es links der Markierung Nr. 8A weiter bis zur Hauptstraße. Diese überqueren wir und fahren bei der Mülldeponie über einen Schotterweg hinunter ins Riggertal. Der Weg mit der Nr. 8 führt uns bis zur ersten Brücke vor dem Nössing-Bühel. Dort überqueren wir die Eisack und folgen dem T-Weg bis nach Neustift. Hier befindet sich das Augustinerkloster Neustift, hinter dem wir auf der Straße bergauf fahren, die Hauptstraße überqueren und auf dem Weg Nr. 16 zurück nach Brixen rollen.

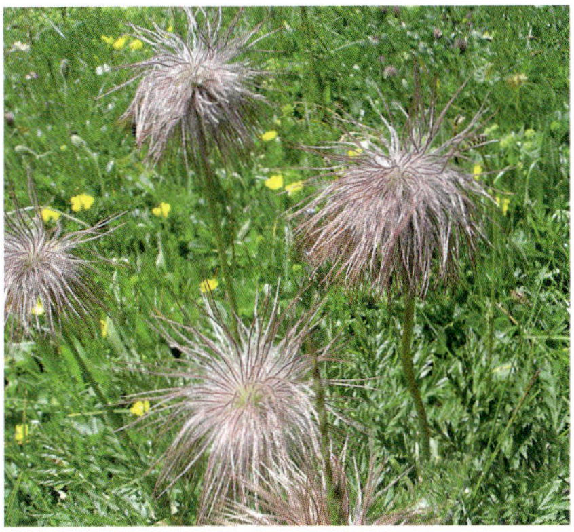

Almblumen

DAS KLOSTER NEUSTIFT

Über 850 Jahre nach der Gründung des Augustiner Chorherrenstiftes Neustift widmen sich die Gemeinschaft der Chorherren und ihre Mitarbeiter der Seelsorge in mehr als 20 Pfarreien im Umkreis. Neben dieser klassischen Form der Gemeindearbeit wird auch dem Bildungsauftrag weiterhin in verschiedenen Formen Rechnung getragen. Anfang der Siebzigerjahre öffnete das Schülerheim Neustift seine Tore für knapp 100 Jungs. Ebenfalls zu dieser Zeit wurde ein Tourismuszentrum gegründet. Die Bedeutung des Tourismus für das Stift und die gesamte Region wuchs. Dies zeigt sich an der Vielzahl von Besuchern, die Jahr für Jahr Neustift besuchen und im Rahmen einer Stiftsführung näher kennenlernen wollen.
Wirtschaftliches Standbein des Stiftes ist nach wie vor der Anbau und Verkauf landwirtschaftlicher Produkte wie Kräuter und Obst. Darüber hinaus erzielt die Stiftskellerei Neustift mit ihren Weinen seit Jahren große nationale und internationale Erfolge.

Roadbook 5.1

1) Vom Hotel Krone in Brixen Richtung Norden
2) Dem Weg Nr. 15 nach Oberdorf folgen
3) Weiter auf dem T-Weg, vorbei beim Gasthof Alter Pacher, bis zum Gasthof Steinraffler
4) Hier links abbiegen und Schotterweg Nr. 8 bis Schabs folgen
5) Weiter auf der Hauptstraße, die Brücke überqueren und zum Gasthof Sonneck fahren
6) Den Schotterweg Nr. 9 hinauffahren, die erste Kreuzung links
7) Nr. 9A bis zum Urlaubsstöckl
8) Weiter berghoch der Straße folgen
9) Zweite Kreuzung rechts den Schotterweg hinauffahren
10) Blau-weißer Markierung (teils Schotter/teils Asphalt) bis zum Wetterkreuz folgen
11) Weiter bergauf und der Markierung Nr. 9 bis unterhalb des Bergrestaurants Jochtal folgen
12) Links hinunterfahren Richtung Hinterberg und über die Ochsenalm zum »Stoanamandl« (2118 m)
13) Abfahrt über den Knappensteig und der rot-weißen Markierung bis Witzbrücke folgen
14) Weitere Abfahrt über den Sarnweg
15) Bei einer Wasserquelle links abbiegen Richtung Schweigerhof
16) Auf der Straße links abbiegen und rechts die Schotterstraße hinauffahren
17) Weg Nr. 6 folgen bis zum Hoferhof
18) Weiter auf der Markierung Nr. 7 bis nach Mühlbach
19) Hier der beschilderten Radroute Richtung Brixen folgen
20) Nach kurzem Anstieg rechts auf eine Schotterstraße abzweigen
21) Markierung 9A bis zum Urlaubsstöckl folgen
22) Auf der Straße links abbiegen und nach der Linkskurve rechts einen Schotterweg hinauffahren
23) Links der Markierung Nr. 8A bis zur Hauptstraße folgen
24) Straße überqueren und bei der Mülldeponie über einen Schotterweg hinunter ins Riggertal fahren
25) Weiter auf der Markierung Nr. 8 bis zur ersten Brücke vor dem Nössing-Bühel
26) Dort Eisack überqueren und auf dem T-Weg bis nach Neustift
27) Nach dem Kloster Neustift auf der Straße bergauf
28) Hauptstraße überqueren und auf dem Weg Nr. 16 zurück nach Brixen

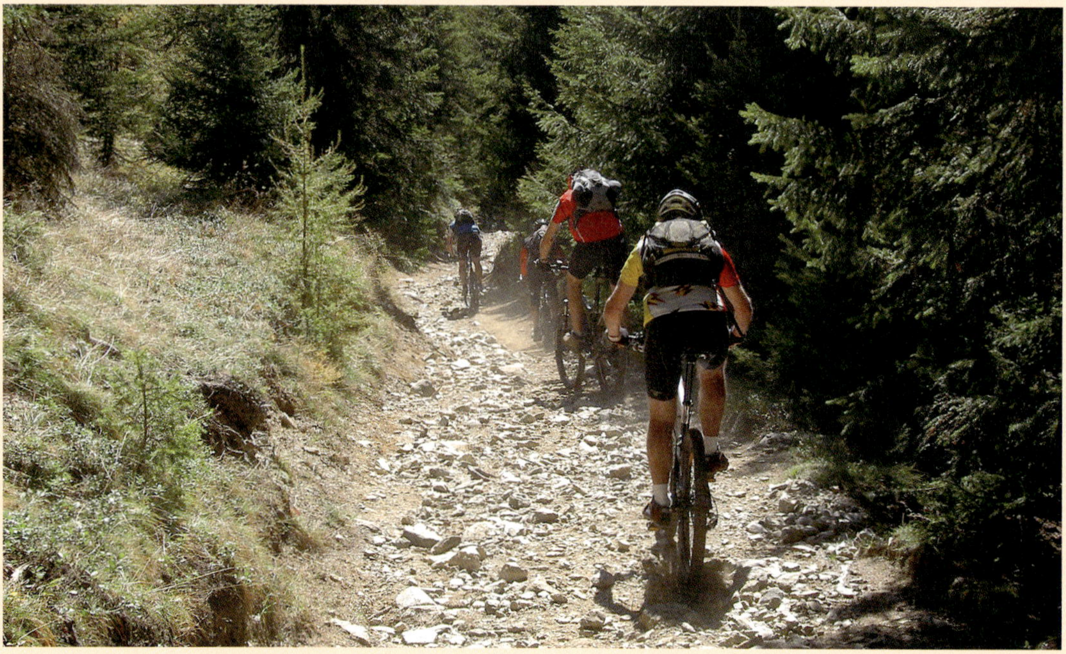

Anspruchsvolle Auffahrten – Konzentration bitte

5.2 Rund um den Peitlerkofel

Längere Tagestour mit anspruchsvollem Uphill

4	★★★★☆	2027	58,5	✓
Schwierigkeit	Erlebniswert	Höhenmeter (in m)	Streckenlänge (in km)	e-Bike

TOURENCHARAKTER

KONDITION
★★★★☆

FAHRTECHNIK
★★★★☆

TOURCHARAKTER
Schwierig

AUSGANGS-/ENDPUNKT
Brixen (560 m)

HÖCHSTER PUNKT
2340 m

WEGBESCHAFFENHEIT
Hauptsächlich Bergstraßen und Trails, etwas Asphalt

ANFAHRT
Auf der Brennerautobahn bis zur Ausfahrt Brixen, dann ins Zentrum fahren.

EINKEHR
Hütte Munt de Fornela, Schlüterhütte

KARTE
Kompass 56, Brixen 1:50 000

Eine sportlich anspruchsvolle Tagestour, die erst einmal bergauf durch das Aferer Tal bis zum Würzjoch geht. Von hier bringt uns eine Schotterstraße mit fantastischem Dolomitenpanorama bis zum Kreuzkofeljoch. Die Runde schließt sich mit einem herrlich langen Downhill hinunter nach Villnöss und endet in Brixen.

Vom Hotel Krone in Brixen fahren wir Richtung Osten und überqueren die mächtige Rienz. Weiter geht es auf dem Schotterweg Nr. 9 bis nach Albeins. Wir fahren durchs Dorf und weiter entlang dem Aferer Bach auf einem rot-weiß markierten Weg durchs Aferer Tal bergauf. Beim »Schmied« rollen wir weiter auf dem Schotterweg Nr. 10 bis zum Parkplatz (Fistil Boden). Nun fahren wir auf dem Schotterweg Nr. 10 in Richtung Halslhütte. Danach folgen wir der Markierung Nr. 8, vorbei an der Piskolalm. Bei der nächsten Weggabelung fahren wir rechts, bis wir auf eine Straße treffen. Das letzte kurze Stück bis zum Würzjoch hinauf bleiben wir auf der Passstraße. Oben sind wir auf einer Höhe von 2008 Metern angekommen. Das Würzjoch ist sehr beliebt bei Motorrad- und Rennradfahrern, die uns auch in großer Anzahl auf der Passhöhe begegnen. Wir fliehen rasch wieder vor dem Rummel und fahren gegenüber dem Restaurant Ütia de Börz auf den Schotterweg Nr. 8A Richtung Peitlerkofel. Bis zur Hütte Munt de Fornela (2067 m) folgen wir diesem. Die kleine Hütte ist kein Unterkunftshaus, sondern vielmehr ein Ziel für Genießer. Man kann hier leckere Südtiroler Schmankerl und einen Tropfen »Rebensaft« an der Hüttenbar in herrlicher Natur am Fuße des Peitlerkofel kosten.

Vor der Hütte biegen wir links ab in den Wanderweg mit der Nr. 8B. Wir folgen diesem, bis wir zur Wegkreuzung mit dem Schotterweg Nr. 35 treffen. Hier befindet sich das Gömajoch auf einer Höhe von 2111 Metern.

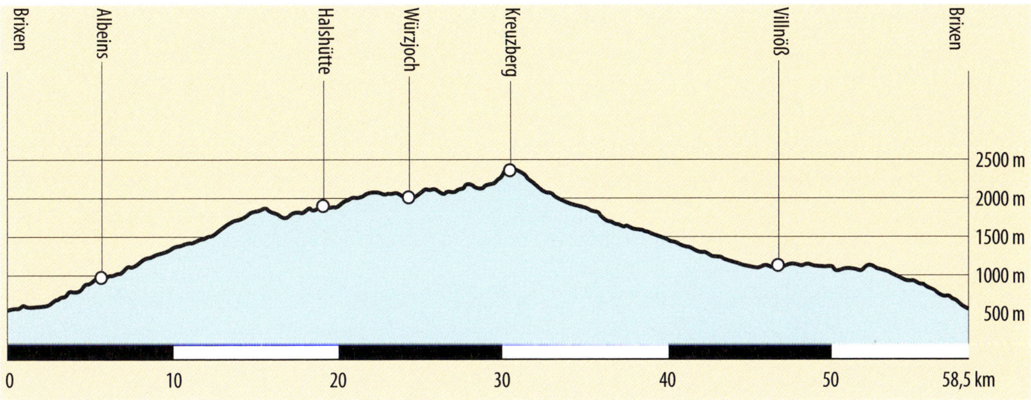

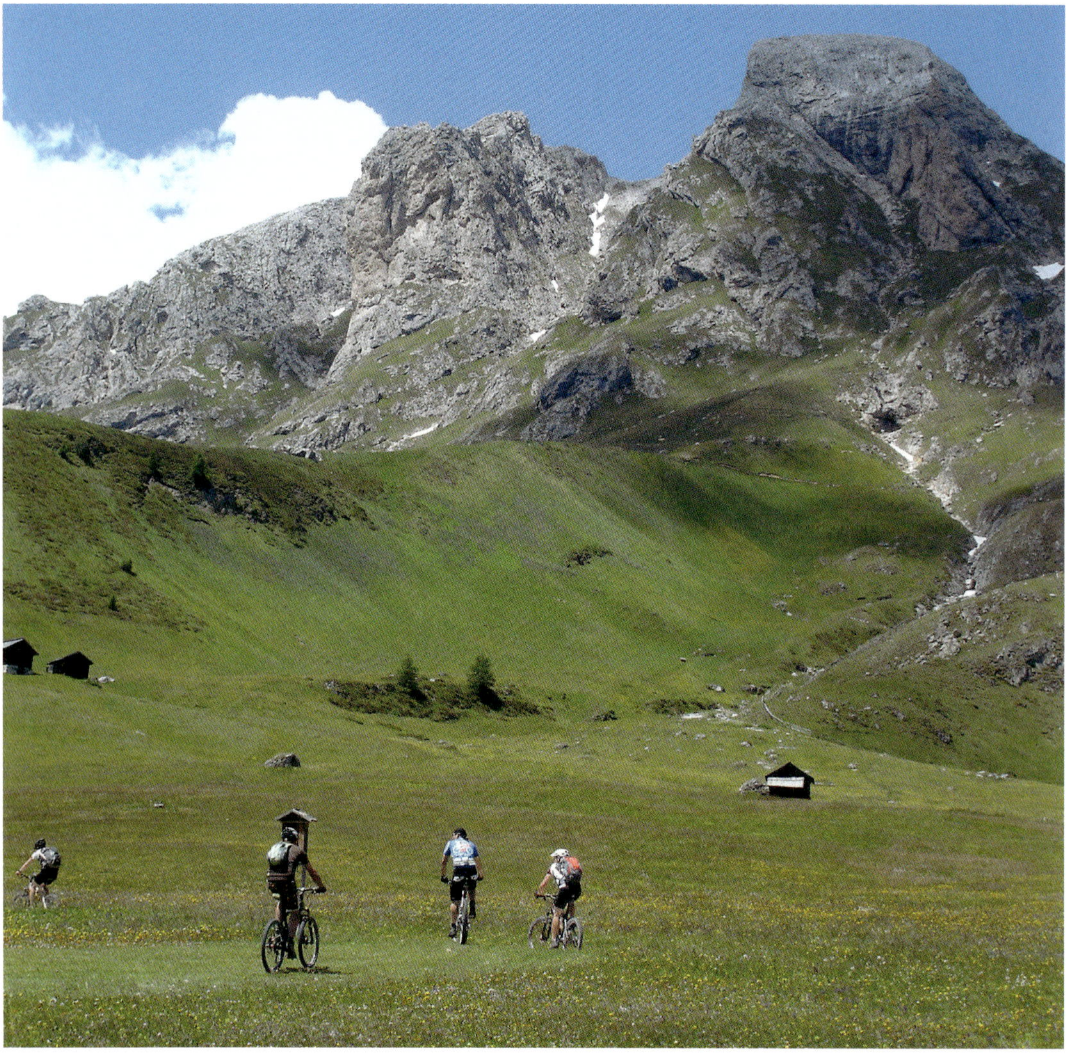

Wunderschön gelegene Hochalmen

Ein unbeschreiblicher Trail, einer der schönsten in den Dolomiten, beginnt hier und endet am Kreuzkofeljoch (2340 m). Dazu folgen wir der Markierung 35 vorbei an Schlüterhütte (2306 m) und Gampenalm (2062 m). Die Aussicht am Kreuzkofeljoch, kurz vor der Schlüterhütte ist atemberaubend. Hier gönnen wir uns eine kleine Verschnaufpause, um die fantastische Landschaft zwischen Geislergruppe und Peitlerkofel, am Übergang vom malerischen Villnösstal zu den ladinischen Dolomitentälern, zu genießen. Die Schlüterhütte ist ein perfekter Ausgangspunkt für leichtere oder auch anspruchsvolle Höhenwanderungen. Sie bietet gemütliche Gaststuben und gutbürgerliche Küche sowie Übernachtungsmöglichkeiten im rustikalen Gästezimmer mit Etagendusche oder im Hüttenlager.

Nach einer Wahnsinnsabfahrt von der Schlüterhütte über die Gampenalm geht es rechts weiter (Weg Nr. 33) in Richtung Zannser Alm. Hier fahren wir talabwärts, bis wir auf die Kreuzung mit dem Weg Nr. 34 kommen, diesen biegen wir rechts ab und treffen bald auf eine Straße. Auf dieser fahren wir nach St. Peter. Dort folgen wir links der Markierung Nr. 11 bis nach Teis. Die Abfahrt führt weiter über den Weg Nr. 9 (teils Straße/teils Schotterweg), vorbei an Albeins bis zurück nach Brixen.

Roadbook 5.2

1) Vom Hotel Krone in Brixen Richtung Osten
2) Die Rienz überqueren und dem Schotterweg Nr. 9 bis nach Albeins folgen
3) Auf der Dorfstraße geradeaus durch den Ort
4) Den Aferer Bach entlang auf rot-weißer Markierung durch das Aferer Tal bergauf
5) Beim »Schmied« weiter auf dem Schotterweg Nr. 10 bis zum Parkplatz (Fistil Boden)
6) Weiter auf dem Schotterweg Nr. 10 Richtung Halslhütte
7) Dann der Markierung Nr. 8 folgen, vorbei an der Piskolalm
8) Bei der nächsten Abzweigung rechts bis zur Straße
9) Abfahrt über den Schotterweg Nr. 8 bis zur Straße
10) Kurz auf der Straße gerade weiterfahren und links der Straße Nr. 29 bis auf das Würzjoch auf 2008 m Höhe folgen
11) Weiter auf dem Schotterweg Nr. 8A bis zur Hütte Munt de Fornela
12) Dort links und weiter der Markierung 8B folgen bis Kreuzung mit Schotterweg Nr. 35
13) Hier rechts abbiegen und die Nr. 35 entlangfahren
14) Vorbei an Schlüterhütte und Gampenalm
15) Nach Abfahrt von der Gampenalm rechts weiter (Nr. 33) Richtung Zannser Alm
16) Weiter talabwärts bis Kreuzung mit Weg Nr. 34, hier rechts weiter bis zur Straße
17) Auf der Straße Nr. 27 nach St. Peter fahren
18) Weiter links halten und der Markierung Nr. 11 bis nach Teis folgen
19) Die Abfahrt weiter über Weg Nr. 9 (teils Straße/teils Schotter), vorbei an Albeins bis zurück nach Brixen

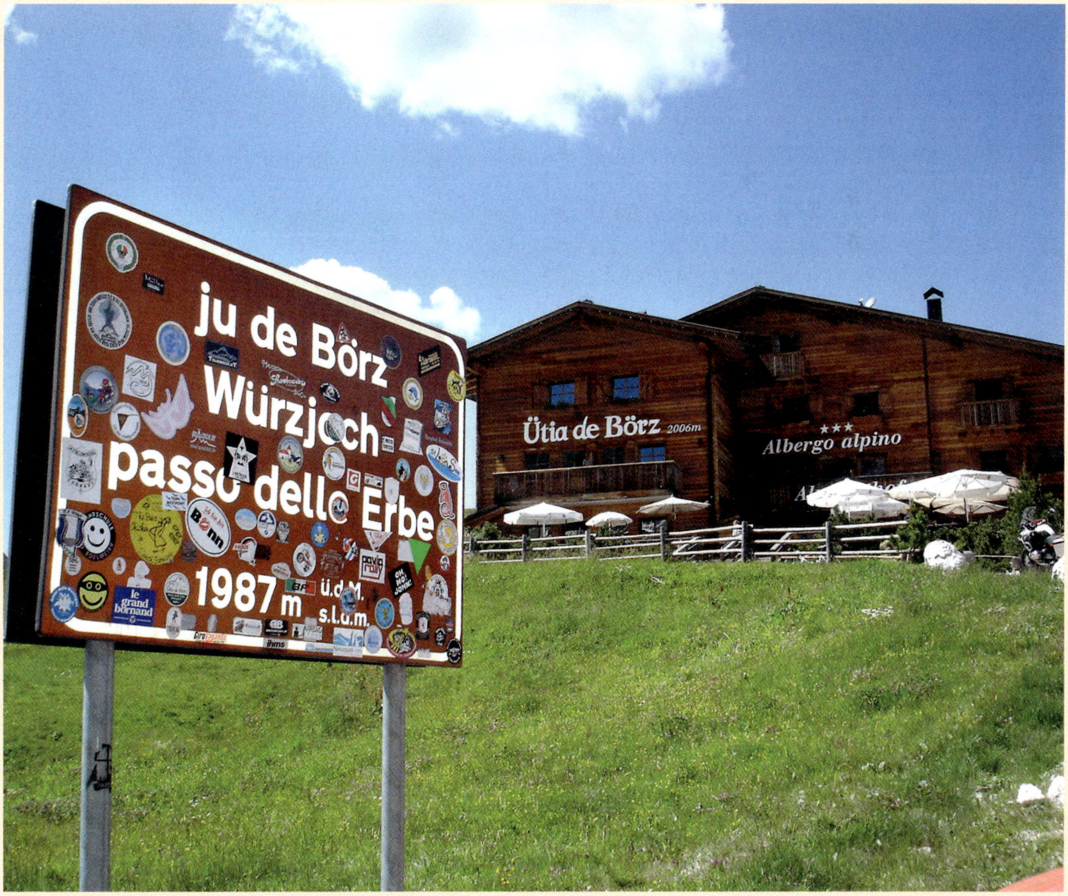

Würzjochpass mit der Gaststätte Ütia de Börz im Hintergrund

5.3 Tour zur Radlseehüttn

Eine Traumtour im wunderschönen Eisacktal

4	✪✪✪✪✪	2012	30,8	✗
Schwierigkeit	Erlebniswert	Höhenmeter (in m)	Streckenlänge (in km)	e-Bike

TOURENCHARAKTER

KONDITION
✪✪✪✪✪

FAHRTECHNIK
✪✪✪✪✪

TOURCHARAKTER
Anspruchsvoller Uphill bis zur Hütte, abwechslungsreicher Singletrail zurück nach Brixen

AUSGANGS-/ENDPUNKT
Brixen (560 m)

HÖCHSTER PUNKT
2300 m

WEGBESCHAFFENHEIT
hauptsächlich Forstwege, Trails und Asphalt

ANFAHRT
Auf der Brennerautobahn bis zur Ausfahrt Brixen, dann ins Zentrum fahren.

EINKEHR
Radlseehütte

KARTE
freytag & berndt, Sterzing – Brixen 1:50 000

Eine mittelschwere Tour zur Radlseehütte – ein Muss für jeden Gast in Brixen! Zunächst geht es auf einer Nebenstraße bis zum Parkplatz Garner Wetterkreuz und anschließend folgt ein anspruchsvoller Uphill vorbei am Kühberg bis zur Radlseehütte. Den Abschluss bildet ein spannender Singletrail zurück nach Brixen.

Vom Hotel Krone in Brixen fahren wir nach Westen aus der Stadt und folgen der Markierung 8–10 bis nach Tils. Weiter geht es auf der Straße Nr. 144 bergauf bis nach Gereuth. Wir fahren hier links auf den Schotterweg mit der Markierung Nr. 9, vorbei an Stilums bis nach Oberschnauders. Von dort folgen wir zunächst rechts der Markierung Nr. 18 und biegen dann links auf den Schotterweg mit der blau-weißen Markierung ab auf den Parkplatz. Weiter orientieren wir uns an der Markierung Nr. 10 bis zur Radlseehütte (2284 m), deren Küche einen hervorragenden Ruf innehat. Da liegt es natürlich nahe, dass wir uns hier für die Abfahrt stärken und die fantastische Aussicht auf die Dolomiten von der Sonnenterasse aus genießen. Sehr lohnenswert ist der kleine Abstecher zum Radlsee (2555 m), wo wir uns im kühlen Nass etwas erfrischen können.

Der sich nun anschließende Downhill nach Brixen ist eine herausfordernde Abfahrt auch für geübte Mountainbiker. Unsere Abfahrt erfolgt über den Schotterweg Nr. 8, bis wir auf eine Straße treffen. Über den Pfeffersberg gelangen wir zurück nach Tils, wobei wir uns am Anfang an die Markierung Nr. 6 halten. Von Tils folgen wir der Markierung 8–10, bis wir wieder beim Hotel Krone in Brixen angekommen sind.

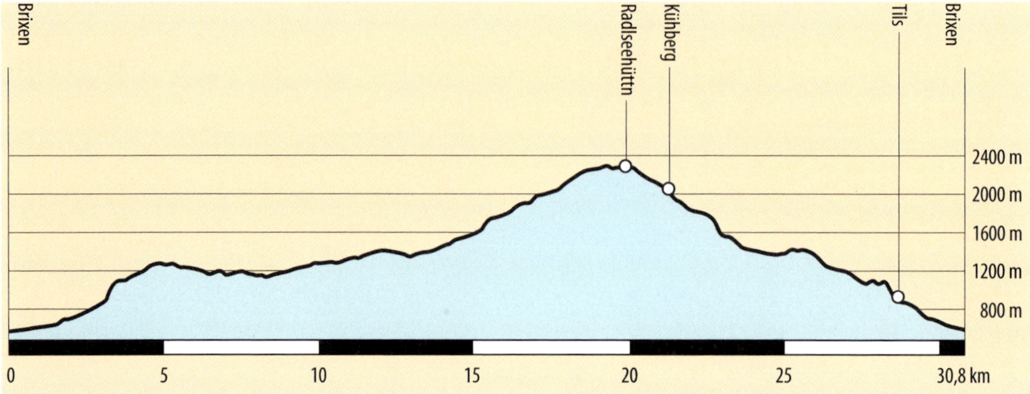

Roadbook 5.3

1) ↑ Vom Hotel Krone in Brixen Richtung Westen
2) ↑ Der Markierung 8–10 bis nach Tils folgen
3) ↑ Weiter auf der Straße Nr. 144 bergauf bis nach Gereuth
4) ↰ Links den Schotterweg mit der Markierung Nr. 9 hinauffahren, vorbei an Stilums bis nach Oberschnauders
5) ↱ Von dort rechts der Markierung Nr. 18 folgen
6) ↰ Dann links auf den Schotterweg mit der blau-weißen Markierung bis zum Parkplatz
7) ↑ Der Markierung Nr. 10 bis zur Radlseehütte folgen
8) ↑ Abfahrt über den Schotterweg Nr. 8 bis zur Straße
9) ↑ Markierung Nr. 6 über den Pfeffersberg zurück nach Tils
10) ↑ Von Tils der Markierung 8–10 folgen bis Brixen

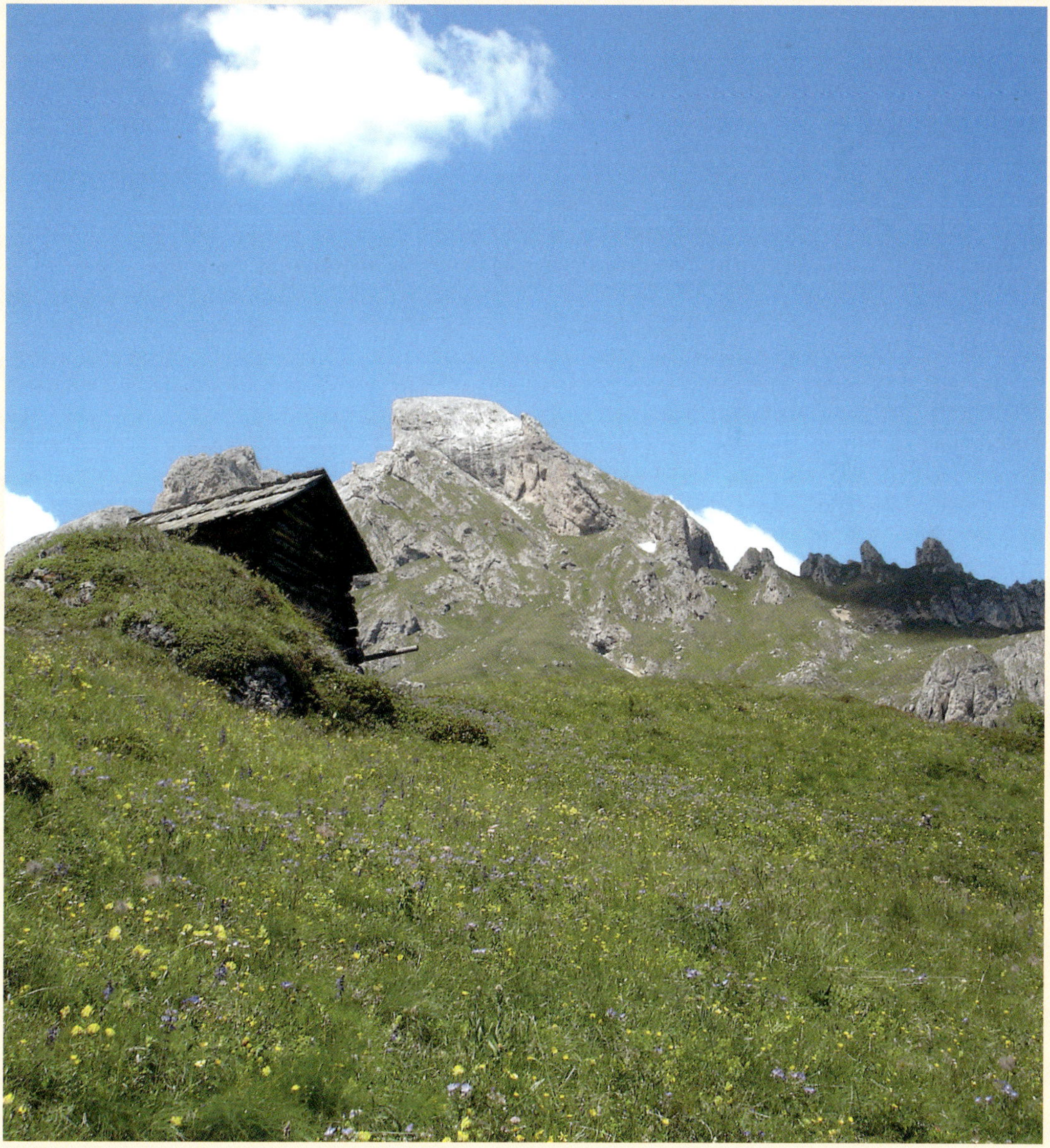

Eine Landschaft wie gemalt

6. Grödnertal

Gröden (Val Gardena) ist ein etwa 25 Kilometer langes Seitental des Eisacktales und liegt im Nordwesten der Südtiroler Dolomiten. Das Grödnertal zieht sich von Waidbruck (471 m) im Westen bis hinauf zu den Passübergängen Sella- und Grödnerjoch im Osten des Tales. Das ladinische Gröden mit den Gemeinden St. Ulrich, St. Christina und Wolkenstein beginnt jedoch erst etwa zehn Kilometer weiter taleinwärts bei der Enge von Pontives, wo auch die Sprachgrenze zwischen dem Deutschen und dem Ladinischen verläuft.

Wahrzeichen des Tales sind der Langkofel und der Sellastock, der sich zwischen Südtirol, dem Trentino und Venetien aufteilt. Mit seinen vier verbundenen Alpenpässen ist Gröden ein Paradies für Biker, Kletterer, Bergsteiger und Wintersportler.

Gröden hat sich innerhalb kürzester Zeit zu einem MTB-Geheimtipp entwickelt und bietet eine satte Tourenauswahl auf bestens präparierten Wegen. Die Bike-Infrastruktur umfasst ein kartografisch und GPS-erfasstes Wegenetz, eine Bikeschule, einen Bikeverleih und ein Bike-Testcenter, Shuttleservice sowie mountainbikefreundliche Unterkünfte. Dabei dürfen sich Mountainbikeeinsteiger ebenso angesprochen fühlen wie erfahrene Tourenbiker, denen bei steil abfallenden Talfahrten auf technischen Singletrails das Herz höher schlägt.

Die Bikesaison ist kurz und intensiv, denn sie dauert nur von Juni bis Mitte Oktober. Zu den schönsten Zielen zählen die Seiser Alm, die größte Hochalm Europas, das Langental und die Sellarunde. Die Sellarunde, vor allem den Skifahrern unter uns ein Begriff, ist ein absolutes Highlight. Erlaubt ist die Panoramatour allerdings nur in Begleitung von einem erfahrenen Bikeguide. Bei der 58 Kilometer langen Sella-Umrundung werden dank der Bergbahnen etwa 3400 Höhenmeter überwunden, die Abfahrten erfolgen zumeist auf Singletrails.

Die Touren wurden von Gunnar Diepenbruck für Gröden Tourismus recherchiert: www.bike-valgardena.com

SELLA RONDA BIKE DAY

Ein besonderes Erlebnis ist der jährliche »Sella Ronda Bike Day«. An diesem Tag werden die Pässe Sella, Grödner, Pordoi und Campolongo geschlossen und stehen ausschließlich den Bikern zur Verfügung.

Das Motto lautet: »Motorenlärm und Auspuffabgase ade …« – zumindest für einen Tag lang. Die beliebte Veranstaltung »Sella Ronda Bike Day« sorgt jedes Jahr an einem Sonntag Mitte Juli für einen ganz besonderen Ausflug mit dem Rad. Egal ob Hobbysportler oder Profi, jeder darf mitmachen und die autofreie Aussicht von den Gipfeln der Pässe genießen. Die Teilnahme ist frei und bedarf keiner Anmeldung.

Gegen 8.30 Uhr werden die Straßen zu den vier Dolomitenpässen gesperrt und bleiben bis 15.30 Uhr für den Verkehr geschlossen. Somit steht den Radfahrern fast der ganze Tag zur Verfügung, um die schwungvollen Straßen über die schönsten Dolomitenpässe ungestört genießen zu können. Mehr Informationen gibt es unter: https://www.sellarondabikeday.com

St. Ulrich (1236 m)

Die ladinische Fraktion St. Ulrich (Urtijëi) ist der Hauptort des Grödnertales. Persönlichkeiten wie Luis Trenker und Giorgio Moroder haben hier ihre Wurzeln und so blickt der Ort auf eine lange, kulturelle Tradition zurück. Sehenswert ist vor allem die Architektur der Ortschaft mit ihren alten Höfen, dem historischen Ortskern, der mittelalterlichen Burgruine Stetteneck und den nahe gelegenen religiösen Stätten wie der St. Jakobskirche. Das größte Volksfest des Jahres ist der Blättermarkt »Sacra Sacun«, das Anfang Oktober stattfindet. Früher war das Fest ein einfacher Markt, auf dem die ladinische Bevölkerung den Großeinkauf für den bevorstehenden eisigen Winter erledigte. Heute hingegen ist dieser Markt zu einem traditionellen Volksfest geworden und wird von zahlreichen Menschen aus der gesamten Region besucht.

Einwohnerzahl: 5750

Sprachzugehörigkeit

Ladinisch: 82,32 %

Deutsch: 12,13 %

Italienisch: 5,55 %

St. Christina (1428 m)

Das malerische Dörfchen St. Christina (S. Cristina) ist »die geografische Mitte« des Grödnertales. Mit seinen idyllischen Gassen liegt der Ort genau an der Zieleinfahrt der berühmten Saslong Weltcup-Abfahrtsstrecke. Beeindru-

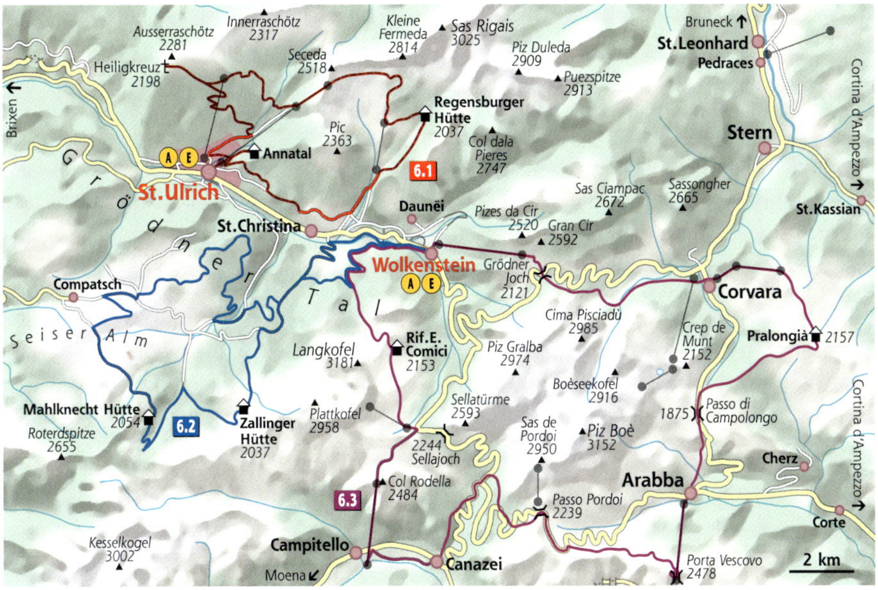

ckende Sehenswürdigkeiten sind die Pfarrkirche und das frühbarocke Jagdschloss »Fischburg«. Alle Freunde der Astronomie und der Zeitmessung sollten sich die Sonnenuhr auf dem Monte Pana nicht entgehen lassen: Es handelt sich um eine sphärische Äquatorial-Sonnenuhr mit zwei Metern Durchmesser, die für St. Christina sowie 60 weitere Städte die wahre Ortszeit (WOZ) und die mitteleuropäische Zeit (MEZ) anzeigt.
Einwohnerzahl: 1916
Sprachzugehörigkeit
Ladinisch: 91,20 %
Deutsch: 5,68 %
Italienisch: 3,12 %

Wolkenstein (1563 m)

Wolkenstein (Sëlva) liegt im sonnigen Talschluss, gesäumt von den mächtigen Felszacken von Langkofel, Cir und Sellagruppe.
Biker, die ihren Aufenthalt mit etwas Kultur auflockern wollen, sei ein Besuch der Pfarrkirche, der Sylvesterkapelle mit ihren über 300 Jahre alten Fresken und vor allem der Burgruine Wolkenstein am Eingang des Langentals empfohlen. Die Burgruine Wolkenstein hängt wie ein Adlerhorst in der Stevia-Wand, seit sie 1525 eingestürzt und nicht wiederaufgebaut worden ist. Das lebhafte Örtchen lockt auch abends mit seinen zahlreichen Restaurants, stilvollen Bars und gemütlichen Pubs. Hier kann man bestens feiern und stimmungsvolle, schöne Abendstunden verbringen.
Einwohnerzahl: 2632
Sprachzugehörigkeit
Ladinisch: 87,84 %
Deutsch: 5,97 %
Italienisch: 6,18 %

Gröden: Ein echter MTB-Geheimtipp

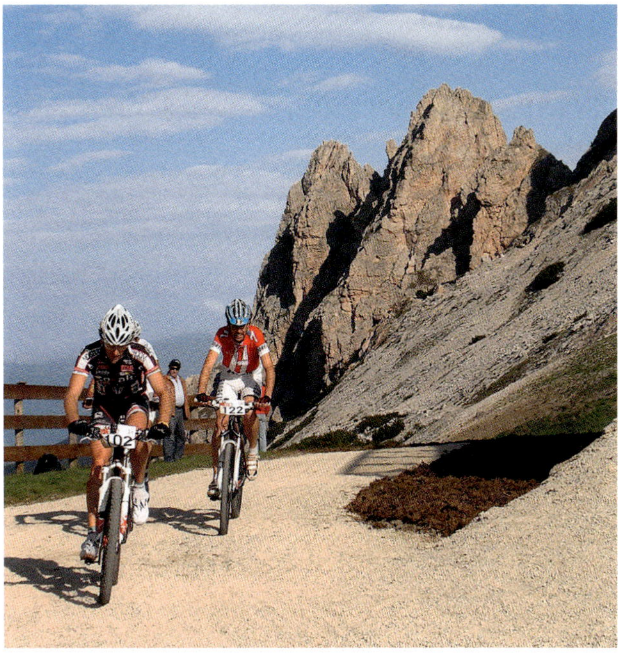

Naturpark Puez-Geisler

Auf einer 10 196 Hektar großen Fläche erstreckt sich der Naturpark auf einer mittleren Höhe von 2500 Metern. Der Naturpark Puez-Geisler umfasst, wie der Name bereits ahnen lässt, das Gebiet rund um die Geislergruppe. Die felsige Hochfläche überzeugt durch eine Vielzahl an geologischen Besonderheiten: Natürliche Brücken, schroffe Grate, Felstürme und bizarre Erosionsformen lassen die wechselvolle Entwicklungsgeschichte dieses Bergmassivs erahnen. Der Naturpark kann als »Dolomitenbauhütte« bezeichnet werden. Geologen finden darin sämtliche für die Dolomiten typischen Gesteinsarten, Ablagerungsschichten und Verwitterungsformen. Vielfältig wie die Landschaftsformen sind auch Flora und Fauna der Region.

Um dieses Naturparadies nicht zu beeinträchtigen, müssen sich Besucher hier besonders rücksichtsvoll verhalten: Der öffentliche Verkehr ist untersagt und das Pflücken von Blumen und Pilzen sowie das Sammeln von Mineralien und Fossilien ist streng verboten. Biotope dürfen nicht beeinträchtigt oder gar zerstört werden. Nur so kann die gesamte Vielfalt des Naturparks erhalten bleiben.

Valgardena Card

Mit der Mobilitätskarte kommt man sechs Tage lang mit öffentlichen Verkehrsmitteln durch das gesamte Grödnertal, ohne das Auto benutzen zu müssen. Die Karte berechtigt zur unbegrenzten und unentgeltlichen Benutzung aller Liftanlagen von Gröden, die im Sommer geöffnet sind, sowie der Benutzung aller Linienbusse, die zur Zone der »Mobilcard Südtirol« gehören. Mehr Infos unter: www.valgardena.it/de/valgardena-card/page45.html

INFOS

TOURISTINFO

Tourismusverein St. Christina
Str. Chemun 9
39047 St. Christina
Tel. +39/(0)471/79 30 46
www.val-gardena.com
s.christina@val-gardena.com

ANREISE

Via Brenner bis zur Abfahrt Klausen (Chiusa). Dann auf der Landstraße ins Grödnertal.

BESTE REISEZEIT

Anfang Juni bis Okt. Mitte Aug sind wegen der Ferragosto allerdings die Wege oft ziemlich überfüllt.

BIKEHOTELS

Pension Welponer (ideal für Bike-Urlaub)
Rainellstr. 6
39048 Wolkenstein
Tel. +39/(0)471/79 53 36

Piccolo (Bikehotel mit Bikeangeboten)
Rainellstr. 51
39048 Wolkenstein
Tel. +39/(0)471/79 51 86

ESSEN

Ristorante Bruno
Str. Dursan 22, 39047 St. Christina
Tel. +39/(0)471/79 30 42
Hier gibt's in rustikaler Atmosphäre Pizza und Pasta vom Feinsten.

Tubladel
Str. Trebinger 22, 39046 St. Ulrich
Tel. +39/(0)471/79 68 79
info@tubladel.com

Maciaconi Braustube
Str. Plan da Tieja 10, 39048 Wolkenstein
Tel. +39/(0)471/79 02 57
Tiroler Spezialitäten, eigene Brauerei, Vollkornpizza

La Bula
Str. Mëisules 287, 39048 Wolkenstein
Tel. +39/(0)471/79 52 08
Pizzeria, Restaurant mit Tiroler Spezialitäten, Pub

Medél
Str. Mëisules 22, 39048 Wolkenstein
Tel. +39/(0)471/79 52 35
medel@gardenahotels.com

L Ciamin
Str. Meisules 64, 39048 Wolkenstein
Tel. +39/(0)471/77 33 62

BIKE-SHOPS/VERLEIH/TOUREN

Parigi Marco
Via Pedetliva, 36, 39046 St. Ulrich
Tel. +39/(0)471/79 64 43

Sportservice
Str. Dursan 83
Tel. +39/(0)471/79 30 59

Geführte Radtouren werden angeboten von:
»Val Gardena Active« – Associazione Turistica Selva Gardena, Tel. +39/(0)471/77 79 00

»Dolomiti Adventures« Scott Bike Rent & Test Center, Tel. +39/(0)471/77 09 05

»Gardena Mountain Adventures«
Tel. +39/(0)471/79 42 47

»Mountain Bike Schule Gröden«
Tel. +39/(0)339/254 79 21

»Tourismusverein St. Christina«
Tel. +39/(0)471/77 78 00

KARTEN

Tabacco Carta Sentieri, »Val Gardena«, 1:25 000, vor Ort im Touribüro erhältlich. Fun Bike's MTB-Karten Gröden, vor Ort im Handel erhältlich oder über Fun Bike, Sigmundskronerstr. 26 a, 39010 Frangarto, Tel. +39/(0)471/63 16 33, funbike@rolmail.net.

6.1 Unter den Felsspitzen der Geislergruppe

Erlebnisreiche Tour in unberührter Naturlandschaft

3 Schwierigkeit | Erlebniswert | 1316 Höhenmeter (in m) | 31,6 Streckenlänge (in km) | ✓ e-Bike

TOURENCHARAKTER

KONDITION

FAHRTECHNIK

TOURCHARAKTER
Anspruchsvolle Tour, bei der man ausreichend Kondition mitbringen sollte. Nach dem etwas anstrengenden Aufstieg wird man mit einmaligen Aussichten und traumhaften Fotoszenerien belohnt. Das letzte Stück zur Seceda Bergstation überwinden wir mithilfe der Seilbahn.

AUSGANGS-/ENDPUNKT
St. Ulrich (1236 m)

HÖCHSTER PUNKT
Bergstation Seceda (2456 m)

WEGBESCHAFFENHEIT
Asphalt, Schotter, Waldwege, Singletrail

ANFAHRT
Auf der Brennerautobahn bis zur Ausfahrt Klausen/Gröden. Von dort auf der bestens beschilderten Höhenstraße weiter, nach etwa 20 Minuten kommt St. Ulrich. Die Tour beginnt beim Tourismusverein in St. Ulrich. Kostenlose Parkmöglichkeit bei der Talstation der Seceda-Seilbahn.

EINKEHR
Bergrestaurant Raschötz, Saltnerhütte, Restaurant-Pizzeria Seceda Bergstation, Hütte Pieralongia, Odleshütte, Regensburger Hütte, Sangon-Hütte, Pauli-Hütte, Annatal-Hütte

KARTE
Mountainbike-Karte Gröden, 1:33 000 von Fun Bike, Wanderkarte Tabacco, Blatt 05, 1:25 000

Bei dieser Tour erwartet uns eine anspruchsvolle, aber gleichzeitig eindrucksvolle Runde durch den Naturpark Puez-Geisler. Der Panoramaweg von der Raschötzhütte bis zur Heilig-Kreuz-Kapelle ist allein die fast 1000 Höhenmeter Auffahrt von St. Ulrich wert. Gekrönt wird die Tour durch die überragenden Trails, auf denen wir direkt an den Fuß der steil aufragenden Geislergruppe fahren. Die lange Abfahrt ins Grödnertal und der herrliche Höhenweg von Insom bis zum Annatal machen das Mountainbike-Erlebnis endgültig unvergesslich.

Zum gemütlichen Einfahren bleibt uns bei dieser Tour kaum Zeit, denn schon kurz nach dem Start sehen wir uns gezwungen, in die kleinsten Gänge zu schalten. Wir fahren zur Talstation der Seceda-Seilbahn. Hinter der Seilbahn schrauben wir uns erst auf Asphalt, dann auf einer Forststraße die Serpentinen hoch und kreuzen dabei immer wieder die Trasse der neuen Raschötzerbahn.

Bei der letzten Serpentine fahren wir geradeaus weiter und erreichen den Höhenweg, der von der Bergstation der Raschötzerbahn zur Heilig-Kreuz-Kapelle führt.
Die Auffahrt haben wir erfolgreich bewältigt und wir genießen zufrieden das fantastische Panorama, das sich vor unseren Augen erhebt: Direkt gegenüber breiten sich die grünen Wiesen der Seiser Alm aus. Dahinter ragen die schroffen Spitzen des Langkofel in den Him-

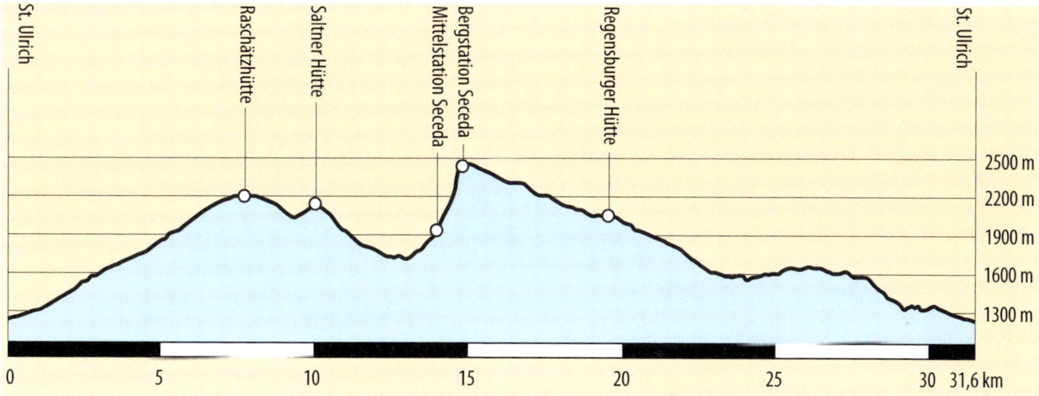

ST.-JAKOBS-KIRCHE

Die St. Jakobskirche (la »dlieja da Sacun«) ist die älteste Kirche Grödens und liegt oberhalb von St. Ulrich nahe dem gleichnamigen Weiler St. Jakob. Sie ist dem Heiligen Jakob geweiht, dem Beschützer der Wanderer und Pilger. Im Chor birgt sie einen wertvollen Freskenzyklus aus dem späten 15. Jahrhundert. Der reichgeschnitzte Hochaltar mit gedrehten Säulen und vergoldeten Figuren von Kirchenfürsten, Aposteln und Engeln ist ein besonders schönes Zeugnis der lokalen Bildschnitzkunst aus dem Barock. Die Skulpturen und einige Kunstgegenstände sind Nachbildungen, die Originale können im Museum de Gherdëina (Museum Gröden) in St. Ulrich besichtigt werden.

Die Kirche ist von einem idyllischen Waldfriedhof umgeben, auf dem die Verstorbenen des Weilers St. Jakob beigesetzt werden. Eine schindelgedeckte Ringmauer grenzt das Gelände von umliegenden Wiesen und Feldern ab.

mel. Weiter links entdecken wir die bekannte Sellagruppe. Bei klarem Wetter kann man an dieser Stelle sogar die weißen Gletscherflächen im Gipfelaufbau der Marmolada erkennen.

Ab dem Aussichtspunkt steigt der Höhenweg nur noch leicht an, bis wir die traumhaft gelegene Heilig-Kreuz-Kapelle erreichen. Der Höhenweg stellt den Übergang ins benachbarte Villnösstal dar, wir aber machen an der Kapelle kehrt und rollen zurück bis zur Raschötzhütte. Hier folgen wir dem bekannten Weg, bis wir wieder zur Forststraße gelangen, die uns die letzten Meter hinauf zur Bergstation der Raschötzerbahn bringt. Schon bald nach der Bergstation erreichen wir die Saltnerhütte. Die Saltnerhütte liegt auf einer Höhe von 1731 Metern am Fuße des Schlernmassivs. Auch hier lohnt es sich wieder, eine Pause einzulegen und die Aussicht zu genießen, denn der Blick ist ähnlich atemberaubend wie vorher auf dem Höhenweg.

Direkt hinter der Hütte beginnt die steile Abfahrt auf der Skipiste Richtung Mittelstation Seceda. Die Gondel der Mittelstation bringt uns samt unseren Bikes in kürzester Zeit zum höchsten Punkt der Tour auf 2450 Meter. Die Gondel wird in der Nähe des Steilabsturzes der Seceda hochgezogen, von hier haben wir einen herrlichen Überblick über St. Ulrich mit Raschötz und Seiser Alm. Oben angekommen liegt die Geislergruppe zum Greifen nahe und bildet zusammen mit dem Mont de Stevia, der Sellagruppe, dem Langkofel und dem Plattkofel ein Naturschauspiel der Felsgiganten.

Nun endlich kommen die Trailbegeisterten unter uns auf ihre Kosten: Ein wunderschöner

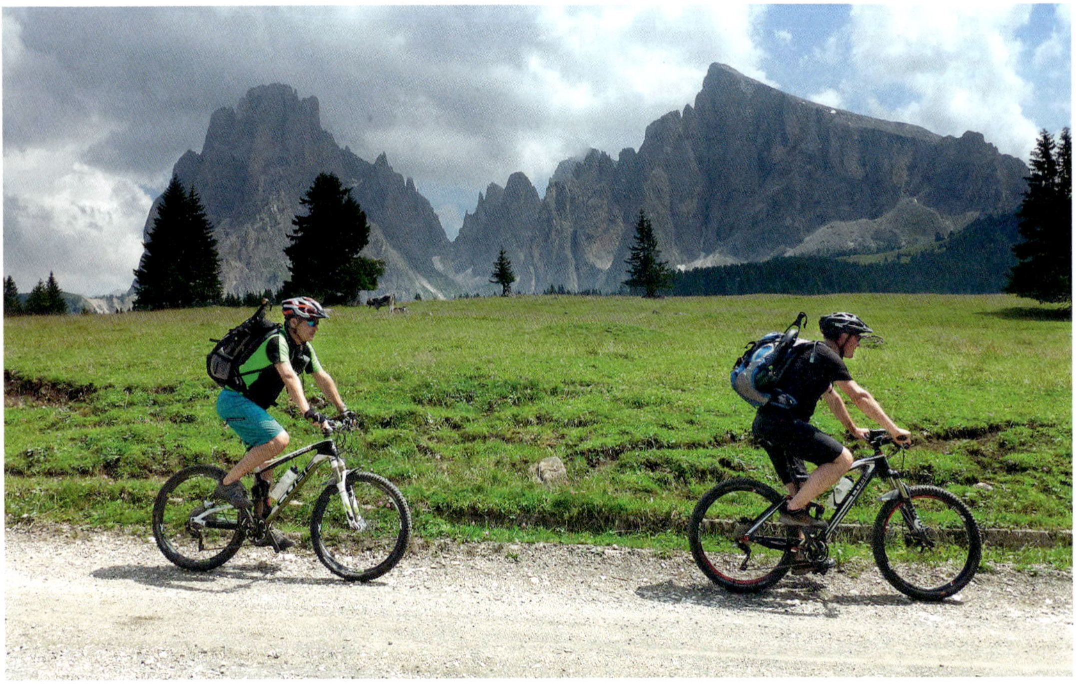

Naturschauspiel der ganz besonderen Art

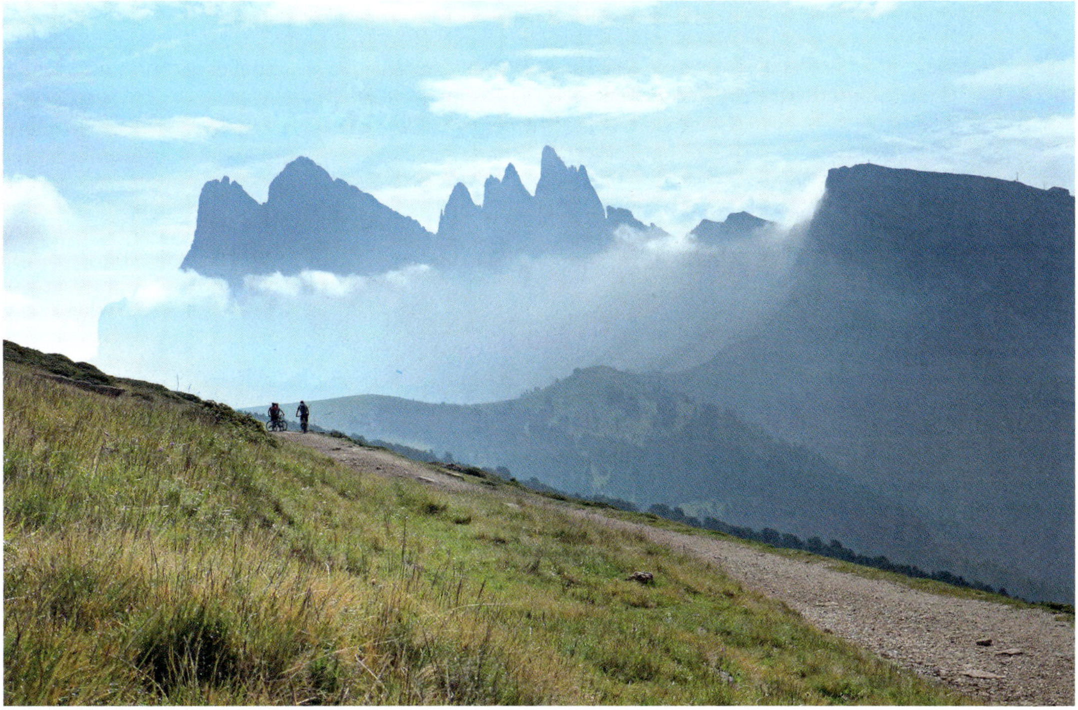

Grödner Höhenweg mit Blick auf die Geislerspitzen

Singletrail zielt genau auf die Geislerspitzen und endet an der Hütte Pieralongia. Bei der gleichnamigen Felsformation, dem Pieralongia-Felsen, der wie ein überdimensionales »V« aussieht, machen wir eine ausgedehnte Rast und lassen die einmalige Landschaft auf uns wirken. Wir haben noch weitere 800 Höhenmeter vor uns, vorbei an der Odles-, der Regensburger und der Sangon-Hütte bis kurz vor der Talstation Col Raiser. Über den abgeschiedenen Weiler Insom fahren wir weiter Richtung Sankt Jakob und halten uns dabei immer etwas oberhalb und fernab des Trubels im Tal. Der Weg wird zunehmend schmaler und bereitet uns somit zunehmend mehr Fahrspaß.

Wir erreichen die älteste Kirche des Grödnertals, die St. Jakobskirche.

Neben der Kirche lassen wir uns auf einer Liegewiese nieder und lassen den Blick bis zum Plattkofel, Langkofel und zur Sellagruppe schweifen.

Danach folgen drei weitere Kilometer reiner Fahrspaß auf dem schmalen Waldweg Richtung Annatal. Im Wald wechseln sich schmale Trails mit breiteren Waldwegen, Serpentinen und kleinen Holzbrücken ab und wir wünschen uns, der Weg möge nie aufhören. Leider ist an der Pauli-Hütte Schluss mit den Trails. Nach wenigen Metern gelangen wir zur gepflegten Annatal-Hütte (Caffè Val d'Anna), der letzten Einkehrstation auf dieser Tour. Tische im Schatten oder Liegestühle in der Sonne laden zur ausgiebigen Rast ein. Im Bach hinter der Liegewiese können wir unsere erhitzten Füße im kalten Bach baumeln lassen.

Nach der Einkehr rollen wir gemütlich, es geht fast nur noch bergab, vorbei an der Talstation der Seceda-Seilbahn, zurück ins Zentrum von St. Ulrich.

ALTE RASCHÖTZERBAHN

Der Sessellift auf die Raschötzeralm wurde von Leo Demetz-Cademia und seinem Vetter Luis Trenker in den Jahren 1951–1952 gebaut. Sie war eine der ersten Anstiegsanlagen in den Dolomiten, die einen beträchtlichen Höhenunterschied überwand. Die Fahrtdauer betrug 20 Minuten und war bei guten Wetterverhältnissen ein angenehmes Erlebnis. 2009 wurde der Sessellift, eine der letzten existierenden 1er-Sesselbahnen, eingestellt, da die Anlage nicht mehr den modernen Sicherheitsstandards entsprach. Sie musste dem Bau einer neuen Standseilbahn weichen. Heute ist die Bahn Raschötz mit 2402 m Länge die längste Standseilbahn Südtirols.

Roadbook 6.1

1) Bei Tourist Info St. Ulrich rechts Richtung St. Jakob fahren
2) Bei Kirche St. Ulrich gerade Richtung Sacun
3) Bei Abzweig (Stein) halb links Richtung Annatal halten
4) Bei Talstation Seceda gerade bergauf Richtung Annatal
5) Beim Spielplatz links
6) Bei der Bachbrücke geradeaus
7) Bei Abzweig gerade bergauf
8) In der Kehre (Brunnen) gerade Richtung Annatal halten
9) Beim Abzweig Straße Sobosch scharf rechts in die Raschötz 7 einbiegen
10) Bei Abzweig Streda Costes gerade bergauf
11) Bei Abzweig Raschötz 9 scharf links bergauf fahren
12) Beim Brunnen gerade bergauf
13) Bei Abzweig nach Furnes gerade Richtung Raschötz
14) Unter Seilbahn geradeaus
15) Bei Abzweig nach Troi Paian 8 scharf rechts Richtung Raschötz
16) Dem Wegverlauf (Markierung Nr. 10) bis zur Raschötzhütte folgen
17) Bei Einmündung kurz vor Hütte halb links zur Heilig-Kreuz-Kapelle fahren
18) Bei Heilig-Kreuz-Kapelle zurück
19) Ab der Hütte 900 Meter zurückfahren bis zur Einmündung in Kehre, dort halb links bergauf Richtung Sessellift, Restaurant fahren
20) Wegverlauf bis zur Saltnerhütte folgen
21) Abzweig Wanderweg bei Saltnerhütte gerade bergauf zur Brogles-Hütte
22) Abzweig hinter Saltnerhütte halb rechts Furnes, St. Ulrich (über den Zaun zum großen Brunnen, dann der Skipiste folgen)
23) Abzweig nach Col Ciarnacei, rechts Richtung Furnes (Skipiste folgen)
24) Bei Kreuzung Forststraße halb rechts nach St. Ulrich
25) Bei Kreuzung nach St. Ulrich und Raschötz (Schild Naturpark) scharf links Furnes 8
26) Bei Abzweig zur Hütte scharf links zur Seilbahn Seceda, Furnes 8 (über lange Bachbrücke)
27) Bei Kreuzung Schotterstraße gerade nach Furnes (kurze Schiebepassage)
28) Bei Mittelstation Seceda Gondel nehmen
29) Bei Bergstation Seceda halb links zur Regensburger Hütte
30) Bei Abzweig zur Pana-Scharte gerade zur Regensburger Hütte
31) Bei Abzweig halb links
32) Bei Abzweig zur Pana-Scharte gerade
33) Bei Gabelung halb links nach Pieralongia
34) Bei Malga Pieralongia rechts
35) Bei Einmündung (Schild Naturpark Puez/Odles) halb links Richtung Col Raiser
36) Bei Kreuzung links zur Odleshütte
37) Bei Abzweig zum Sas Rigais geradeaus
38) Bei Abzweig zur Regensburger Hütte halb rechts Hauptweg folgen
39) Bei Odleshütte links zur Regensburger Hütte
40) Bei Abzweig zur Brogles-Hütte gerade zur Regensburger Hütte
41) An der Regensburger Hütte vorbei dem Wegverlauf (Markierung Nr. 8) bis zur Sangon-Hütte folgen
42) Dem Weg ca. 1,2 Kilometer folgen (unter der Seilbahn durch)
43) Bei Kreuzung (zur Pramulin-Hütte) gerade über Brücke
44) Bei Einmündung nach Brücke links bergab
45) Bei Insom gerade nach St. Christina
46) Bei Abzweig nach St. Christina Zentrum gerade zur St. Christina Kirche
47) Bei Hydrant links bergab
48) Bei Einmündung gerade nach Prauletta
49) Bei Abzweig Str. Col da Messa gerade bergauf nach St. Jakob
50) Bei Abzweig nach Seceda gerade nach St. Jakob
51) Bei Abzweig nach Uleta halb rechts nach St. Jakob
52) Bei Kapelle links zur St. Jakob Kirche
53) Bei Abzweig 20 m nach Marterl gerade nach St. Jakob
54) Bei Kreuzung (nach Seceda) gerade nach St. Jakob
55) Bei Einmündung zur Schotterstraße halb links nach St. Jakob
56) Bei Abzweig nach Siurasas gerade nach St. Jakob
57) Bei Abzweig nach St. Ulrich gerade nach St. Jakob Kirche
58) Bei Einmündung zur Schotterstraße halb rechts nach St. Jakob
59) Am Ende der Schotterstraße geradeaus, geradeaus an der Kirche St. Jakob vorbeifahren
60) Dem Wanderweg Nr. 6 zurück ins Zentrum von St. Ulrich folgen

6.2 Hüttentour auf der Seiser Alm

Tour auf das berühmte Hochplateau in bezaubernder Dolomiten-Landschaft

2 Schwierigkeit | Erlebniswert | 1620 Höhenmeter (in m) | 42,8 Streckenlänge (in km) | ✓ e-Bike

TOURENCHARAKTER

KONDITION

FAHRTECHNIK

TOURCHARAKTER

Die Tour ist fahrtechnisch nicht allzu schwierig, dafür konditionell anspruchsvoll. Für jeden gut trainierten Biker zu schaffen.

AUSGANGS-/ENDPUNKT

Wolkenstein (1563 m)

HÖCHSTER PUNKT

2080 m

WEGBESCHAFFENHEIT

Asphalt: 19,3 %, Schotter: 69,5 %, Wald/Wiesen/Wanderweg: 10,9 %, Trail: 0,3 %

ANFAHRT

Auf der Brennerautobahn (von Norden kommend über Innsbruck-Brenner, von Süden über Verona-Bozen) heißt die günstigste Ausfahrt Klausen/Gröden. Von dort auf der bestens beschilderten Höhenstraße weiter. Nach etwa 20 Minuten kommt St. Ulrich, wenige Kilometer weiter St. Christina und Wolkenstein.

EINKEHR

Sanonhütte, Alpenhotel Panorama, Almrosenhütte, Mahlknechthütte, Zallinger Hütte

KARTE

Mountainbike-Karte Gröden 1:33 000 von Fun Bike, Wanderkarte Tabacco, Blatt 05, 1:25 000

Der Name dieser Tour ist Programm: Die Seiser Alm, Europas größte Hochalm, ist eine Wiesenregion von ungeahnter Schönheit. Wir fahren eine ausgedehnte Runde über die Alm und erleben traumhafte Dolomitenblicke. Wir genießen das Panorama vom Sattel unseres Mountainbikes oder von einer der vielen Hütten am Wegesrand, die mit ganz unterschiedlichem Charakter zum Verweilen einladen.

Von Wolkenstein aus fahren wir entlang dem Grödner Bach auf dem erfreulich ruhigen und schönen Wanderweg bis nach St. Christina. Eine gute Gelegenheit, um sich für die insgesamt 20 Kilometer warm zu fahren, die es ab nun hauptsächlich bergauf geht. Ab St. Christina ist die zwei Kilometer lange und rund 240 Höhenmeter hohe Rampe nach Monte Pana zu bewältigen.

An der Talstation Monte Pana beginnt eine Schotterstraße, die erst bergauf und dann wieder bergab ins Jendertal führt, über das wir zur Seiser Alm gelangen wollen.

Im Jendertal angekommen, wählen wir nicht den direkten Weg nach Saltria, sondern schlagen einen weiten Bogen um den Wolfsbühel, ein sanft hügeliges Gelände mit lichtem Lärchenbestand westlich des Jendertals. In

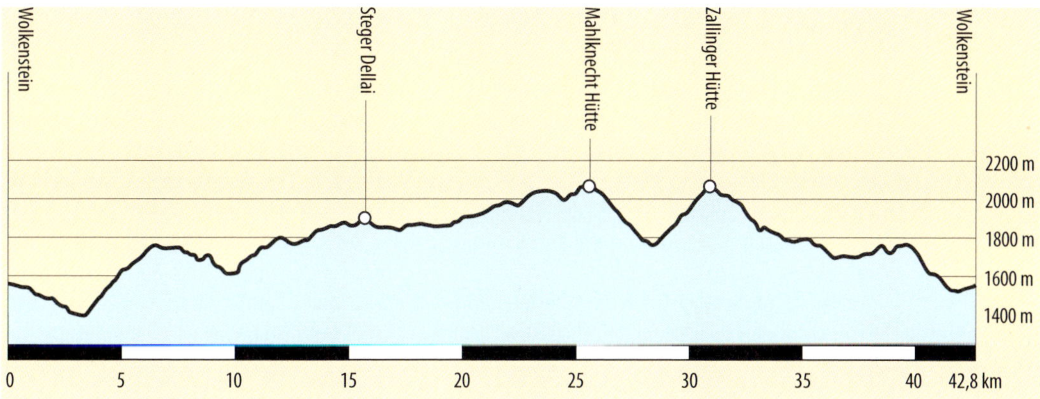

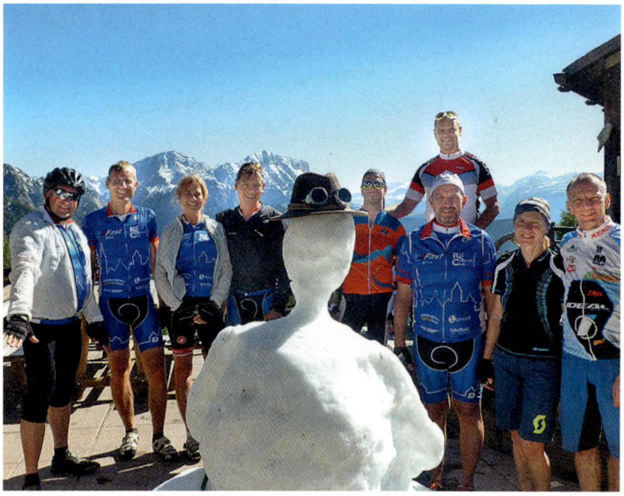

Wintereinbrüche sind auch im Sommer möglich

diesem ruhigen Almgelände steigt die Route nur noch wenig an, und man kann die Seiser Alm von einer ihrer schönsten Seiten genießen. Mit der Sanonhütte, der wohl urigsten Hütte auf der Seiser Alm, liegt schon bald die erste Einkehrmöglichkeit auf unserem Weg. Der kurze Umweg lohnt sich, denn hier werden neben typischen Südtiroler und ladinischen Gerichten auch leckere hausgemachte Kuchen angeboten. Allerdings folgen auf den nächsten Kilometern ja noch vier weitere Hütten: Wir haben die Qual der Wahl. Wir entscheiden am besten spontan und je nach Lautstärke unseres Magenknurrens, in welche der schönen Hütten wir einkehren wollen.

Wir begeben uns auf die Straße nach Compatsch, um kurz danach auf einen traumhaften Höhenweg mit perfektem Blick auf den Schlern zu stoßen. So kommen wir an dem Alpenhotel Panorama vorbei. Auch wenn ein Hotel aus der Kategorie »Hütte« eindeutig herausfällt, machen wir hier eine kleine Ausnahme, denn das Gasthaus liegt auf einem Aussichtspunkt mit fantastischem 360-Grad-Panoramablick. Von hier kann man nicht nur die nahen Dolomitengipfel wie Langkofel, Plattkofel, Marmolada, Sellagruppe, Sas Rigais, Geislerspitzen, Rosszähne oder den Schlern mit der Santnerspitze bestaunen, bei klarem Wetter reicht der Blick bis in die Zillertaler und Stubaier Alpen oder sogar bis zum Ortler!

Es geht weiter bergauf, vorbei an der gemütlichen Almrosenhütte bis zum höchsten Punkt der Tour kurz vor der Mahlknechthütte, der gemütlichsten Hütte auf der Seiser Alm. Wieder fällt die Entscheidung nicht leicht, bei welcher der schönen Hütten wir eine kurze Rast einlegen wollen.

Bei der Abfahrt Richtung Tirler rauschen 300 Höhenmeter viel zu schnell an uns vorbei, und leider müssen wir sie auf der folgenden Schotterstraße zum Zallinger wieder schnaufend bergauf treten. Wir halten uns mit dem Gedanken über Wasser, dass die letzte Hütte, die uns oben erwartet, ein echtes Highlight darstellt: Auf der Zallinger-Hütte blickt man Richtung Südosten frontal auf die »platte« Seite des Plattkofels, angestrahlt von der warmen Nachmittagssonne. Auf der südwestlichen Seite genießen wir den Blick Richtung Plattkofel-Hütte, Palatsch, Mahlknecht und Rosszähne.

Die letzten zwölf Kilometer fahren wir größtenteils bergab. Plattkofel und Langkofel begleiten uns noch einmal auf diesem letzten Abschnitt der Tour. Erschöpft, aber glücklich erreichen wir den Ausgangspunkt in Wolkenstein.

Streckenvarianten:

Noch mehr Hütten: Länger und anspruchsvoller wird die Tour, wenn man am Wegpunkt 46 nicht scharf links zum Hotel Steger Dellai, sondern geradeaus nach Compatsch weiterfährt. Dann über Gasthaus Zorzi und Jaggl Schwaige zum Parkplatz Spitzbühel, hoch zum Spitzbühel und über die Laurinhütte zum Alpenhotel Panorama. Dort mündet man bei Wegpunkt 50 wieder in die hier beschriebene Tour.

Über das Dialer Kirchlein zum Zallinger: Noch weiter hinauf kommt man, wenn man nach der Abfahrt von der Mahlknechtjochhütte am Wegpunkt 52 nicht scharf links bergab fährt, sondern gerade bergauf bis zum Dialer Kirchlein. Dort halb links auf den Höhenweg und nach 1,5 Kilometer scharf links nach Saltria. 1,4 Kilometer weiter mündet man bei Wegpunkt 54 in die Auffahrt zum Zallinger.

Mehr Trails: An der Almrosenhütte nicht halb rechts, sondern halb links auf den Wanderweg 12 nach Saltria. Später dann den Weg 12A Richtung Tirler nehmen. Man mündet bei Wegpunkt 56 wieder in die hier beschriebene Tour.

Roadbook 6.2

1) Beim Tourismusverein Wolkenstein gerade bergab
2) Beim Café Mozart scharf links in den Wanderweg einbiegen
3) Bei Casa Elisabetha scharf rechts bergab
4) Am Ende des Asphalts geradeaus
5) Bei Feuerwehr geradeaus
6) Am Kulturhaus halb links
7) Bei Abzweig Schild 30 geradeaus
8) Beim Abzweig Wanderweg halb rechts 22A
9) Am Anfang des Asphalts geradeaus
10) Bei Haus Paladina leicht links in die Fischburg 22A
11) Bei Abzweig Wanderweg geradeaus
12) Bei Kreuzung gerade bergab
13) Bei Holzbrücke halb links den Bach entlang
14) Bei Abzweig vor Unterführung halb links den Bach entlang
15) Bei Einmündung Talstation Sasslong halb links den Bach entlang
16) Bei Abzweig halb links über den Grödnerbach
17) Bei Bachbrücke (zu Val Gardena Marketing in St. Christina) gerade durch Unterführung
18) Bei Abzweig nach der Unterführung auf der Hauptstraße geradeaus
19) Bei Talstation Sessellift Monte Pana halb links zum Monte Pana
20) Bei Abzweig zur Seiser Alm 30 scharf links bergauf
21) Bei der Kreuzung mit dem Wanderweg 30 geradeaus fahren
22) Bei App. Prensanueva Straße rechts durch Kehre folgen zum Monte Pana
23) Bei Abzweig nach St. Christina, Wolkenstein halb links Straße folgen
24) Bei Kreuzung Monte Pana, Talstation gerade Saltria 30
25) Bei Abzweig zur Skischanze gerade bergauf
26) Bei Kreuzung (nach Strena) gerade bergauf
27) Bei Abzweig (halb links nach Saltria) gerade Jendertal
28) Bei Einmündung (rechts nach Monte Pana 30A) halb links Saltria 30A
29) Bei Abzweig gerade
30) Bei Kreuzung Wanderweg 531 gerade nach Saltria 30A
31) Bei Abzweig ins Jendertal halb links nach Saltria 18
32) Bei Pfadabzweig nach Abfahrt halb links bergauf den Bach entlang
33) Bei Holzbrücke Jendertal rechts bergauf
34) Bei Abzweig Wanderweg halb links bergauf
35) Bei Abzweig (Gatter) halb rechts bergauf
36) Bei Kreuzung (Almgelände) geradeaus
37) Bei den Almhütten halb links
38) Bei Abzweig nach St. Ulrich geradeaus
39) Bei der Hütte Marterl halb links bergab
40) Bei Kreuzung geradeaus Richtung Sanon, Compatsch
41) Bei Abzweig zur Sanonhütte links halten
42) Bei Einmündung in die Asphaltstraße halb links
43) Bei Abzweig zum Monte Piz halb links
44) Bei Einmündung Hauptstraße halb rechts Compatsch
45) Bei Kreuzung scharf links Hans und Paula Steger Weg 3
46) Bei Hotel Steger Dellai gerade, bei Abzweig zur Gostner Schwaige gerade
47) Bei Kreuzung halb rechts in Schlern 5
48) Nach 1,3 km links abbiegen
49) Der Markierung Nr. 7, 12 am Gasthof Goldknopf vorbei bis zur Mahlknechthütte folgen
50) 600 Meter nach der Mahlknechthütte links abbiegen (Markierung Nr. 8)
51) An der nächsten Kreuzung rechts zur Zallinger Hütte fahren (Markierung Nr. 9)
52) Hinter der Zallinger Hütte dem Weg Nr. 7 durch den Ochsenwald folgen (Nicht 7A!)
53) Rechts in den Weg Nr. 3 abbiegen
54) Weg Nr. 3 (später 3, 525) ca. 3 km bis nach St. Christina folgen
55) In St. Christina Hauptstraße überqueren und dem Weg bis zum Parkplatz folgen
56) Am Parkplatz rechts abbiegen und dem Weg immer geradeaus folgend zurück nach Wolkenstein fahren

6.3 Sella Ronda im Uhrzeigersinn

Mit dem Bike rund um das legendäre Sella-Massiv

3	✪✪✪✪✪	807	53,9	✓
Schwierigkeit	Erlebniswert	Höhenmeter (in m)	Streckenlänge (in km)	e-Bike

TOURENCHARAKTER

KONDITION

✪✪✪✪✪

FAHRTECHNIK

✪✪✪✪✪

TOURCHARAKTER

Die Sella Ronda mit dem Mountainbike ist eine Mischung aus Straßen, Trails und Liftfahrten. Die gröbsten Anstiege werden mit Gondelbahnen absolviert. Für die Tour sollte man einen halben Tag einplanen. Genießer, die gerne unterwegs den einen oder anderen Espresso schlürfen und gerne an Bilderbuch-Panoramaplätzen Pause machen, können die Runde locker auf einen Tag ausdehnen.

AUSGANGS-/ENDPUNKT

Wolkenstein (1563 m)

HÖCHSTER PUNKT

2484 m

WEGBESCHAFFENHEIT

Asphalt: 14,7 %, Schotter: 39,2 %, Wald/ Wiesen/Wanderweg: 17,1 %, Trail: 6,9 %

ANFAHRT

Auf der Brennerautobahn (von Norden kommend über Innsbruck-Brenner, von Süden über Verona–Bozen) heißt die günstigste Ausfahrt Klausen/Gröden. Auf der bestens beschilderten Höhenstraße weiter. Nach etwa 20 Minuten kommt St. Ulrich, wenige Kilometer weiter St. Christina und Wolkenstein.

EINKEHR

Viele Einkehrmöglichkeiten an den Tal- und Bergstationen der Seilbahnen

KARTE

Mountainbike-Karte Gröden von Fun Bike 1:33 000, Wanderkarte Tabacco, Blatt 05, 1:25 000

Hinweis: Die Sella Ronda kann nur in Begleitung eines erfahrenen Mountainbike-Guide befahren werden. Für die Benutzung der Bergbahnen gibt es den Bikepass Sella Ronda.

Was Skifahrer seit Jahrzehnten begeistert, geht jetzt auch im Sommer mit dem Mountainbike: die Umrundung des eindrucksvollen Sellamassivs an einem einzigen Tag. Möglich machen das fünf Bergbahnen, welche die fast 4000 Höhenmeter, die man ansonsten bergauf kurbeln müsste, auf moderate 800 Höhenmeter zusammenschrumpfen lassen. So wird aus einer für Normalbiker unmöglichen Unternehmung eine ungewöhnliche Traumtour, bei der unvergessliche Panoramen im Weltnaturerbe Dolomiten und Unmengen Abfahrtsspaß nur relativ wenig Mühe bergauf gegenüberstehen.

Nach kurzem Warmfahren von Wolkenstein zum Eingang des Langentals bringt uns die Umlaufbahn zur Bergstation Dantercepies. Auf der Schotterstraße Richtung Grödnerjoch haben wir kurz Zeit, uns mental auf die folgende Abfahrt vorzubereiten. Denn direkt beim Grödnerjoch beginnt der erste fahrtechnische Höhepunkt dieser Tour: Der Singletrail Richtung Colfosco bringt 300 Höhenmeter feinstes Abfahrtsvergnügen. Vorsicht im oberen Teil: Es geht über ein paar Holzstege, die bei Nässe sehr rutschig sein können. Ansonsten weiß man schon nach diesem ersten Abschnitt, dass man für den heutigen Tag genau die richtige Tour ge-

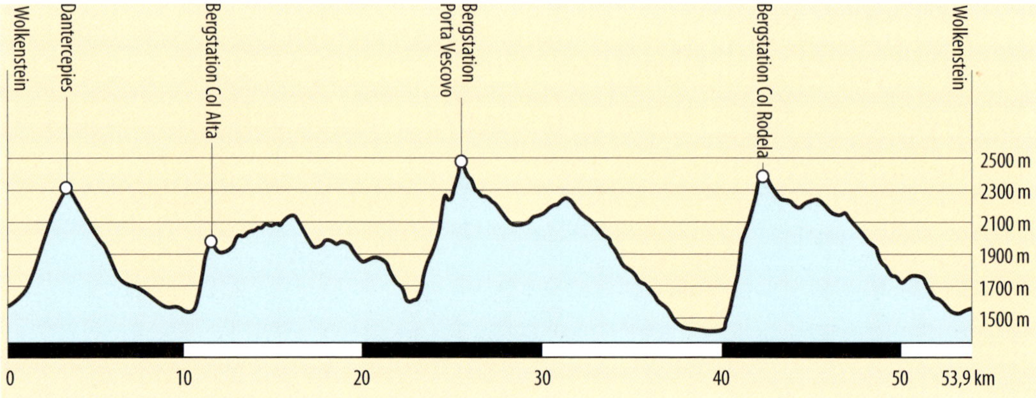

wählt hat! Die weitere Abfahrt nach Corvara führt vorbei am markanten Einschnitt des Mittagstals, das sich zum höchsten Gipfel der Sellagruppe, dem Piz Boè, hochzieht.
In Corvara wartet schon die zweite Bergbahn: Die Gondel zum Col Alto. Von der Bergstation genießen wir den prachtvollen Blick in die Südwände des gegenüberliegenden Sassonghers. Nach kurzer Abfahrt nimmt ein Sessellift den ersten Teil der Auffahrt zur Bioch-Hütte ab. Der folgende Abschnitt der Runde über die Bioch-Hütte nach Pralongia bietet viel Abwechslung auf Trails und Wiesenwegen, aber auch Treppenstufen bergauf. Und das bei traumhaften Bergblicken auf den Piz Boè oder bis zur Marmolada. Die Pralongia Hütte oder – nach kurzer steiler Abfahrt auf der Schotterstraße – die Hütte La Marmotta laden zum Verweilen ein. Hier können wir diese herrliche Bergkulisse in aller Ruhe auf uns wirken lassen.
Nun folgt das zweite Fahrtechnik-Fest, der flüssige Höhenweg hinüber zum Pass Campo Longo, auf dem nur ein paar heftige Stufen den ansonsten perfekten »Flow« unterbrechen. Dann kurz auf der Straße bis zur Passhöhe, wo gleich die nächste Traumabfahrt beginnt. Steil, aber genial zu fahren, geht es abseits der Passstraße auf einem schmalen Weg Richtung Arabba.
Von Arabba katapultiert uns eine Gondel 900 Höhenmeter hinauf zur Porta Vescovo. Direkt gegenüber liegt nun die Marmolada, der Blick in den vergletscherten Gipfelbereich ist majestätisch. Tief unten erkennt man gerade noch den Fedaia-Stausee. Die folgende Abfahrt Richtung Passo Pordoi besticht zunächst durch ihren genialen Blick auf die Sellagruppe. Weiter unten zweigt sie dann auf einen Singletrail ab, auf dem sich die Fahrtechniker so richtig austoben können. Erst kurz vor der Passhöhe endet der Spaß, die letzten 100 Höhenmeter gehören der Passstraße.
Direkt unterhalb des Sas de Pordoi, den übrigens eine kühne Gondel vom Passo Pordoi für Wanderer erschließt, beginnt nun die nächste Traumabfahrt der Sella Ronda: 850 abwechslungsreiche Höhenmeter fordern den inzwischen schon etwas müderen Bikern noch einmal volle Konzentration ab. Auch direkt unterhalb von Lupo Bianco gibt es eine knifflige Trailpassage. Entspannt rollt man dann nach Canazei im Fassatal und über einen Wiesenweg bis nach Campitello.
Die letzten 1000 Höhenmeter mit der Gondel stehen an: Eine riesige Kabine bringt die Mountainbiker, häufig in Begleitung von Gleitschirm- und Drachenfliegern, zum Col Rodella oberhalb des Sellajochs. Oben angekommen, zieht der Langkofel den Blick magisch an. Den folgenden Abschnitt der Tour durch die Steinerne Stadt teilt man in der Saison und an schönen Wochenenden sicherlich mit vielen anderen Wanderern und Bikern. Macht aber nichts, hier sollte man sowieso langsam fahren und die steinernen Zeitzeugen eines mehrere Jahrhunderte zurückliegenden Felssturzes vom Langkofel in ihren vielfältigen Formen bestaunen.
Die folgende Abfahrt beginnt mit einem Supertrail im Schatten des Langkofels. So könnte es weitergehen, aber mit dem Rifugio Comici liegt eineinhalb Kilometer weiter eine Einkehrstation am Wegesrand, an der Biker schlecht vorbeifahren können, denn auf dieser herrlich gelegenen Berghütte kann man hervorragend essen.
Gut, dass es auf dem restlichen Weg bis Wolkenstein nun fast nur noch bergab geht, denn der volle Bauch schiebt mit Macht talwärts. Aber Vorsicht: Die abwechslungsreiche Abfahrt zweigt ab in einen unscheinbaren Pfad, an dem man garantiert vorbeibrettert, wenn man nicht genau auf das Roadbook oder GPS-Gerät schaut.
Etwas überraschend geht es vor La Selva noch einmal 50 Höhenmeter bergauf, dann aber rollt man entspannt und glücklich zurück zum Ausgangspunkt der Tour nach Wolkenstein.

Unvergessliche Tourenerlebnisse

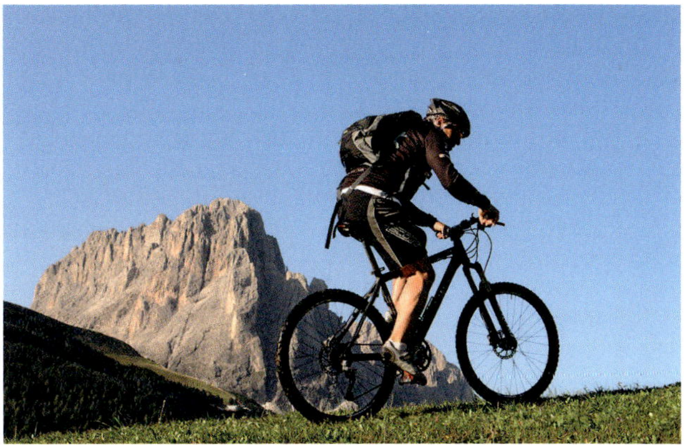

Roadbook 6.3

1) Beim Tourismusverein Wolkenstein gerade bergauf
2) Bei der Talstation Ciampinoi geradeaus
3) Beim Hotel Krone halb rechts der Hauptstraße folgen
4) Beim Abzweig Str. Dantercepies scharf links Richtung Langental
5) Geradeaus nach Dantercepies fahren
6) Beim Abzweig zur Talstation Dantercepies rechts bergauf nach Dantercepies
7) Bei der Talstation Dantercepies rechts die Seilbahn nehmen
8) Bei der Bergstation Dantercepies halb rechts zum Grödner Joch
9) Bei Abzweig Nähe Bergstation Dantercepies geradeaus dem Hauptweg folgen
10) Bei Abzweig in Kehre scharf rechts dem Hauptweg folgen
11) Beim Abzweig zur Bergstation Sessellift scharf rechts dem Hauptweg folgen
12) Bei Verzweigung halb links
13) Bei Abzweig scharf rechts
14) Bei Einmündung rechts
15) Bei Nähe Restaurant Frara erst links, dann rechts durch die Unterführung
16) Bei Einmündung in die Skipiste links bergab
17) Bei Kleiner See gerade über den Parkplatz fahren
18) Beim Schilderbaum halb rechts Richtung Corvara fahren (markanter Stein)
19) Den Wegmarkierungen bis nach Corvara folgen
20) Bei Abzweig unter Schlepplift gerade über Piste
21) Bei Hotel Arkadia, Nähe Talstation Boè links
22) Hauptstraße in Corvara queren und zur Talstation Col Alto fahren
23) Bei Talstation Col Alto Gondel nehmen
24) Bei Bergstation Col Alto geradeaus fahren
25) Bei Abzweig zum Hotel Col Alto scharf rechts nach Pralongia, Piz Sorega
26) Bei Kreuzung links zum Hotel Dolomiti
27) Bei Talstation Sessellift Lift nehmen
28) Bei Bergstation Sessellift rechts Richtung Piz Sorega fahren
29) Beim Restaurant »i Tabla« halb links Richtung Bioch halten
30) Bei den Stufen geradeaus
31) An Ende der Stufen rechts (linken Pfad nehmen)
32) Bei Bergstation Sessellift halb links
33) Bei der Bioch-Hütte geradeaus nach Pralongia
34) Bei Abzweig geradeaus
35) Bei Abzweig rechts nach Pralongia (Wiesenweg nehmen)
36) Bei Pralongia Hütte geradeaus bergauf (rechts von der Kapelle)
37) Abzweig bei Kapelle rechts zum Sessellift
38) Beim Sessellift gerade bergauf
39) Bei Abzweig vor Schlepplift geradeaus
40) Bei Kreuzung links zu La Marmotta
41) Bei Hütte La Marmotta geradeaus nach Campo Longo
42) Bei Abzweig zum Berghotel Monte Cherz halb rechts nach Campo Longo
43) Bei Abzweig nach Planac geradeaus
44) Bei Einmündung in Schotterstraße gerade bergab
45) Bei der Einmündung in Hauptstraße über den Parkplatz fahren, halb links halten
46) Bei Campo Longo gerade bergab
47) Bei Hotel halb rechts auf Wanderweg parallel zur Passstraße
48) Bei Abzweig zum Plan Boè geradeaus nach Arabba
49) Bei Abzweig zum Plan Boè geradeaus bergab
50) Bei Einmündung Cese Arnica halb rechts
51) Bei Ristorante Posta halb rechts Zona traffico limitato
52) Bei Kirche Arabba halb rechts bergauf
53) Bei Casa Cantoniva halb links nach Funivia
54) Bei Bachbrücke halb links den Bach entlang
55) Bei Talstation Porta Vescovo Gondel nehmen
56) Bei Bergstation Porta Vescovo scharf rechts bergab
57) Abzweig nach Arabba/Passo Pordoi scharf links Passo Pordoi
58) Abzweig Schotterstraße gerade
59) Abzweig gerade Passo Pordoi 680
60) Einmündung in Passstraße bei Ristoro Lezuo gerade bergauf
61) Bei Schild Benvenuti Belluno gerade bergauf
62) Bei Passo Pordoi gerade
63) Bei Gondel Sass Pordoi halb links Pecol/Canazei
64) Bei Wasserdepot scharf rechts Pecol/Canazei
65) Bei den Bänken halb links bergab zur Kehre
66) Hotel Gonzaga, Kehre 19 halb rechts Hauptstraße bergab
67) Bei Schild »Al Lago – zum See« scharf rechts
68) Am Ende des Asphalts geradeaus
69) Der Straße stets zum Passo Pordoi folgen

70) Bei Einmündung Passstraße, Ristorante Monti Pallidi scharf links zurück auf Passstraße Canazei

71) Bei Einmündung Passstraße zum Pordoi, Kehre 14 halb rechts bergab Canazei

72) Bei Abzweig Forststraße scharf rechts

73) Bei Schild Località Roa scharf links nach Lupo Bianco

74) Bei Kreuzung Passstraße gerade nach Lupo Bianco

75) Große Wiese gerade nach Lupo Bianco

76) Bei Einmündung halb links

77) Bei Plan de Frataces 1725 halb rechts

78) Bei Lupo Bianco (See) halb links Richtung Canazei 655

79) Bei Abzweig geradeaus

80) Bei Kehre 8 auf Trail bleiben

81) Bei Einmündung Schotterstraße scharf rechts bergab

82) Bei Brücke halb links über Brücke

83) Bei Kirche Canazei scharf rechts

84) Bei Brücke hinter Brücke links Strada Roma

85) Hauptstraße überqueren, geradeaus in die Strada Roma fahren

86) Bei Hotel Genzianella scharf links zum Campo Sportivo

87) Bei Einmündung Strèda de Cerenà rechts fahren

88) Bei Cardo Residence halb rechts über Wiese

89) Am Anfang der Schotterstraße geradeaus

90) Am Parkplatz Tennisplätze geradeaus fahren

91) Bei der Talstation Col Rodella in Campitello Gondel nehmen

92) Bei der Bergstation links halten und geradeaus der Markierung Nr. 529 folgen

93) Rechts in den Wanderweg Nr. 4, 557 abbiegen

94) Geradeaus Richtung Sellajoch fahren

95) Bei Parkplatz Talstation Langkofelscharte scharf links zur Talstation

96) Bei Talstation Langkofelscharte, Beginn Steinerne Stadt, geradeaus

97) Am Anfang und am Ende der Schiebepassage (bergauf) geradeaus

98) Bei der Einmündung halb links (rot-weiße Markierung)

99) Bei Abzweig geradeaus

100) Bei Rifugio Comici geradeaus nach Wolkenstein

101) Bei Abzweig nach Ciampinoi halb rechts nach Wolkenstein

102) Bei Abzweig in Abfahrt links bergab über Wiese

103) Bei Einmündung in Wanderweg halb rechts bergab

104) Bei Abzweig 22C (Tor) geradeaus

105) Bei Abzweig halb rechts La Selva 22

106) Bei Kreuzung (zur Cason-Hütte) geradeaus

107) Bei unscheinbarem Pfadabzweig scharf rechts zur Bachbrücke

108) Bei Einmündung in den Wanderweg halb links bergab (Markierung Nr. 23)

109) Bei Abzweig halb rechts

110) Bei Querung Skipiste (bei Kamelbuckel) geradeaus

111) Bei Einmündung in die Schotterstraße links nach Wolkenstein

112) Dem Weg bis zur Hauptstraße folgen

113) An der Hauptstraße rechts abbiegen und zurück nach Wolkenstein fahren

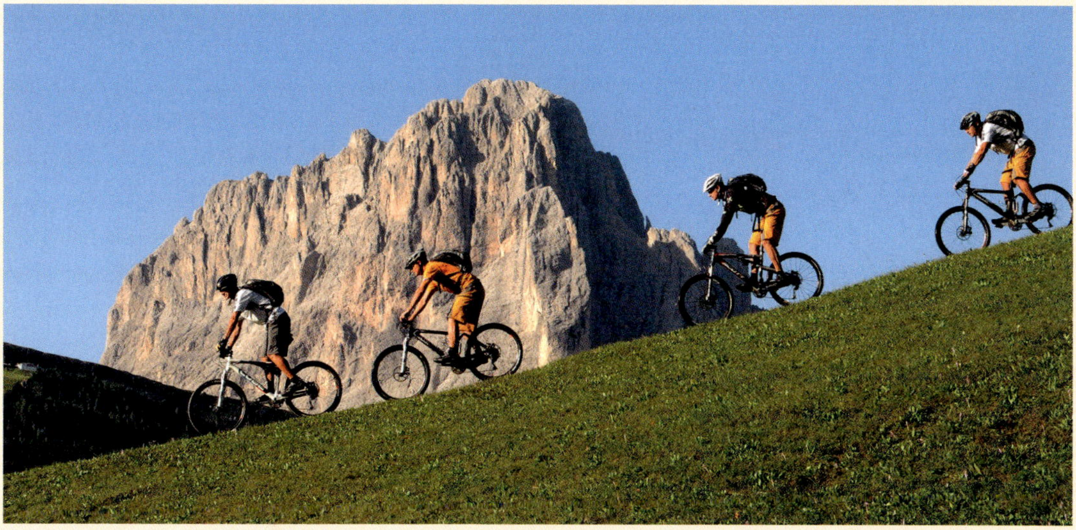

4000 Höhenmeter Traumtrails am Stück

7. Rosengarten Latemar

Zum Kennenlernen der Dolomiten ist das Areal rund um den Rosengarten und den Latemar ideal. Als Startorte für Mountainbike-Touren sind Welschnofen, Deutschnofen, Steinegg, und Obereggen besonders zu empfehlen, da die Höhenlage dieser Orte im Hochsommer ein wohltuender Vorteil ist. Alle Ortschaften liegen oberhalb von 800 Metern, Welschnofen sogar bereits auf 1200 Metern, und während mittags unten in Bozen die Luft bei 38 Grad förmlich steht, lässt es sich hier bei angenehmen Temperaturen biken.
Nach einem milden Winter beginnt die Bikesaison, wie fast überall in Südtirol, bereits Ende April. Spätestens ab Mitte Mai kann man sich in dem abwechslungsreichen Terrain des Rosengartens uneingeschränkt austoben. Die Waldwege und die für die Dolomiten so typischen Trails lassen keine Wünsche offen. Etliche Wege verlaufen etwa in gleicher Höhe den Berghang entlang und sind auch von Mountainbike-Anfängern problemlos befahrbar. Neben den Wanderwegen liegen knackige und anspruchsvolle Trails in den Wäldern versteckt. So kommt es, dass man hier im Rosengarten auch oberhalb von 1000 Metern Biker aller Fahrlevel antrifft – vom Hobbyradler bis zum Profi.
Kaum verlässt man die bewaldeten Berghänge, wird die Sicht frei zum Latemar, Rosengarten und Schlern. So ergibt sich ein fast unerschöpfliches Spektrum an Ausblicken auf die drei bekanntesten und schönsten Berggipfel dieser Region, immer wieder neu und immer wieder spektakulär. Bei gutem Wetter reicht die Sicht sogar bis zum Ortler in der einen und zur Sellagruppe in der anderen Richtung.
Wer die Region in den Dolomiten nicht kennt und wie die Mehrzahl vom Brenner kommend in Richtung überfüllter Gardasee unterwegs ist, fährt mit dem Auto glatt daran vorbei. Nur durch eine Schlucht bei Kardaun am Ausgang des Eggentals erreicht man auf einer schmalen Straße das Rosengarten-Latemar-Gebiet.

An schönen Ausflugszielen mangelt es nicht

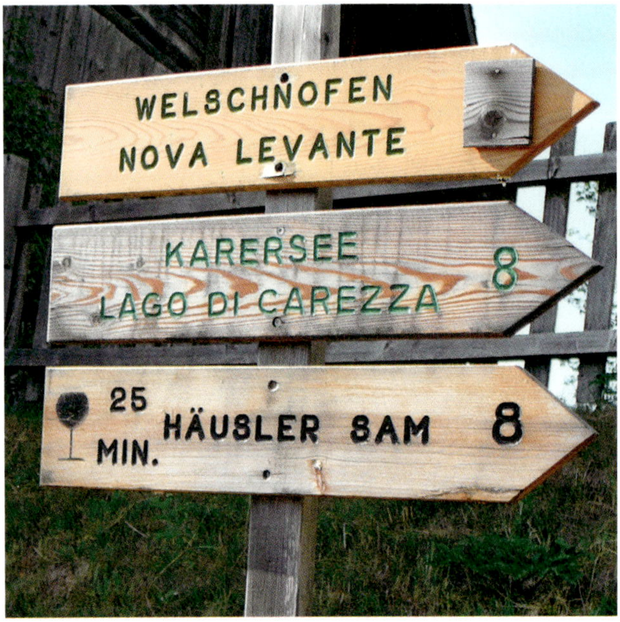

Welschnofen

Welschnofen (1180 m) liegt eingebettet zwischen Rosengarten und Latemar und bildet die Pforte zu den westlichen Dolomiten. Zu dem ausgedehnten Bergdorf zählt auch das Almgebiet rund um den Karersee (1560 m) bis hin zum Karerpass (1752 m).
In Welschnofen befindet sich die höchste bewaldete Anhöhe Europas. Der Talt, so der Name der Anhöhe, befindet sich auf 1756 Metern und kann sowohl zu Fuß als auch mit dem Mountainbike direkt von Welschnofen aus erreicht werden.
Im Karerforst, der weite Teile des Gemeindegebietes einnimmt (ca. 1000 ha), findet man das begehrte Klangholz, das zur Herstellung von Streich- und Zupfinstrumenten verwendet wird. Die »Haselfichte« erfüllt in erster Linie aufgrund der Naturbelassenheit des Latemarforstes die strengen Anforderungen des Ton- oder Klangholzes, dessen Merkmal der wellige Verlauf der Jahresringe ist. So gelangt das Klangholz vom Latemar in die renommierten Konzertsäle rund um die Welt.

Deutschnofen

Deutschnofen (1357 m) ist das größte Dorf in der Gemeinde und liegt mit freiem Rundblick auf der von Wiesen und Wäldern eingesäum-

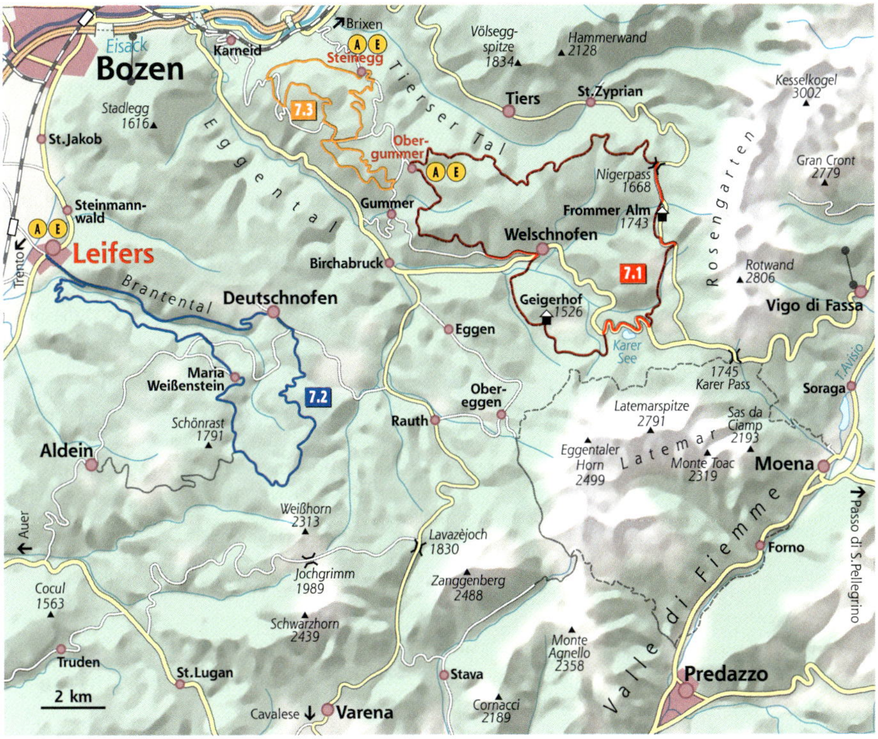

ten Hochfläche. Umkränzt von beeindruckenden Gebirgsketten lässt der landschaftliche Reiz der Reggelberger Hochfläche nicht nur die Herzen der Biker höher schlagen. Eingebettet in blühende Wiesen und Wälder ist die Ortschaft idealer Ausgangspunkt für ausgedehnte Ausflüge mit der Familie, für abenteuerliche Klettersteige bis in luftige Höhen oder herrliche Panoramatouren.

In Deutschnofen sollte man sich die Pfarrkirche zu den Heiligen Ulrich und Wolfgang nicht entgehen lassen. Die spätgotische Kirche ist 500 Jahre alt. Von der zu dieser Zeit bekundeten Kirche ist nur mehr der untere Teil des romanischen Glockenturms erhalten, der 1555 gotisch erhöht wurde. Ein Blitzschlag beschädigte 1793 die Kirche und zerstörte die Helmpyramide. Daraufhin erhielt der Turm den achteckigen Tambour mit Haube und somit sein heutiges Aussehen.

Im südlichen Teil der Ferienregion Rosengarten-Latemar befindet sich Maria Weißenstein, der wohl bekannteste Wallfahrtsort Südtirols, dessen Besuch zum absoluten Pflichtprogramm gehört.

Obereggen

Obereggen (1550 m) im Feriengebiet Rosengarten-Latemar ist ein reizend gelegenes Bergdorf am Fuße des Latemars, der seit Juni 2009 zum Weltnaturerbe der UNESCO zählt.

Seine günstige Lage, die freundliche, einladende Naturlandschaft mit Wiesen, Fichten- und Lärchenwäldern sowie der prächtige Panoramablick zum Latemar, Zanggen, Weiß- und Schwarzhorn trugen dazu bei, dass sich dieser Ortsteil der Fraktion Eggen in den vergangenen drei Jahrzehnten zu einem bekannten Fremdenverkehrsort entwickelte.

In Obereggen ist das Zischgen Kirchlein mit dem spitzen, schindelbedeckten Türmchen vor dem am Hang hervortretenden alten Zischgenhof das am häufigsten fotografierte Motiv. Als Kulisse ragt über dem prächtigen Waldrücken im Hintergrund das spitze Eggentaler Horn auf. 1701 wurde die kleine Hauskapelle beim Zischgenhof erstmal erwähnt. Die Kapelle ist heute dem Heiligen Florian geweiht und erhielt 1895 einen Umbau nach gotischer Form: die Spitzbogentür, in der

Blendfassade eine Rosette und das kunstvolle Westtürmchen (vom Eggener Tischler Erlacher) mit den Glocken; im Inneren schön verglaste Fenster, Giebeldachreiter, Kreuzgratgewölbe und Empore.

Kinder und Familie

Kindertour mit König Laurin
Erlebnistour für Kinder auf den Spuren von König Laurin und der mystischen Sagenwelt
Dauer: 9.30–14 Uhr
Treffpunkt: Tourismusverein
Anmeldung bis 18 Uhr am Vortag im Büro des Tourismusvereins
Teilnahmegebühr: 7 € (inkl. Jause)
14-tägig

Sagenerzählungen am Karer See
Zwischen Juli und September
Dienstag, Donnerstag, Samstag 11 Uhr
Treffpunkt: Innenbereich des neuen Gebäudes am Parkplatz am Karer See
Dauer: ca. 1 Stunde
Bei schlechtem Wetter entfallen die Vorstellungen.
Veranstalter: Forst-Domäne

Familienwanderung
Leichte Wanderung, geeignet auch für Kinder ab 6 Jahren
Gehzeit: ca. 4–5 Stunden
Kosten: mit Gästekarte 3 € pro Pers., Familienkarte 5 €;

INFOS

TOURISTINFO

Tourismusverband Rosengarten Latemar
39050 Birchabruck
Tel. +39/(0)471/61 03 10
www.rosengarten-latemar.com
info@rosengarten-latemar.com

ANREISE

Fahrtechnisch erreicht man die Region am besten über die Brennerautobahn und biegt kurz vor Bozen in Richtung Welschnofen-Karerpass ab.

BESTE REISEZEIT

Mitte Mai bis Mitte Okt. Nach einem milden Winter kann man sich auch schon ab Ende Apr. in das Tourengebiet wagen.

BIKEHOTELS

*** Hotel Friedrich
Pretzenberger Weg 16
39056 Welschnofen
Tel. +39/(0)471/61 31 04
info@friedrich.it

*** Bike- und Skihotel Diana
Karerseestr. 94
39056 Welschnofen
Tel. +39/(0)471/61 31 60
info@diana-hotel.it

*** Berghaus Rosengarten
Pretzenbergerweg 12
39056 Welschnofen
Tel. +39/(0)471/61 31 23
info@berghaus-rosengarten.com

**** Wellness & Vital Hotel Erica
Hauptstr. 17
39050 Deutschnofen
Tel. +39/(0)471/61 65 17
bike@erica.it

**** Ganischgerhof Mountain Resort & Spa
Schwarzenbach 22
39050 Deutschnofen
Tel. +39/(0)471/61 65 04
office@ganischgerhof.com

Sporthotel Obereggen (Radverleih und Transport)
Obereggen 17
39050 Obereggen
Tel. +39/(0)471/61 57 97
www.obereggen.it
info@obereggen.it

Engel – Spa & Resort (Radverleih und Transport)
Gummerer Str. 3
39056 Welschnofen
Tel. +39/(0)471/61 31 31
www.hotel-engel.com
resort@hotel-engel.com

Hotel Oberwirt (Radverleih und Transport)
Dorf 79
39053 Steinegg
Tel. +39/(0)471/37 65 25
www.gasthofoberwirt.com
info@gasthofoberwirt.com

Gasthof Wieslhof (Radverleih und Transport)
Wieslhof 206
39053 Steinegg
Tel. +39/(0)471/37 65 44
www.wieslhof.com
info@wieslhof.com

Landgasthof Lärchenwald (Radverleih und Transport)
Gummer 78
39053 Gummer
Tel. +39/(0)471/61 01 02
www.landgasthof.it
info@landgasthof.it

ESSEN

Castel Latemar
Karerseestr. 136
39056 Welschnofen
Tel. +39/(0)471/61 21 40
www.castellatemar.it
Geöffnet von 10–15 und von 18–22 Uhr; regionale Küche, spezielle Menüs auf Vorbestellung, Pizzeria; Mi Ruhetag

Gasthof Pardeller
Romstr. 18
39056 Welschnofen
Tel. +39/(0)471/61 31 44
www.pardeller.com
Geöffnet von 12–14 und von 18–21 Uhr;

ohne Gästekarte 5 € pro Pers., Familienkarte 7 €
Treffpunkt: 9 Uhr vor dem Büro des Tourismusvereins
Anmeldung: bis 18 Uhr am Vortag im Büro des Tourismusvereins.
14-tägig

Tipp: Genussradfahren inmitten der Dolomiten ohne anstrengende Höhenmeter: Das ermöglicht der Bike-Transport mit dem Sessellift Laurin ab Welschnofen zur Frommeralm, hinauf auf 1700 Höhenmeter. Von dort bequem mit dem Fahrrad zum Karerpass und dann über die Passstraße oder über einen der zahlreichen Forstwege zurück nach Welschnofen.

HOTEL-TIPP

Das Sport Hotel Marica wird von passionierten Mountainbikern geführt. Fünf Mal die Woche werden in zwei Leistungsgruppen Touren angeboten, wobei die schwierigere vom Chef Manfred und die leichtere Tour von der Chefin Carola geführt wird. Der Preis für eine Tour ist 25 €. Auch ansonsten bleiben keine Wünsche offen: Neuestes Kartenmaterial und Bikerverpflegung, ein großzügiger Bikeraum, Schuhe und Accessoires sowie Radwaschplatz und Wäscheservice.

**** Hotel und Sport Marica
Fam. Eisath-Auer
Dorf 30
39050 Eggen
Tel. +39/(0)471/61 57 20
info@hotelmarica.it

hausgemachte Teigtaschen, frische Forellen, Schmackhaftes vom einheimischen Rind und Risotto; So Ruhetag

Hotel Rosengarten
Rosengartenstr. 43
39056 Welschnofen
Tel. +39/(0)471/61 32 62
www.hotelrosengarten.it
Geöffnet von 12–14 und von 18–21 Uhr; Fisch- und Wildgerichte auf Bestellung, freitags frischer Meeresfisch, günstige Tagesteller; Mo Ruhetag

Hotel Tyrol
Rosengartenstr. 43
39056 Welschnofen
Tel. +39/(0)471/61 36 12
www.tyrol.bz.it
Geöffnet von 14–1 Uhr; Pizza und Pasta; Do Ruhetag

Gasthof Frommeralm
Nigerstr. 14
39056 Welschnofen
Tel. +39/(0)471/61 21 84
www.frommeralm.com
Geöffnet von 11.30–15 Uhr und von 18–21 Uhr; schmackhafte Vorspeisen, Tiroler Spezialitäten, Wildgerichte, Brettljausen, hausgemachte Mehlspeisen, Eis; Mi Ruhetag (außer im August)

Gasthof Löwen
Dolomitenstr. 23
39056 Welschnofen
Tel. +39/(0)471/61 31 69
www.loewen.it
Geöffnet von 12–14 Uhr und 18–21 Uhr; gutbürgerliche italienische und Südtiroler Küche, Di Ruhetag

Gasthof Meierei
Schönblickweg 9
39056 Welschnofen
Tel. +39/(0)471/61 31 96
www.meierei.it
Geöffnet von 12–14 Uhr und 19–20 Uhr; mittags warme Küche, abends warme Küche auf Vorbestellung, durchgehend Imbisse

Gasthof Schönwald
Gummerer Str. 52
39056 Welschnofen
Tel. +39/(0)471/61 32 02
www.hotel-schoenwald.com
Geöffnet von 12–13.30 Uhr und 18–20.30 Uhr; schmackhafte Vorspeisen, nationale und internationale Gerichte, hausgemachte Mehlspeisen; Mi Ruhetag

BIKE-SHOPS/VERLEIH/TOUREN

Paul's Radwerkstatt
Egeregg 22
39050 Deutschnofen
Tel. +39/(0)471/61 63 38
Mobil +39/(0)349/282 19 27
Das erste Ghost-Test-Center in Südtirol

Sport Carezza – Family Bike Rent
Karerseestr. 161a
39056 Karersee
Tel. +39/(0)471/61 25 30
compact.zanon@katamail.com

Radverleih und Transport sind zu finden unter:
www.ghost-bike.it
pauls@ghost-bike.it

Geführte Touren kann man buchen bei:
Krauti's Bike Academy
Geführte Mountainbike- und Rennradtouren durch das Rosengarten-Latemar-Gebiet, Dolomiten, Südtirol, Italien.
Individuelle Tourenvorschläge unter:
www.krauti.it

KARTEN

Kompasskarte Rosengarten/Catinaccio, Schlern/Sciliar: Wander- und Bikekarte, 1:25 000
Kompasskarte Bozen und Umgebung/Bolzano e dintorni: Wandern/Rad/Skitouren. Mit Panorama, 1:50 000

7.1 Über den Nigerpass zum Karersee

Eine der schönsten Touren von Gummer durch das Fötschental

3 Schwierigkeit | ✪✪✪✪✪ Erlebniswert | 970 Höhenmeter (in m) | 34,4 Streckenlänge (in km) | ✓ e-Bike

TOURENCHARAKTER

KONDITION
✪✪✪✪✪

FAHRTECHNIK
✪✪✪✪✪

TOURCHARAKTER
Moderate Tour, die landschaftlich einiges zu bieten hat. Die Trails erfordern teilweise eine gute Fahrtechnik!

AUSGANGS-/ENDPUNKT
Gasthaus Lärchenwald in Obergummer (1365 m)

HÖCHSTER PUNKT
1770 m

WEGBESCHAFFENHEIT
Asphalt, Schotter, Waldwege, Singletrail

ANFAHRT
Auf der Brennerautobahn bis zur Ausfahrt Bozen-Nord. Dann durch das Eggental bis Birchabruck (14 km), nach Eggen (4 km), Obereggen (8 km), Deutschnofen (12 km).

EINKEHR
Gasthaus Lärchenwald, Pension Erna, Gasthaus Zipperle

KARTE
Kompasskarte Rosengarten/Catinaccio, Schlern/Sciliar: Wander- und Bikekarte, 1:25 000

Eine sehr schöne Rundtour von Gummer zum Nigerpass, weiter unter dem Rosengarten vorbei zum Karersee und auf landschaftlich schönen Wegen über Welschnofen und den Taufenwegtrail zurück. Die Tour führt größtenteils durch den Wald und ist daher auch im Hochsommer angenehm zu fahren.

Vom Gasthaus Lärchenwald fahren wir den asphaltierten Weg steil bergauf. Nach kurzer Zeit kommen wir an den Jaiterhof, wo wir in die Forststraße mit der Markierung 1 abbiegen. Wir pedalieren gemütlich hoch zum Nigerpass, vorbei an der Wolfsgrube (1506 m) bis zum Schillerhof (1555 m). Der Anblick ist einfach traumhaft, von links nach rechts können wir uns nicht satt sehen an dem Schlern, dem Rosengarten und der Latemargruppe, die zum Greifen nah erscheinen.

WOLFSGRUBE

Noch vor 200 Jahren gab es in den umliegenden Wäldern Wölfe und Bären. Angeblich hat man im Jahre 1822 in der 4 m tiefen Wolfsgrube den letzten Wolf gefangen.

Alternativ zur Passstraße nehmen wir den Wanderweg 1A zur Tscheinerhütte. Nach dem Lift geht es links auf einem Trail bergab über die Skipiste zum Hotel Moseralm und weiter zum Karersee.
Am Karersee legen wir eine kurze Pause ein und machen einen kleinen Abstecher direkt an das Ufer des smaragdgrünen Sees. Nach der Pause fahren wir etwa

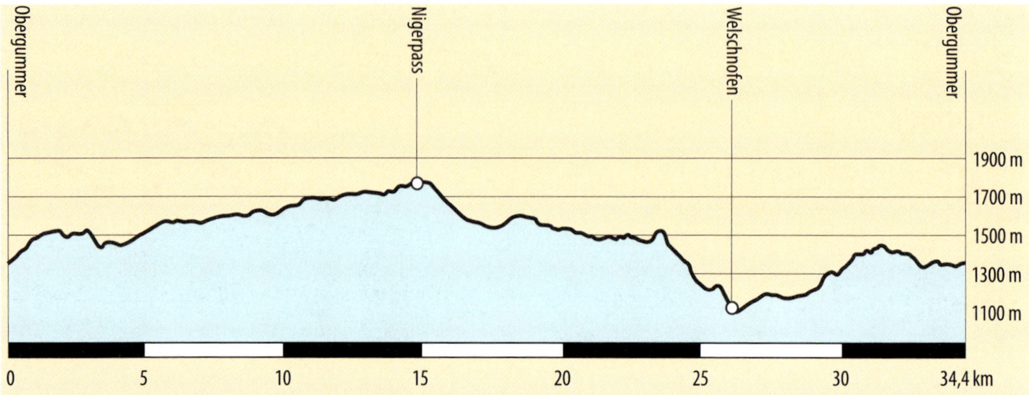

200 Meter weiter die Straße entlang, um dann links in den schönen Wanderweg Nr. 8 einzubiegen. Wir fahren durch den Wald Richtung Geigerhof.
Kurz vor dem steilen Anstieg zum Geigerhof nehmen wir den Trail (Wanderweg 27) und anschließend die Forststraße hinunter zur alten Säge an der Hauptstraße vor Welschnofen.
Es folgt eine längere Asphaltfahrt Richtung Gummer. Kurz nach der Pension Erna fahren wir rechts hoch und kommen nach steiler Auffahrt links auf den schönen Taufenweg (Wanderweg 2A). Diesem Trail folgen wir bis zum Gasthaus Zipperle und dann wieder zurück zum Start am Gasthaus Lärchenwald.

KARERSEE

Der Karersee liegt inmitten des dunklen Karerwaldes gerade unterhalb vom Latemar. Der See ist bekannt für das glitzernde und smaragdgrüne Wasser und wird deshalb im Ladinischen auch »Lec de Ergobando« (Regenbogensee) genannt.
Der Karersee begeistert mit einem einmaligen Panoramaausblick auf den Rosengarten und den Latemar. Zahlreiche Südtiroler Sagen ranken sich um diese atemberaubenden Naturschönheiten, wie auch um den Karersee selbst.

Streckenvariante: Am Karersee den Wanderweg 10 weiterfahren bis zum Gasthaus Adler, dann die Passstraße links zurück bis zum Abzweig Templweg 8 Richtung Geigerhof.

Panoramatrails vom Feinsten

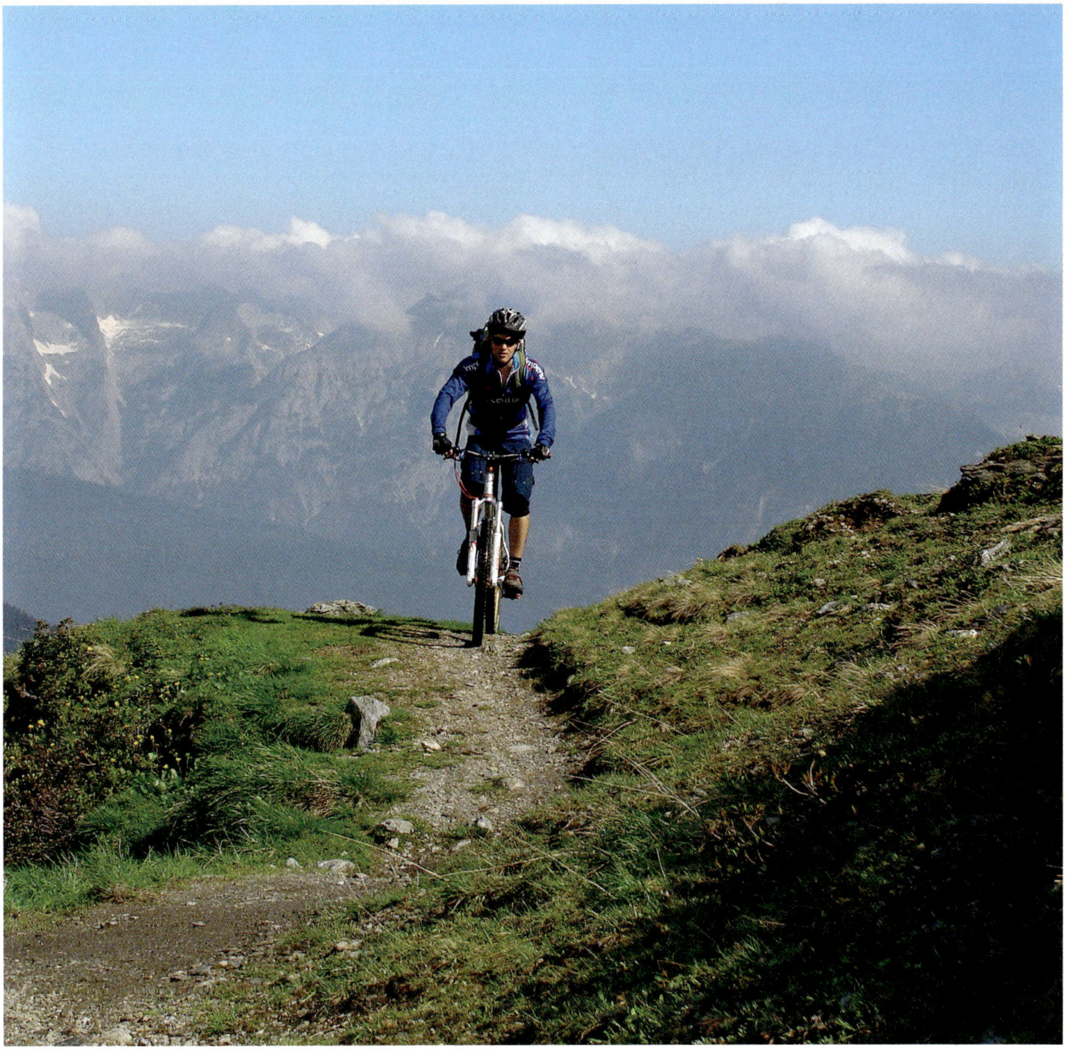

Roadbook 7.1

1) In Obergummer am Gasthof Lärchenwald geradeaus vorbeifahren
2) Rechts auf den Wanderweg Nr. 1 einbiegen
3) Dem Weg Nr. 1 am Schillerhof vorbei folgen
4) Dem Weg Nr. 1 bis zum Nigerpass folgen
5) Ab dem Nigerpass (1668 m) der Passstraße bis zur Tscheinerhütte folgen

Alternativ: Wer nicht auf der Passstraße fahren möchte, wählt den Wanderweg 1A direkt unterhalb der Straße bis zur Tscheinerhütte.

6) Kurz hinter der Tscheinerhütte (nach dem Lift) links bergab auf der Skipiste zum Hotel Moseralm fahren
7) An dem Hotel Moseralm geradeaus weiter Richtung Karersee fahren
8) An der Bundesstraße rechts zum Karersee abbiegen
9) Am Karersee vorbeifahren
10) Links auf den Templweg Nr. 8 einbiegen
11) Nach ca. 2,4 km rechts zum Geigerhof abbiegen
12) Am Geigerhof links auf den Wanderweg Nr. 27 abbiegen
13) Dem Wanderweg 27 bis zur Hauptstraße folgen
14) Der Hauptstraße rechts bis nach Welschnofen folgen
15) Auf der Asphaltstraße Richtung Dorf/Gummer fahren
16) In Dorf kurz nach der Pension Erna rechts hochfahren
17) Links auf den Taufenweg (Wanderweg 2A) abbiegen
18) Dem Weg bis zum Gasthof Zipperle folgen
19) Am Gasthof Zipperle links vorbei zurück zum Start am Gasthaus Lärchenwald

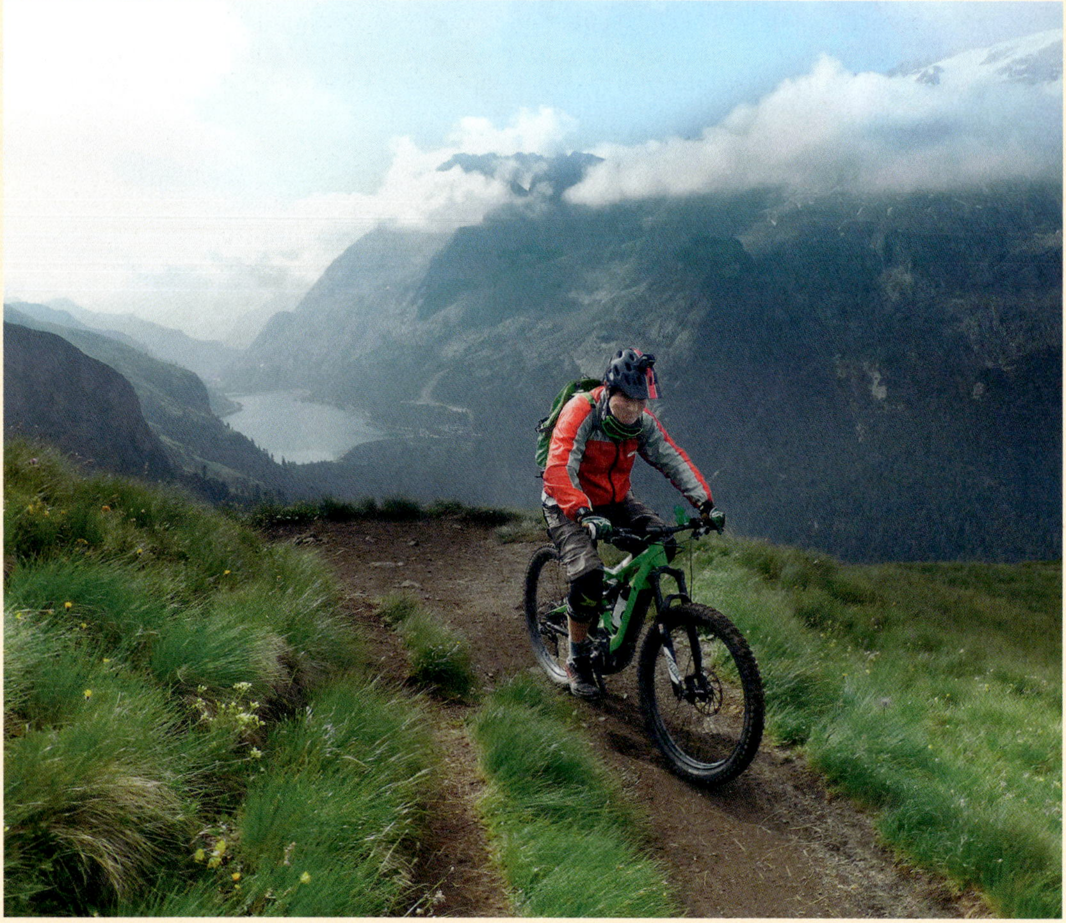

Uphill Flow mit dem E-Bike

7.2 Von Leifers nach Maria Weißenstein

Ein Besuch von Südtirols bedeutendstem Wallfahrtsort

3 Schwierigkeit | Erlebniswert | 1470 Höhenmeter (in m) | 35,3 Streckenlänge (in km) | ✓ e-Bike

TOURENCHARAKTER

KONDITION

FAHRTECHNIK

TOURCHARAKTER
Eine relativ kurze Tour, die dafür mit umso mehr Höhenmetern aufwartet. Eine gute Grundkondition und stramme Waden sind unverzichtbar!

AUSGANGS-/ENDPUNKT
Leifers (255 m)

HÖCHSTER PUNKT
1784 m

WEGBESCHAFFENHEIT
Asphalt, Schotter, Waldweg

ANFAHRT
Auf der Brennerautobahn bis zur Ausfahrt Bozen-Süd, dann die Staatstraße 12 in Richtung Trento bis Ortseinfahrt Leifers.

EINKEHR
Gasthof Maria Weißenstein

KARTE
Kompasskarte Rosengarten/Catinaccio, Schlern/Sciliar: Wander- und Bikekarte. GPS-genau, 1:25 000

Die Tour führt uns über den berühmten Wallfahrtsweg nach Maria Weißenstein. Eine schöne, abwechslungsreiche Runde, die viele spektakuläre Landschaftspanoramen zu bieten hat. Der Schlern, Rosengarten, Latemar und die Ortlergruppe bilden eine reizvolle Kulisse für Pilger und Biker gleichermaßen. Dieser Blick ist unvergesslich!

Los geht's in Leifers beim neuen Friedhof. Wir fahren an der Kirche vorbei immer geradeaus Richtung Brantental. Am Haus Emmaus folgen wir nicht der Beschilderung, sondern treten weiter in die Pedale bis zu einer Brücke, die rechts über den Bach führt.
Spätestens hier sollten die Muskeln warm gefahren sein, denn wir haben ordentlich mit der Schwerkraft zu kämpfen, damit unser Vorderreifen nicht abhebt. Wir sind froh, dass der Weg asphaltiert ist, so müssen wir nicht auch noch mit fiesem Geröll kämpfen und können uns ganz auf unseren (inneren) Schwerpunkt konzentrieren. Nach 500 Metern können wir wieder ein wenig durchschnaufen, es wird flacher. Wir dürfen uns aber nicht zu früh freuen, denn schon nach kurzer Zeit haben wir unsere gewohnte Betonrampe zurück.
Am Ende der fiesen Rampe nehmen wir den Weg rechts und lassen die schlimmsten Steigungen hinter uns. Wir radeln vorbei am verlassenen Buchnerhof und gelangen zu einer Kreuzung mit Schranke. Die Forststraßenliebhaber passieren die Schranke und folgen dem Hauptweg, um später auf Asphalt bis Petersberg und weiter nach Maria Weißenstein zu fahren. Der Weg

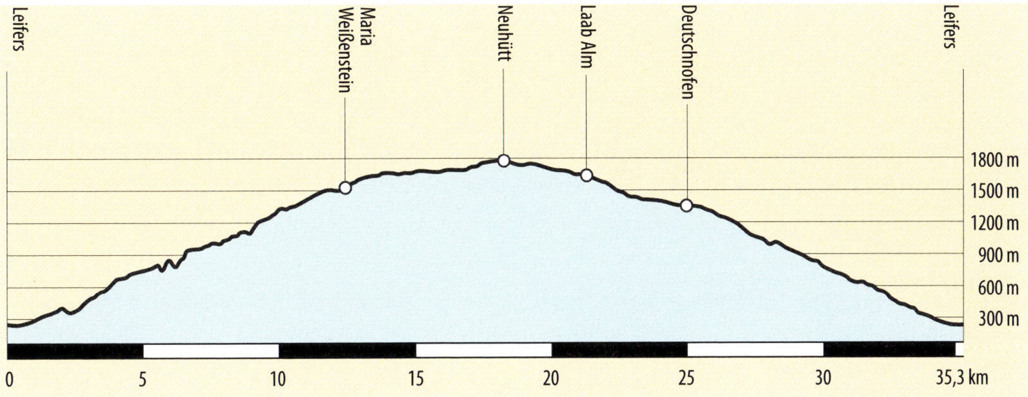

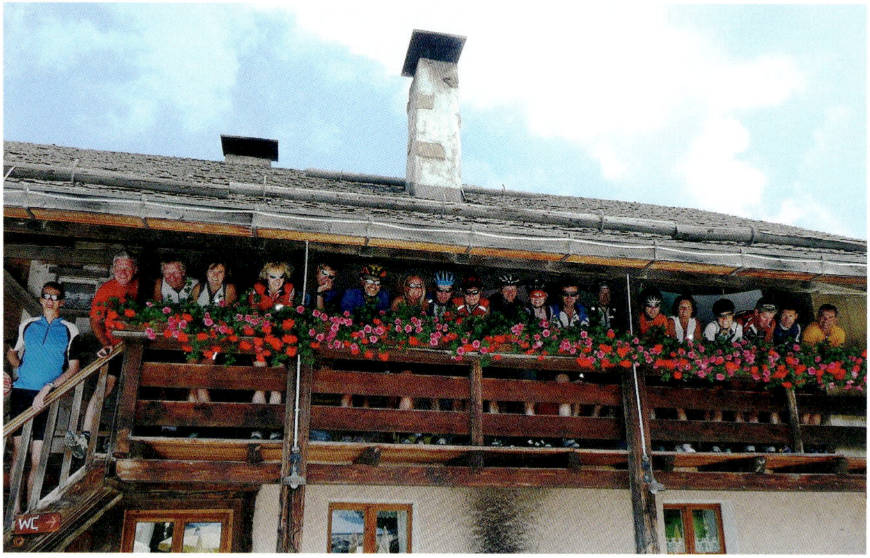

Die Aussicht vom Hüttenbalkon genießen

enthält keine nennenswerten Schwierigkeiten und bietet eine schöne Aussicht ins Bozner Tal. Alle anderen, die sich noch ein wenig weiter quälen wollen, nehmen den linken Steig. So gelangen wir bald wieder zum Wallfahrtsweg, der uns mit seinem wechselnden Untergrund tüchtig fordert. Wir lassen uns nicht aus der Ruhe bringen und bezwingen steile Passagen, geröllige Abschnitte und losen Schotter. Nur zwei Mal kapitulieren wir und schieben unseren Drahtesel ein kleines Stück.

Wir gelangen zur Straße Petersberg-Deutschnofen. Diese überqueren wir, damit wir auf dem Wallfahrtsweg weiterfahren können. Nach einem weiteren kurzen Steilstück, auf dem wir notgedrungen das Rad wieder schieben müssen, kommen wir zum Parkplatz und der Kirche von Maria Weißenstein (1520 m).

Schon von Weitem erscheint die Kirche hinter den Bäumen, der Anblick ist postkartenreif: grüne Wiesen, weiße Kirche, blauer Himmel.

Wir fahren die Teerstraße hoch, umrunden das Gasthaus und gelangen zum Platz hinter der Kirche. Nach einer kleinen Stärkung und der obligatorischen Kerze für die Muttergottes nehmen wir den Weg an der Kirche vorbei. Nach einer kurzen Steigung erreichen wir eine Forststraße, hier biegen wir links ab. Auf der Straße fahren wir gemütlich bis zum Kösertal und folgen der Beschilderung Neuhütte. Nach zwei Kilometern kommen wir an den höchsten Punkt der Tour auf 1795 Metern. Wir fahren geradeaus Richtung Laab Alm und weiter nach Deutschnofen.

Am Rondell Richtung Dorfmitte kurz vor dem Hauptplatz geht es auf Teerstraße bergab. Am Ende der Teerstraße wird der Weg tückisch, loser Schotter und tiefe Rinnen erfordern ein gutes Feingefühl für die Bremsen. Aber schon nach kurzer Zeit wird der Weg flacher und wir können die Abfahrt ganz unverkrampft genießen. Am Ende der Schotterstraße überqueren wir eine Holzbrücke und gelangen vorbei an der Schwabmühle zurück nach Leifers.

MARIA WEISSENSTEIN

Maria Weißenstein ist Südtirols bedeutendster Wallfahrtsort. Die barocke Kirche aus dem 17. Jahrhundert gehört zu den am meisten verehrten Gnadenstätten des Landes. Beeindruckend ist vor allem der lange Gang im Kloster, der mit vielen Votivtafeln geschmückt ist.

Der Strom der Wallfahrer nahm besonders seit dem Besuch des Papstes Johannes Paul II. im Juli 1988 wieder sehr zu. Der Wallfahrtsort mit der Kirche, dem Pilgerhaus (1897 erbaut), einem Andenkengeschäft, einem Gasthof (1708 erbaut) und einem großen Parkplatz ist nicht nur für die frommen Pilger gut ausgerüstet, sondern auch für die vielen Wanderer.

Anlässlich des Jubeljahres 2000 wurde am Wallfahrtsort Maria Weißenstein nicht nur das Gasthaus umgebaut, sondern auch eine Jugendherberge und ein neues Pilgerhaus mit modernster Ausstattung errichtet.

Roadbook 7.2

1) ↑ In Leifers am Parkplatz beim neuen Friedhof geradeaus fahren

2) ↰ Links abbiegen und an der Kirche vorbeifahren

3) ↑ Dem Weg Nr. 5 ins Brantental folgen

4) ↑ Am Haus Emmaus nicht der Beschilderung folgen, sondern weiterfahren, bis rechts eine Brücke über den Bach führt

5) ↱ Rechts in den Weg Nr. 1 abbiegen

6) ↱ Wanderweg Nr. 1 folgen, bei Gabelung rechts halten (am Ende des Betonstreifens)

7) ↑ Am verlassenen Buchnerhof (724 m) vorbeifahren

8) ↰ An der Kreuzung mit Schranke linken Steig wählen

Alternativ: Wer lieber auf Forststraße (später Asphalt) fährt, passiert die Schranke und folgt dem Hauptweg bis Peterberg und weiter nach Weißenstein.

9) ↑ Dem Weg Nr. 1 am Gasthof Halbweg vorbei folgen

10) ↑ Am geschlossenen Gasthof Dreiviertelweg vorbei bis zur Hauptstraße fahren

11) ↑ Bundesstraße überqueren, weiter dem Weg Nr. 1 folgen

12) ↑ Am Parkplatz neben der Kirche von Weißenstein die Teerstraße hochfahren

13) ↱ Gasthaus umrunden, bis zum Platz hinter der Kirche fahren

14) ↑ An der Kirche vorbeifahren, dem Weg bis zur Forststraße folgen

15) ↰ Forststraße nach links folgen

16) ↑ Auf dem Weg Nr. 3, 4, 9 ins Kösertal fahren

17) ↰ Im Kösertal links auf den Weg Nr. 9 Richtung Neuhütte abbiegen

18) • In Neuhütte (nach 2 km) ist der höchste Punkt erreicht (1791 m)

19) ↑ In Neuhütte geradeaus Richtung Laab Alm weiterfahren

Alternativ: Rechts bis zur urigen Auerleger Alm fahren (ca. 30 Min.). Dort Einkehr bei Kaiserschmarrn und Knödeln

20) ↱ Bei der Laab-Alm (1649 m) rechts Richtung Deutschnofen abbiegen (Weg Nr. 1)

21) ↰ In Deutschnofen bis zur Hauptstraße vorfahren

22) ↰ Hinter der Kirche links auf die Hauptstraße abbiegen

23) ↰ Nach 600 m links abbiegen (Markierung Wanderweg Nr. 5)

24) ↑ Vorbei am Gasthof Totterer auf dem Weg Nr. 5 fahren

25) ↑ Am Ende der Schotterstraße Holzbrücke überqueren

26) ↑ Am Gasthof Schwabmühle geradeaus vorbeifahren

27) ↑ Auf der Teerstraße geradeaus nach Leifers fahren

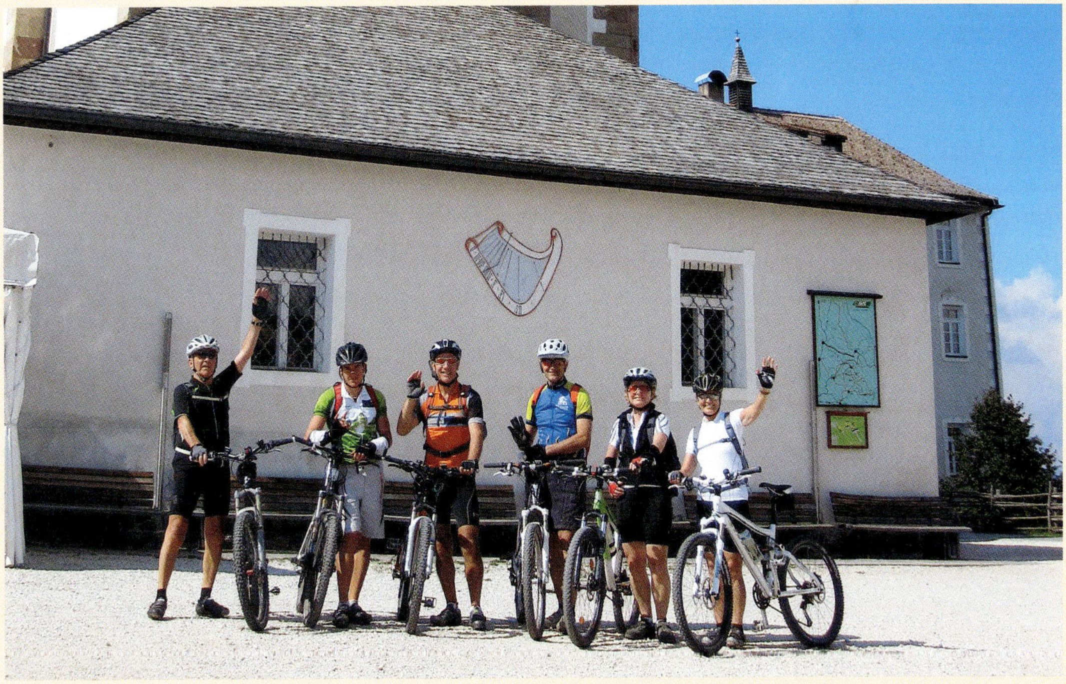

Geschafft! Die Wallfahrtskirche von Maria Weißenstein

7.3 Zur Sternwarte Steinegg

Tolle Rundtour im Eggental zur Sternwarte in Obergummer

Schwierigkeit	Erlebniswert	Höhenmeter (in m)	Streckenlänge (in km)	e-Bike
1	☆☆☆☆☆	1000	23,6	✓

TOURENCHARAKTER

KONDITION
☆☆☆☆☆

FAHRTECHNIK
☆☆☆☆☆

TOURCHARAKTER
Eine leichte Tour auf Asphalt und Forststraßen. Den einzigen anspruchsvollen Abschnitt kann man auch auf einem leichteren Weg umgehen.

AUSGANGS-/ENDPUNKT
Steinegg (1117 m)

HÖCHSTER PUNKT
1376 m

WEGBESCHAFFENHEIT
Asphalt, Schotter, Waldweg

ANFAHRT
Auf der Brennerautobahn bis zur Ausfahrt Bozen-Nord, dann Richtung Norden (Brenner), nach 5 km in Blumau rechts abbiegen und nach Steinegg hochfahren.

EINKEHR
Gasthaus Unteregger

KARTE
Kompasskarte Rosengarten/Catinaccio, Schlern/Sciliar: Wander- und Bikekarte. GPS-genau, 1:25 000

Immer wieder genießt man auf dieser Tour herrliche Ausblicke ins Eggen- und Eisacktal, zum Rosengarten, Latemar, Schwarz- und Weißhorn. Nach der Erkundung der Bergwelt können wir in Südtirols einziger Sternwarte unter fachkundiger Führung in die Tiefen des Weltalls vordringen.

Start der Tour zur Sternwarte ist der Dorfplatz von Steinegg (1117 m). Von hier aus fahren wir Richtung Gummer und zweigen beim Kummerhof rechts ab. Wir folgen der blau-weißen Markierung und kurbeln die alte Rodelbahn aufwärts, bis wir zu einer Forststraße kommen.
Hier fahren wir links in Richtung Kapelle Kaserer Bild weiter.
An der Teerstraße rechts geht es kurz steil bergauf, bis wir die Kapelle erreichen. Dort folgen wir der Teerstraße links in Richtung Gummer. Nach einer kurzen Abfahrt erfreuen wir uns an der schönen Aussicht mit Blick ins Eggental, zum Latemar sowie zum Schwarz- und Weißhorn.
An der Gabelung biegen wir links Richtung Steinegg ab. Nach 300 Metern kommt erneut eine Abzweigung, der wir links in Richtung Vajolet folgen. Kurz nach dem Gasthof Vajolet biegen wir rechts in Richtung Untereggerhof ab und folgen dem L-Weg mit der rot-weiß-roten Markierung bis zum Untereggerhof.
Wir folgen dem Weg, bis wir die Sternwarte erreichen. Hier beim Buschenschank Untereggerhof befindet sich Südtirols einzige Sternwarte: »Max Valier«.
Auf der Teerstraße fahren wir ca. 100 Meter hinauf, um dann links in Richtung Kaserer Bild abzubiegen. Bei der Kapelle Kaserer Bild wählen wir den Weg Richtung

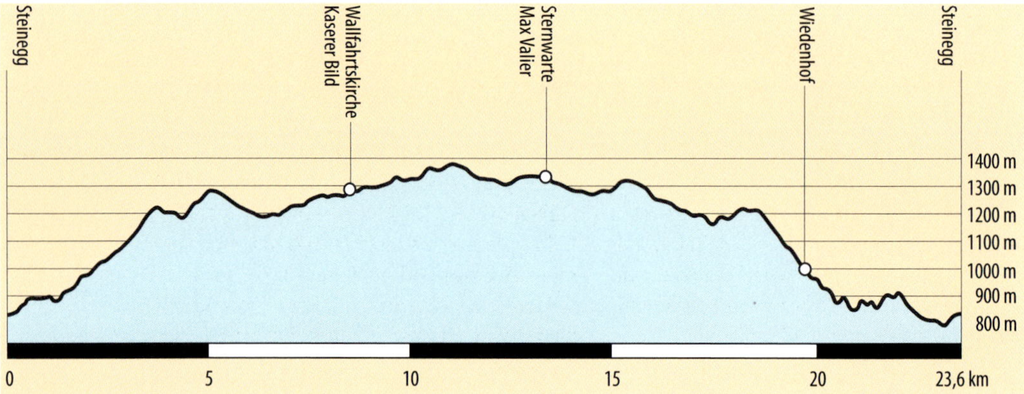

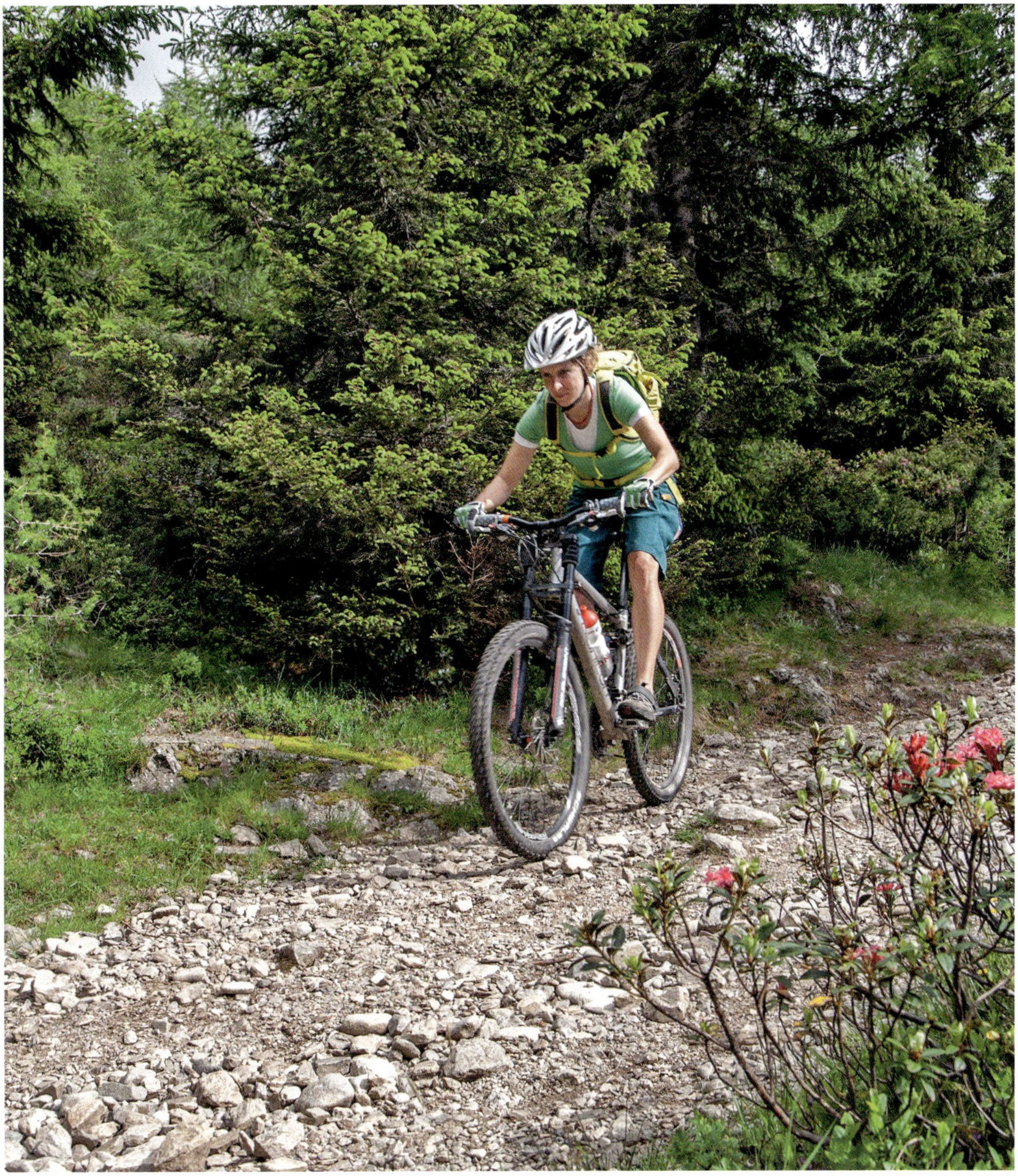

Forststraßenabfahrt

Karneid und verlassen nach 600 Metern die Teerstraße, um rechts den steinigen Pfad mit der Markierung L bergauf zu treten. Am Haus »Aichner Stall« fahren wir rechts vorbei, immer der rot-weißen Markierung nach. Sobald man den Lärchhof sieht, biegen wir rechts ab und folgen dem Waldweg abwärts.

Dieser Weg ist technisch anspruchsvoller, wer mag, wählt die einfachere Variante auf der Teerstraße bis zum Wiedenhof. Ab dem Wiedenhof folgen wir der Markierung W bis Steinegg. Etwa 200 Meter nach dem Wiedenhof werden wir unfreiwillig zu Wanderern. Wir müssen unser Rad in diesem unwegsamen Gelände ein kurzes Stück schieben, aber schon bald stoßen wir wieder auf die Markierung W. Auf diesem Weg finden wir zurück nach Steinegg.

Roadbook 7.3

1) In Steinegg (1117 m) auf der Hauptstraße Richtung Gummer fahren
2) Beim Kummerhof rechts abbiegen
3) Ab hier der blau-weißen Markierung folgen (alte Rodelbahn aufwärts)
4) Sobald man eine Forststraße quert, links weiter zum Kaserer Bild fahren
5) Der Straße abwärts folgen
6) Bei der Bundesstraße links Richtung Steinegg fahren
7) Nach 450 m links nach Vajolet abbiegen
8) Am Gasthof Vajolet vorbei bis zum Untereggerhof fahren
9) Bis zur Sternwarte fahren
10) Nach der Sternwarte rechts Richtung Kaserer Bild fahren
11) Am Kaserer Bild auf Asphaltstraße Richtung Karneid fahren
12) Nach 500 m die Asphaltstraße verlassen und rechts auf einen steinigen Pfad abzweigen
13) Dem Pfad mit der rot-weißen Markierung folgen
14) Beim Blickkontakt mit dem Lärchhof rechts abbiegen und dem Waldweg abwärts folgen
15) Dem Pfad bis zum Wiedenhof folgen
16) Von dort über den Weg mit der Bezeichnung W wieder nach Steinegg zurückfahren

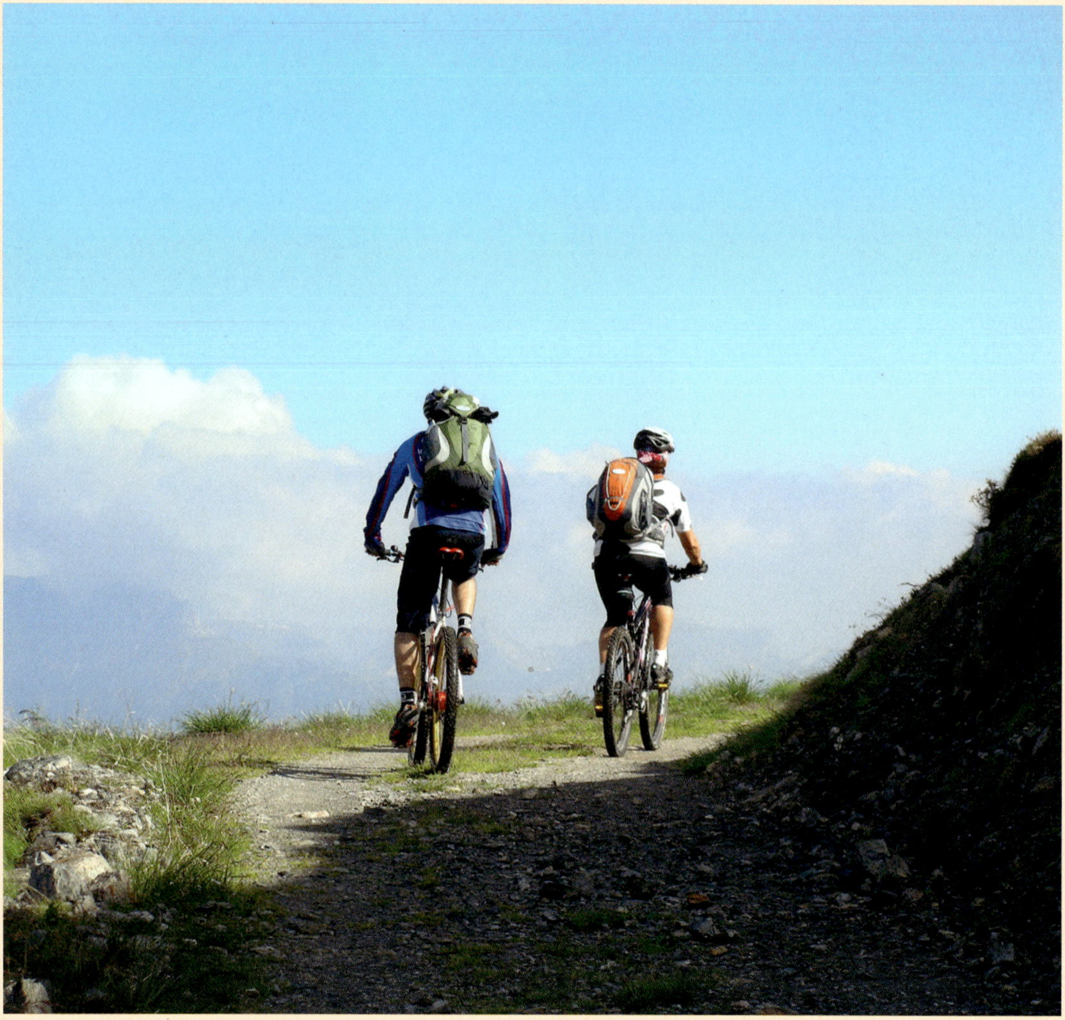

Wunderbare Ausblicke ins Eggental

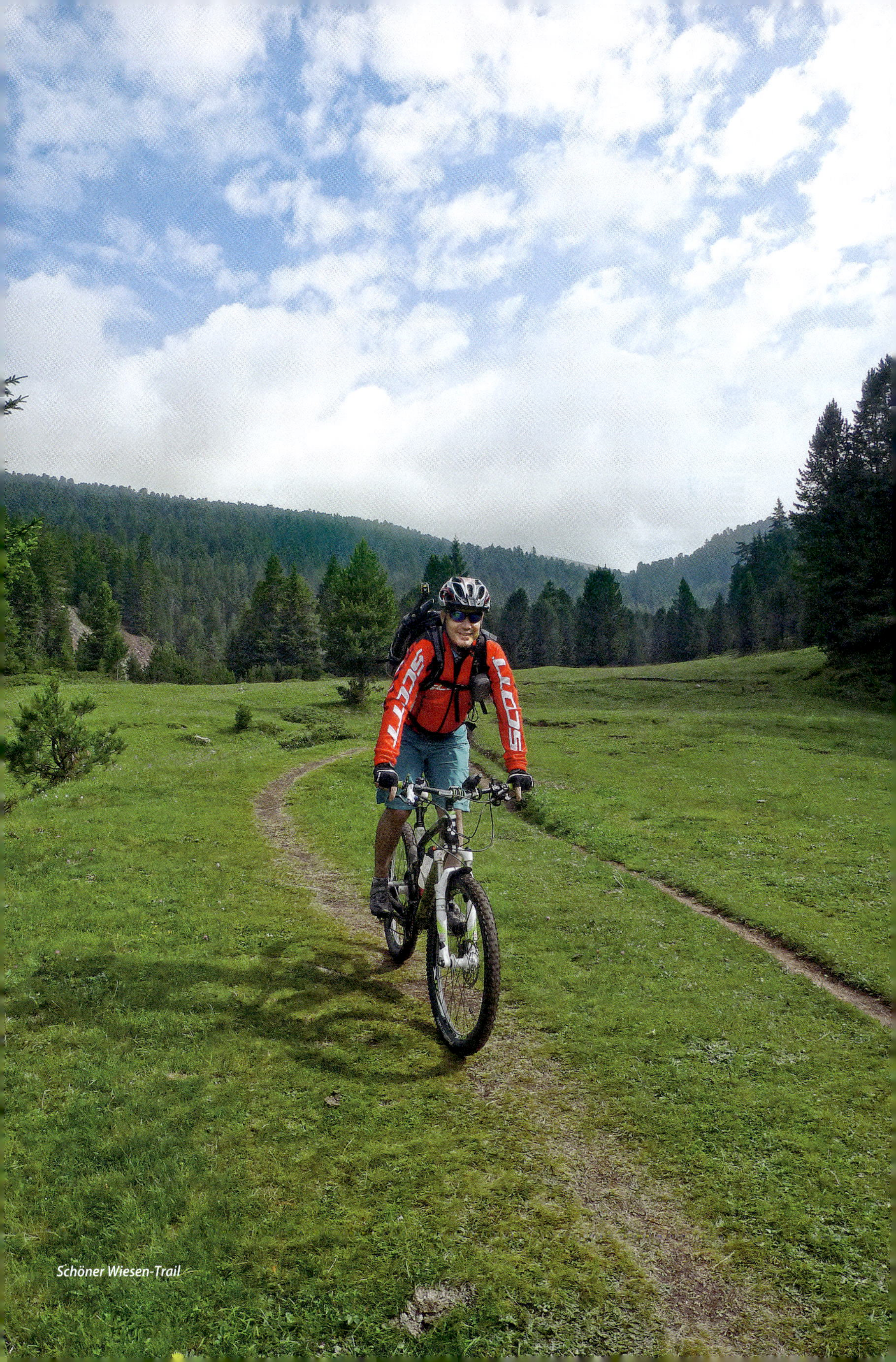

Schöner Wiesen-Trail

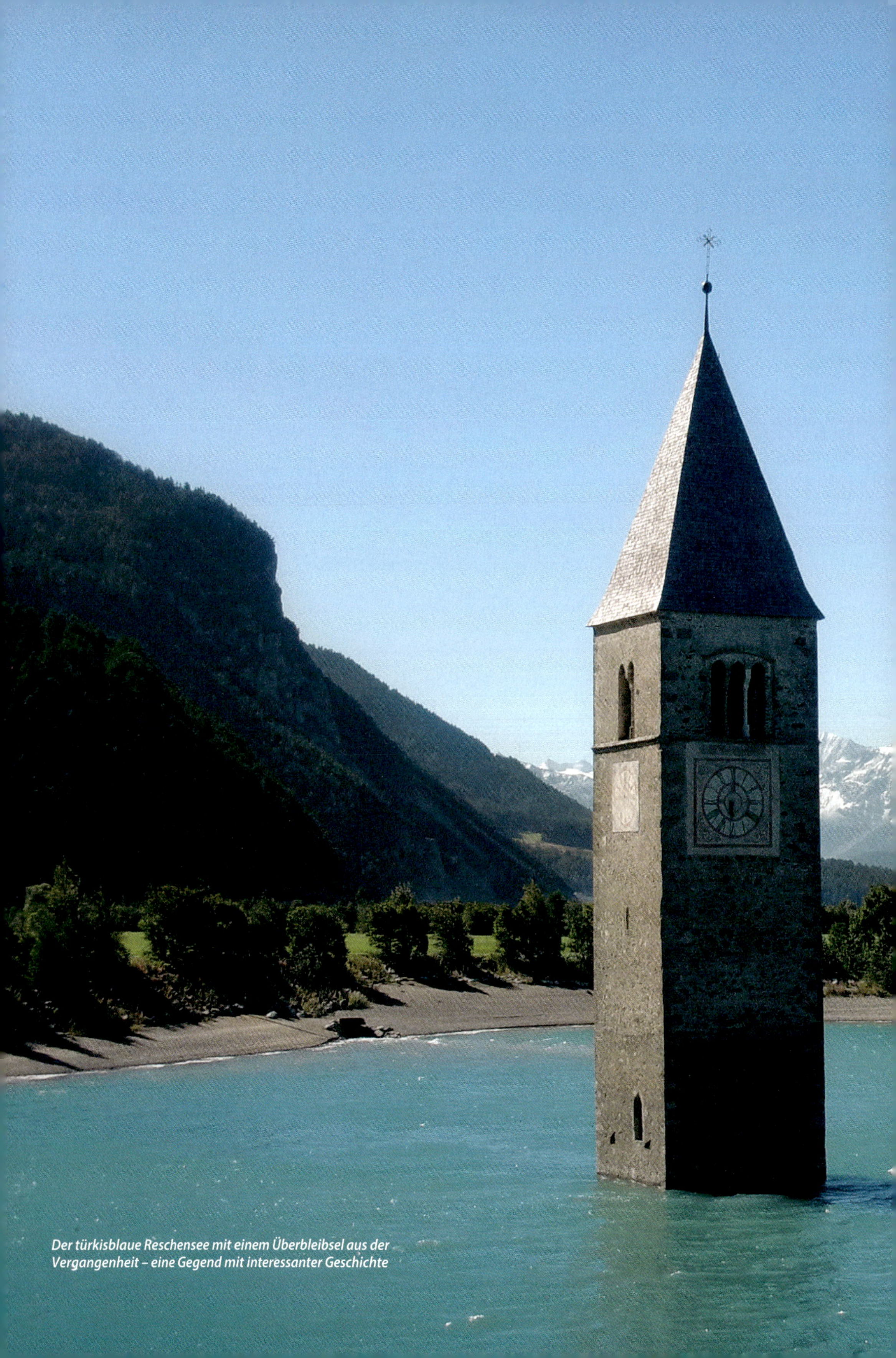

Der türkisblaue Reschensee mit einem Überbleibsel aus der Vergangenheit – eine Gegend mit interessanter Geschichte

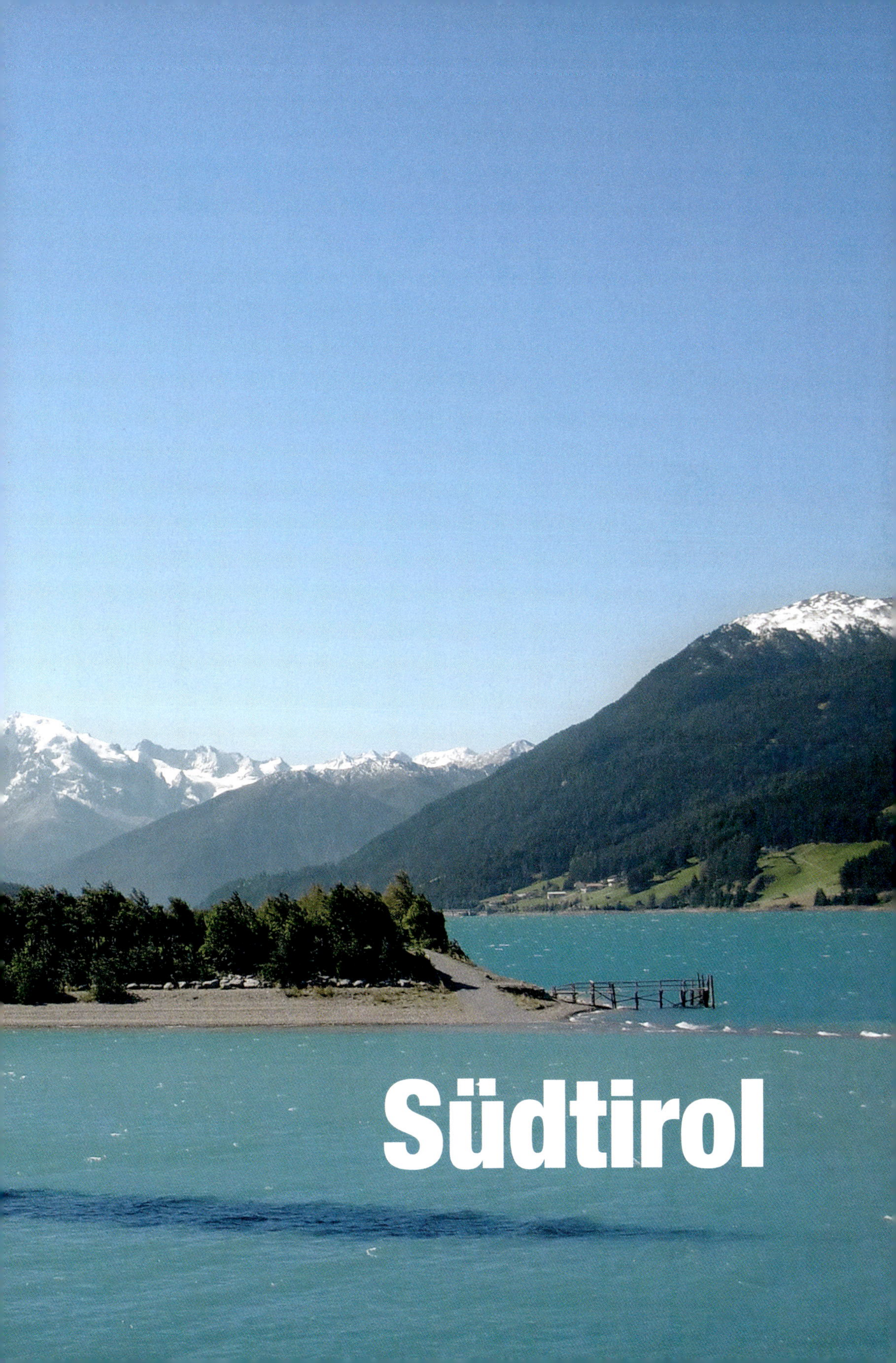

Südtirol

Einleitung Südtirol

Südtirol: Das ist die Region der Alpensüdseite, in der man nie genau weiß, ob man jetzt Deutsch sprechen kann oder es mit Italienisch versuchen soll – oder in welcher Ecke was angebracht ist. Wenn einen nicht noch zusätzlich das Ladinische verwirrt. Das liegt daran, dass mehr als zwei Drittel der Bevölkerung Südtirols deutschsprachig sind, mehr als ein Viertel jedoch Italienisch als Muttersprache hat. Und vier Prozent der Südtiroler sind Ladiner, deren romanischer Dialekt in einigen Tälern der Dolomiten noch lebendig ist. Zu dieser Problematik ein Tipp vorweg: Die italienische Bevölkerung lebt größtenteils in den Städten Bozen, Leifers, Meran und Brixen, in den Dörfern und auf den Bergen kommt man mit Deutsch meist bestens zurecht. Das Ladinische wird vor allem im Grödnertal und Gadertal (Badia) gesprochen, Deutsch aber ebenso.

Südtirol ist jedoch auch die Region, von der man ganz genau weiß, dass das Klima deutlich milder ausfällt als auf der Alpennordseite. »Feindschaft mit dem Wind und rege Freundschaft mit der Sonne« – so beschrieb der Schriftsteller Stefan Zweig um die Wende zum 20. Jahrhundert das Klima rund um Meran. Das gilt noch immer und außerdem weitestgehend für ganz Südtirol – auch wenn es regional und je nach Höhenlage große Unterschiede gibt. Im Frühjahr blühen im Etschtal schon die Apfelbäume, während man in den oberen Lagen noch Ski fahren kann. Im Sommer wird es in Bozen bis zu 35 Grad warm, 1000 Meter höher ist die Luft erfrischender. Auch im Herbst unterscheiden sich die Temperaturen in den Talsohlen von den höhergelegenen Tälern und Orten, doch Wanderungen oder Biketouren sind auf mittleren Höhen und den Hochebenen in der Regel bis Ende Oktober möglich, in den niederen Gegenden wie etwa in Tramin auf einer Meereshöhe von 275 Metern oft sogar im Winter. Denn auf eines ist in Südtirol meist überall Verlass: die Sonne. In der mondänen Kurstadt Meran etwa scheint die Sonne am häufigsten und es regnet am seltensten im gesamten Alpenraum, und die angrenzende Region Vinschgau freut sich rund ums Jahr über genau so viele Sonnentage wie die Insel Sizilien – nämlich 315.

Eindeutig italienisch ist jedoch nicht nur das Klima, sondern auch das Flair – und die Küche. Sie ist eine köstliche Mischung aus tirolerisch-rustikal und mediterran; die besten Zutaten Italiens werden kombiniert mit alpenländischer Tradition. Dazu gibt es ausgezeichnete, preisgekrönte Weine und sogar eine eigene Weinstraße, die ein Dutzend hübsche historische Dörfer – die bekanntesten sind Terlan,

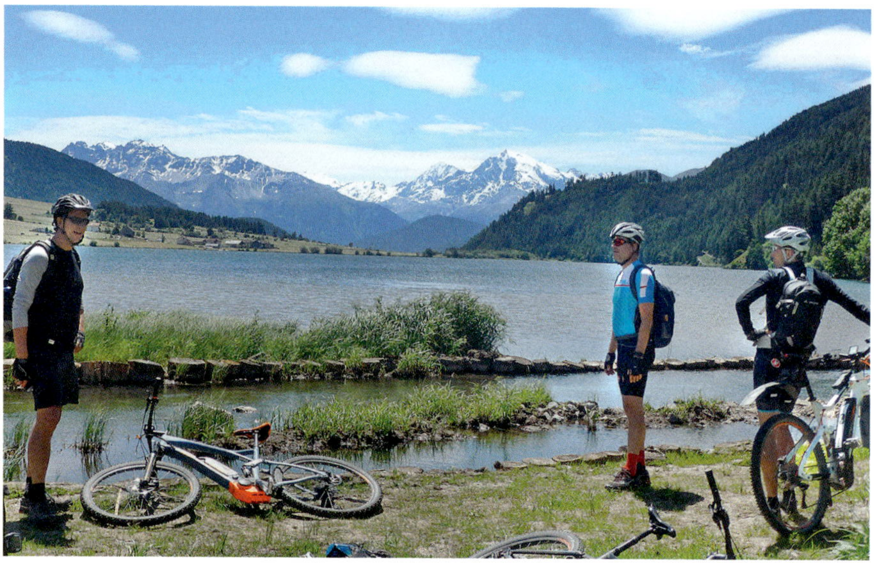

Herrliche Aussichten und sehr gutes Essen: Was will man mehr?

Kaltern und Tramin – in malerischer Weinlandschaft verbindet. Die Orte setzen sich für die alte Tradition des Weinbaus ein, Weinkellereien bieten ihre Produkte an und laden zum Probieren ein.

Südtirol ist aus unendlich vielen Gründen eine Region, in der man herrlich Urlaub machen kann. Und daher findet man Wellnesshotels ebenso wie Aktivhotels, schicke Designhotels genauso wie Bio-Hotels. Aber auch schlichte Pensionen gibt es oder urige bis moderne Almhütten mit kuscheligen Zimmern, die mit stickigem Schlafsaal-Ambiente nichts mehr zu tun haben. Die Zeit vertreibt man sich leicht mit Kultur oder Outdooraktivitäten. Die Landeshauptstadt Bozen und das Künstlerstädtchen Klausen, Brixen – die älteste Stadt Tirols –, die mondäne Kurstadt Meran oder die Fuggerstadt Sterzing sind nur ein paar Beispiele für traditionsreiche Orte mit alten Häusern, hübschen Gassen, Plätzen, Arkaden und Laubengängen; und sie sind beliebte Ausgangspunkte für zahlreiche Entdeckungsreisen und Wanderungen. Durch Obstwiesen, Kastanienhaine und Weinberge führen die Wege zu Kunst- und Naturdenkmälern, zu Kirchen, Schlössern und Ruinen, zu Edelansitzen und Weinbauernhöfen. Dazu gibt es interessante Museen vom Südtiroler Archäologiemuseum mit dem Gletschermann »Ötzi« über heimat- und kulturgeschichtliche Museen bis hin zum »Museion«, dem Museum für moderne und zeitgenössische Kunst in Bozen. Außerdem findet man mehr als ein Dutzend Schlossmuseen – das berühmteste ist wohl Reinhold Messners »Mountain Museum« auf Schloss Juval –, die einen eintauchen lassen in die Welt der Erzherzöge und Tiroler Landesfürsten. Wer dann genug von Kultur hat, entspannt bei einem perfekt geschäumten Cappuccino oder einem Glas Prosecco im Café. Möglich ist auch eine Shoppingtour in all die kleinen Geschäfte mit Schuhen und Mode, Lederwaren und kulinarischen Spezialitäten; die klassischen Beutezüge eines Italienstreifzugs enden hier sicher erfolgreich.

Und wer vom urbanen Flair nichts mehr wissen will – oder von vornherein anderes im Sinn hat –, der zieht sich zurück in die ländliche Idylle der Bergwelt. In Südtirol liegt – wie wir

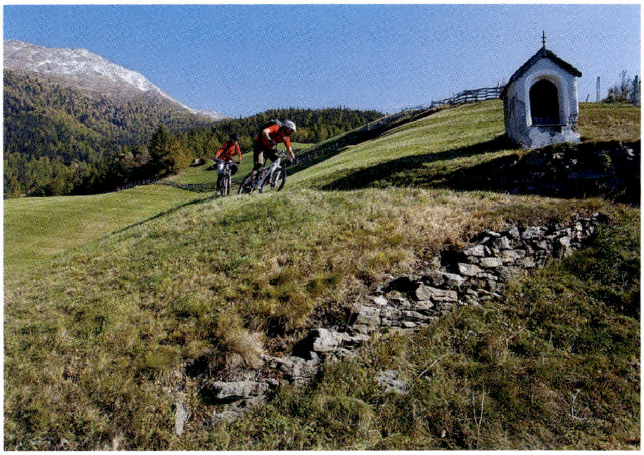

Bikerparadies Südtirol

bereits wissen – ein Großteil der Dolomiten, doch Südtirol ist noch viel mehr. Die norditalienische Region bietet von Ost nach West noch weitere wunderschöne Bergwelten wie das Tauferer Ahrntal und das grüne Pustertal ganz im Nordosten, das Eisacktal zwischen Brenner und Bozen, das Meraner Land rund um die alte Kurstadt und den Vinschgau, der sich bis zum Stilfserjoch, dem zweithöchsten Pass der Alpen auf 2757 Meter Höhe, und zum Reschenpass hinzieht, wo der Turm der versunkenen Kirche von Graun aus dem Reschensee ragt. Die Region bietet verschiedenste Facetten von der lieblichen Weingegend bis zur schroffen Felswelt und ist ein riesiger Outdoor-Tummelplatz für Wanderer, Nordic Walker und Kletterer, für Rennradler, Mountainbiker und Wassersportler mit unzähligen Wegen, Pfaden und Revieren. Urlauber, die die atemberaubenden Landschaften einfach nur genießen möchten, ohne außer Puste zu kommen, finden in Südtirol jedoch ebenso viele Attraktionen und Ruhepunkte.

Da gibt es die malerischen Montiggler Seen im gleichnamigen Wald und Naturschutzgebiet, den Kalterer See, der entgegen seinem Namen der wärmste See der Alpen ist, den bizarren Canyon der Bletterbachschlucht mit seinem Geoparc und Saurierspuren, das Weingut Kränzel mit seinem Labyrinth aus zehn verschiedenen Rebsorten, die Gilfenklamm am Eingang des Ratschingstales oder die üppigen Gärten von Schloss Trautmannsdorf mit ungewöhnlichen Sträuchern, Bäumen und Blumen; es ist angeblich der schönste Garten Italiens, der

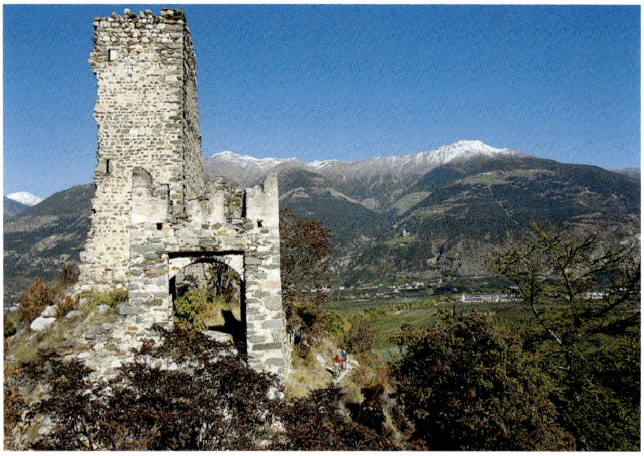

Burgruinen findet man in Südtirol zuhauf

neben einem herrlich romantischen Seerosenteich auch ein absolut sehenswertes Museum – das Touriseum – beherbergt.

Doch zurück zum Aktivsport, genauer gesagt zum Biken. Das sanfte Südtirol außerhalb der Dolomiten profitiert besonders von seiner extralangen Saison: Von März bis Ende Oktober ist hier Bikesaison; Frühjahr und Herbst sind mild, und selbst im Sommer, wenn die Hitze in den Tälern hängt und die Südflanken der Berge sich aufheizen, findet sich immer eine Tour im schattigen Wald oder in einer günstigeren Himmelsrichtung, sodass auch im August Biken ohne Hitzeschlag möglich ist. Die Runden sind meist nicht so anspruchsvoll wie in den »Bleichen Bergen«, rund um Meran und Tramin verstreuen sich viele moderate Touren, auf denen man fahrtechnisch nicht an die Grenzen gehen muss. Wer Herausforderungen sucht, findet sie aber dennoch. Aber seht selbst – planen, packen, losfahren. Es lohnt sich! Und um noch einmal auf die Sprachen zurückzukommen: »Viel Spaß« heißt auf Italienisch »Buon divertimento«!

Übrigens: Für die restlichen Regionen Südtirols gilt das Gleiche wie für die Dolomiten. Die Roadbooks zu vielen weiteren tollen Touren stehen unter www.ulptours.de kostenlos zum Download bereit.

Historie

Der bekannteste Fund, der die frühgeschichtliche Besiedelung Tirols belegt, ist sicherlich die Gletschermumie Ötzi. Untersuchungen an diesem einmaligen Fund zeigen neben weniger spektakulären Ausgrabungen, dass das Gebiet von Tirol seit Jahrtausenden besiedelt ist. Wie in der Menschheitsgeschichte üblich, erst von Jägern und Sammlern, dann ab etwa 4000 v. Chr. von siedelnden Ackerbauern. Weiter weisen Ausgrabungen auf eine frühe Bergbaukultur ab dem 4. Jahrtausend v. Chr. hin, wobei hauptsächlich das Schmelzen von Kupfer und der rege Handel damit ein Beleg dafür sind. Beachtenswert ist der Umstand, dass sich das Handelsnetz für das Metall vom Mittelmeer bis zur Nordsee erstreckte.

Ab etwa 450 v. Chr. siedelten in den Tiroler Alpen Stämme, die wohl von den sich ausbreitenden Kelten verdrängt wurden. Feldzüge der Römer unterwarfen um 15 v. Chr. auch das Gebirgsland und teilten es in die römischen Provinzen Rätien (Vinschgau, Burggrafenamt, Eissacktal, Wipptal, Oberinntal, Teile des Unterinntals), Noricum (Pustertal, Defereggen u. Teile des Unterinntals rechts von Ziller und Inn) und Venetia et Histria (Bozen u. südliche Landesteile).

Obschon diese Provinzen für die Römer keinen Anreiz zur Besiedelung boten, profitierten doch die Einwohner vom ausgeprägten römischen Fernhandel, der durch die Errichtung von befestigten Straßen, wie der Via Claudia Augusta, begünstigt wurde.

Nach dem Untergang Westroms strömten seit dem 6. Jahrhundert von Norden die Bajuwaren über den Brenner ins Land. Im oberen Pustertal stießen sie auf slawische Stämme, die aus Kärnten kommend, nach Westen wanderten. Von Süden drangen ostgermanische Langobarden, weite Teile Italiens erobernd, herauf und errichteten im heutigen Trentin, dem ehemaligen Welschtirol, das Herzogtum Trient, das das Land bis Bozen beanspruchte. So lag die bayerisch-langobardische Grenze südwestlich von Bozen. Das bedeutete, dass der weitaus größte Teil Tirols zum Herzogtum Bayern gehörte.

Die Bischöfe als geistliche Lehensträger der deutschen Könige trieben nicht nur die Christianisierung des Passlandes voran, sondern dienten auch als verlässliche Stützen im Ringen mit den Stammesherzögen um dieses auch durch seinen Bergbau wichtige Gebiet.

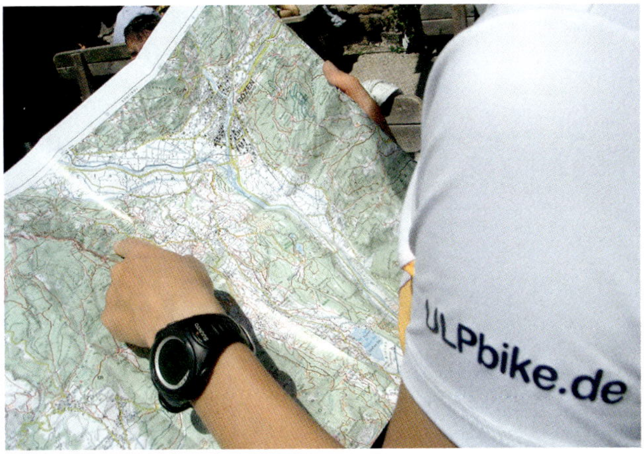

Kompetent ans Ziel

Deshalb verlieh Kaiser Heinrich II. 1004 das bis dahin weltliche Trient an den dort residierenden Bischof. 1027 belehnte Kaiser Konrad II. den Bischof von Trient mit der Grafschaft Bozen. Dem Bischof von Brixen übergab er Grafschaften am Eisack sowie im westlichen Unterinntal und im Oberinntal. Heinrich der IV. erweiterte das Brixener Lehen um das Puster-, Gader- und Passeiertal sowie um Buchenstein und Schlanders. Wie man den Herrschaftsbereich der Tiroler Bischöfe in Italien beurteilte, zeigt diese Beschreibung Brixens durch den Bischof Anselm von Lucca:

»In einer entsetzlichen und äußerst rauen Örtlichkeit, wo ständig Hunger und fast immer andauernder Frost herrschen, mitten in den schneebedeckten Alpen; dort ist kaum der Name des Christentums vorhanden.«

Um diese Zeit war die Besiedlung Tirols noch nicht abgeschlossen. Erst von den Bischöfen ins Land gerufene bayerische Siedler legten ihre Einzelhöfe in den abgelegenen Seitentälern bis weit ins Gebirge an und machten auch dieses Land urbar.

Neben zahlreichen Klöstern ließen die Bischöfe auch etliche Burgen erbauen, um die für die deutschen Herrscher so wichtigen Verkehrswege in den Tälern und die Alpenübergänge zu sichern. So wurde Tirol zu einer der burgenreichsten Regionen Europas.

Obwohl die deutschen Reichsfürsten die bayerischen Herzöge als Lehnsherren der Bischöfe abgelöst hatten, stellten diese aufgrund ihrer fehlenden Vererbungsmöglichkeit keine staatsbildende Macht dar. Die gräflichen Familien wurden fortan die bestimmenden Kräfte in Tirol.

In langwierigen Fehden innerhalb der adligen Familien und in steten Versuchen, den Bischöfen möglichst viel Macht und Grund abzuringen, siegte schließlich der Graf von Tirol. Sein über Meran gelegenes Schloss wurde zum Namensgeber für die Region. 1369 erlangte das Geschlecht der Habsburger die Tiroler Lande, obwohl auch das Haus der Wittelsbacher seinen Anspruch darauf geltend gemacht hatte. Tirol wurde österreichisch.

Das blieb es, bis Österreich 1805 nach der Niederlage gegen Napoleon im Frieden von Pressburg Tirol und Vorarlberg an das Kurfürstentum Bayern abtreten musste. Der Tiroler Volksaufstand 1809 unter Andreas Hofer konnte die Bayern und Franzosen kurzzeitig vertreiben, bewirkte aber auf längere Sicht nichts. Die alte Ordnung, und somit die Zugehörigkeit zu Österreich, stellte sich erst mit dem Wiener Kongress 1815 ein.

Die Aufteilung Tirols erfolgte dann nach der Kapitulation der österreichischen Truppen mit dem Frieden von Saint-Germain 1919. Die Ententemächte hatten dem politisch instabilen Italien die Gebiete Tirols bis zum Brenner für seinen Kriegseintritt an ihrer Seite versprochen, und so geschah es. Tirol war geteilt und sollte es bleiben.

Die Machtergreifung der Faschisten in Italien und die Italianisierungspolitik Mussolinis führte zu Massenansiedlungen von Italienern im Industriezentrum um Bozen. Mit dem Führer des Deutschen Reiches besiegelte der »Duce« die italienische Landesgrenze am Brennerpass. Deutschsprachige Südtiroler hatten die Wahl, nach Deutschland auszusiedeln oder Italiener zu werden. 210 000 wollten angeblich ins Reich, wohingegen nur 34 000 für Italien votierten. Der Zweite Weltkrieg unterbrach dieses Umsiedlungsprogramm erst, und die Kapitulation Italiens führte zur gänzlichen Einstellung.

Nach dem Krieg wurde ein Autonomiestatus für Südtirol ausgehandelt, aber nur teilweise realisiert. Staatlich gelenkte Zuwanderungen aus den ärmeren Regionen Ober- und Süditaliens weckten in der einheimischen Bevölkerung starken Unwillen, der ab 1957 schließlich in bewaffnetem Widerstand gipfelte. Die italienische Regierung erachtete dieses Vorgehen als terroristische Bedrohung und ging dagegen vor. 1969 lenkte die italienische Regierung allerdings ein und handelte mit Österreich einen »Operationskalender« aus, der seit 1972 der Provinz Südtirol eine weitgehende Autonomie zusicherte. Neben weitreichenden Freiheiten in Budgetangelegenheiten ist auch die Zwei- bzw. Dreisprachigkeit (Deutsch, Italienisch, Ladinisch) gesetzlich verankert.

Nicht zuletzt beförderte die europäische Integration mit dem Schengener Abkommen, das nahezu alle Grenzkontrollen zwischen dem österreichischen Bundesland Tirol und der italienischen autonomen Provinz Südtirol aufhob, und die Einführung der Gemeinschaftswährung ein wirtschaftlich engeres Zusammenwachsen. Darüber hinaus wurde 1998 die Europaregion Tirol-Südtirol-Trentino gegründet, die in einem gesamttirolerischen Landtag die wirtschaftliche und politische Zusammenarbeit koordiniert und nicht zuletzt die gemeinsame kulturelle Identität der Region stärkt.

Tiroler Volksaufstand

Während des dritten Koalitionskrieges marschierten 1805 französische Truppen nach dem Fall der Festungen Scharnitz und Leutasch in das von österreichischen Verbänden aufgegebene Tirol ein. Als sich Österreich geschlagen gab, trat es, wie von den Siegern festgelegt, die Grafschaft Tirol 1806 an Bayern ab. Nach anfänglichen Zugeständnissen des neuen Landesherrn König Max IV. Joseph, die u. a. die Tiroler Landesverfassung als unantastbar erklärten, erfuhr die Tiroler Bevölkerung im täglichen Leben die tatsächliche Umsetzung der königlich bayerischen Ministerialpolitik des Grafen Maximilian von Montgelas. Zu einer wirtschaftlichen Flaute, die sowohl von der napoleonischen Kontinentalsperre als auch von der Beibehaltung der Provinzzölle herrührte, gesellte sich noch das Ausfuhrverbot von Vieh nach Altbayern. Die Erhöhung der Steuern brachte für die Tiroler ebenfalls erhebliche Belastungen.

Ferner untersagte die Staatsgewalt häufig die Ausübung kirchlichen Brauchtums. So wurde die Christmette verboten, bäuerliche

Geburtshaus von Andreas Hofer

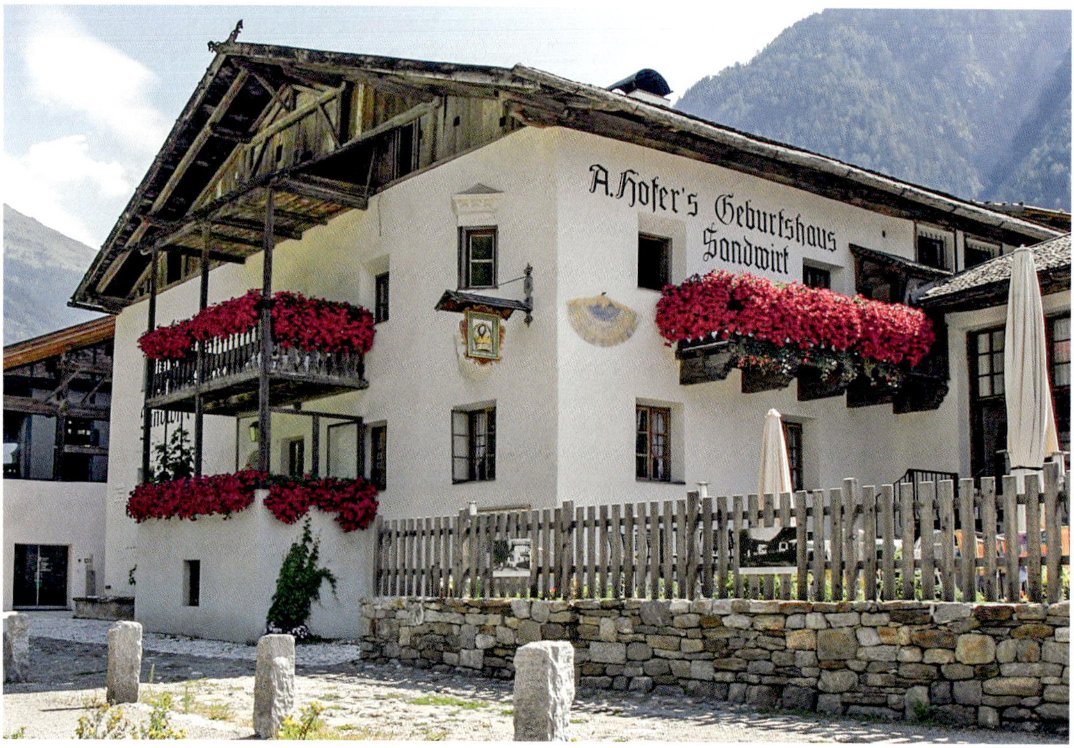

Feiertage, Flurgänge und Bittprozessionen abgeschafft, selbst das Glockenläuten zu Feierabend sollte unter Strafe stehen. Ein regelrechter Kirchenkampf entbrannte, als die Bischöfe von Chur und Reichenhall verbannt, Priester aus Ordenshäusern vertrieben und sieben große Klöster aufgehoben wurden.
Mit der Ausrufung der neuen Verfassung des Königreichs Bayern vom 1. Mai 1808 wurde Tirol in drei Verwaltungsbezirke aufgeteilt. Die Tiroler Verfassung verlor damit ihre ehemals verbriefte Gültigkeit.
Als am 9. April 1809 Österreich Frankreich und seinen Verbündeten den Krieg erklärte, erhoben sich überall in Tirol bewaffnete Bauernscharen und überwältigten oder vertrieben die unterlegenen bayerischen Militäreinheiten. Tatsächlich fand diese Erhebung nicht spontan statt, sondern war von Wien aus geplant und unterstützt. Allerdings kam es vorher schon zu bewaffnetem Widerstand, als bayerische Werber Tiroler Männer zwangsrekrutieren wollten. Bis auf die Kämpfe um Sterzing, bei denen sich Andreas Hofer als Anführer profilierte, fanden die meisten militärischen Aktionen ohne Oberbefehlshaber und eher unorganisiert statt. Die schwersten Kämpfe wurden um Innsbruck am 11. und 12. April 1809 gegen die bayerischen Truppen ausgefochten, die aber für die Aufständischen siegreich endeten.
Da die regulären österreichischen Truppen in Bayern geschlagen waren und französische Verbände auf Wien marschierten, wollte es Napoleon vermeiden, ein Heer von Aufständischen in seiner Flanke stehen zu haben, deshalb schickte er Truppen nach Tirol, die die dort stehenden österreichischen Verbände vertreiben sollten.
Nach der Einnahme von Innsbruck rief Andreas Hofer im südlichen Tirol die Männer zum Widerstand. Er führte ein von regulären Truppen unterstütztes Bauernheer auf die südlich von Innsbruck gelegenen Berghänge, die als Bergisel bekannt waren. Am 25. Mai 1809 kam es dort zur ersten Schlacht am Bergisel, die zwar unentschieden endete, aber die bayerischen Verbände bewog, Innsbruck wieder zu räumen. Als der österreichische Kaiser Franz I. seinen Feldzug gegen Frankreich für gescheitert hielt, unterzeichnete er ein Waffenstillstandsabkommen mit dem Gegner. Daraufhin rückten starke französisch-bayerische Kräfte in Tirol ein und besetzten es größtenteils. In Südtirol konnte sich der Widerstand um Andreas Hofer noch halten, und sogar etliche Gefechte für sich entscheiden. Schließlich gelang es ihm, die Franzosen zurückzudrängen und Tirol sowie Teile des Salzburger Landes feindfrei zu halten.

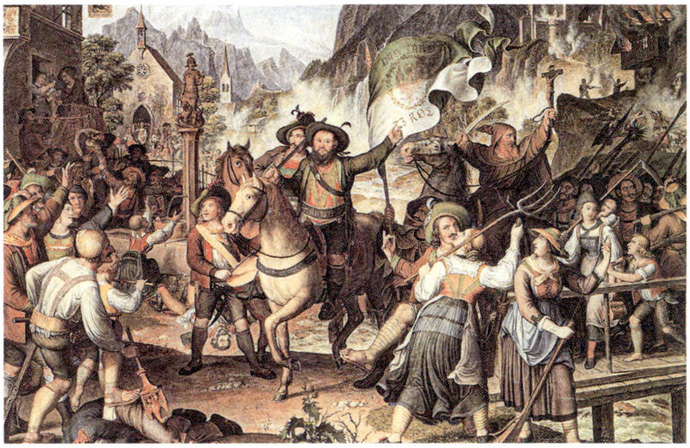

Ein Stück Geschichte: Andreas Hofer und der Tiroler Landsturm

Die endgültige Kapitulation Kaiser Franz I. am 14. Oktober 1809 beinhaltete auch die Abtretung Tirols an die Siegermacht. Napoleon befahl daraufhin persönlich die sofortige Niederschlagung des Volksaufstandes. Angesichts der nun aufmarschierenden Streitmacht resignierten viele der Aufständischen und zogen es vor, die kämpfenden Verbände zu verlassen. Die verbliebenen Kämpfer wurden geschlagen und nicht geschont. In beinahe jedem größeren Ort wurden Männer exemplarisch hingerichtet.
Seit dem Zusammenbruch der Widerstandsbewegung befand sich deren Anführer Andreas Hofer mit seiner Familie auf der Flucht. Diese endete schließlich am 28. Januar 1810 durch Verrat auf der »Pfandler Alm«.
In den Händen des Feindes erfuhr Andreas Hofer keine Gnade und wurde auf höchsten Befehl am 20. Februar 1810 in Mantua exekutiert. 1823 setzte man seine sterblichen Überreste in der Hofkirche zu Innsbruck bei.
Der Freiheitskampf der Tiroler und ihr tragisches Scheitern bewegte zu jener Zeit die Gemüter in Europa. Für die von Napoleon unterdrückten Nationen war er ein warnendes Beispiel. In der Folgezeit erlebte der Tiroler Volksaufstand und die Figur des Andreas Hofer eine nationale Glorifizierung.

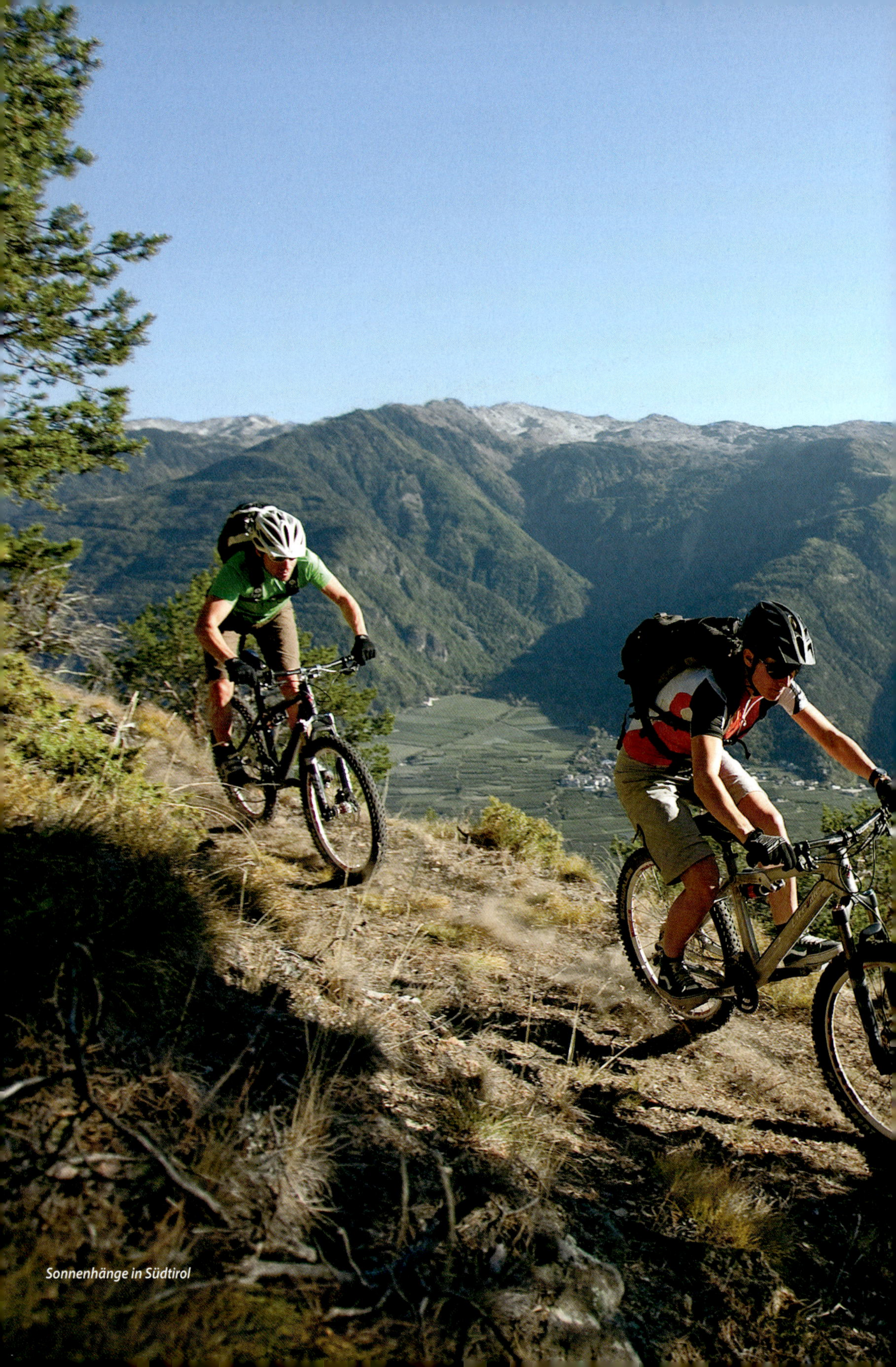

Sonnenhänge in Südtirol

Touren in Südtirol

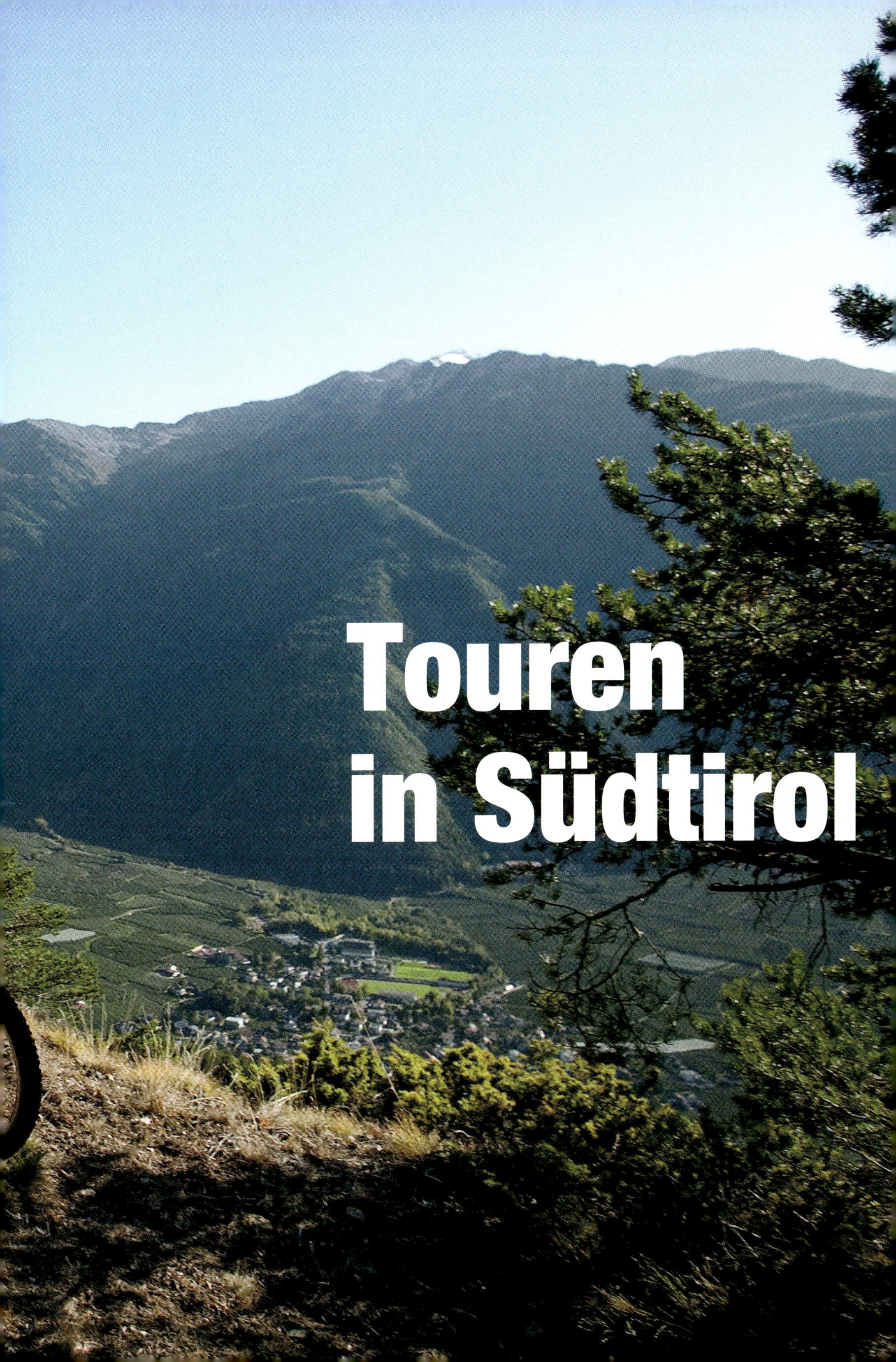

8. Meran

Biken im Meraner Land

Wenn wir vom Bikerevier in der Gegend von Meran sprechen, kommen wir schnell ins Schwärmen. Das liegt vor allem an der Vielfalt der Touren für Mountainbiker aller Leistungsstufen. Radfahrer, die ausgedehnte Touren durch die Täler fahren wollen, werden genauso begeistert sein wie Biker, die hohe Gebirgspässe und rasante Trailabfahrten bevorzugen.

Im Ultental, im Passeiertal, am Vigiljoch und rund um Naturns finden wir ein knackiges Routenangebot für Mountainbiker. Vom »fast«-4000er König, dem Ortler, bis zu den Weinbergen rund um Kortsch und Vetzan sind es nur wenige Kilometer.

Viele interessante Trails für jede Könnerstufe sorgen für Abwechslung und Abenteuer: von Lana oder Töll aufs Vigiljoch, von Marling auf die Quadrathöfe, entlang dem Falschauerdamm ins Ultental oder von Meran nach St. Leonhard im Passeiertal.

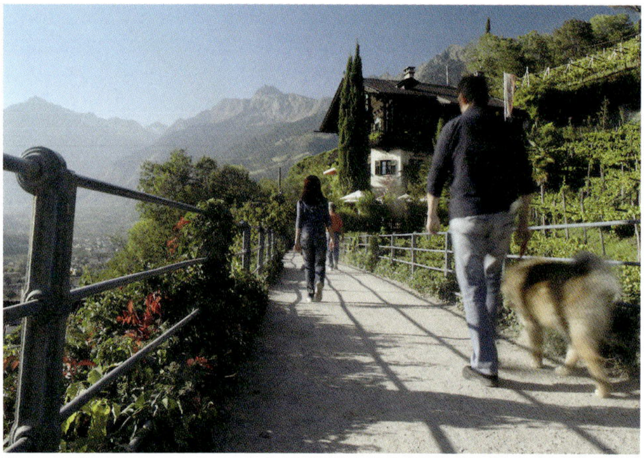

Der Tappeiner Höhenweg in Meran

Das Ultental ist eines der urigsten Täler Südtirols und hat seinen bäuerlichen Charakter bis heute bewahren können. Hier gibt es überall Urlärchen, Pilshöfe und Schindeldächer, ein Erlebnis für kulturbewusste Biker.

Mit der Vinschger Bahn wird das Radfahren noch bequemer. So können Familien oder Genussbiker nach einer langen Strecke auch problemlos mit dem Zug zum Ausgangsort zurückfahren. Aber Vorsicht: Die Fahrradanzahl in den Zügen ist beschränkt. Aktueller Informationsstand zum Angebot der Vinschger Bahn unter: www.vinschgauerbahn.it.

Meran

Die traditionsreiche Kurstadt Meran zeichnet sich vor allem durch das milde und mediterrane Klima aus. Nirgendwo in den Alpen gibt es im Jahresdurchschnitt weniger Niederschlag und mehr Sonnentage. Bekannt ist auch der »Vinschger Wind«, der durch das Tal weht. Je nach Temperaturschwankungen im Tages- und Jahresverlauf müssen Biker schon mal mit Fallwinden und damit mit strammem Gegenwind im Tal rechnen.

Mild und mediterran wird es, sobald wir über die Talstufe der Töll das Etschtal erreichen. Meran wird durch die hohen Berge vor den kalten Nordwinden geschützt. Die zweitgrößte Stadt Südtirols liegt in einem weiten, sonnigen Talkessel, der sich nach Süden hin öffnet.

Meran ist seit jeher ein beliebter Erholungsort. Dass sich die Menschen hier schon vor vielen Jahrhunderten gerne niederließen, bezeugen die vielen Burgen und herrschaftlichen Anwesen.

Der Aufstieg zur weltberühmten Kurstadt begann in der zweiten Hälfte des 19. Jahrhunderts, als ein Wiener Arzt, Dr. Josef Huber, einen Aufsatz über den Heilwert des Klimas und der Trauben in Meran veröffentlichte. Die älteste Kurstadt Südtirols war geboren und von nun an gab sich die feine Gesellschaft die Klinke in die Hand. Meran stieg auf zu einer kosmopolitischen Edelstadt: Neue Ansitze, Schlösser und prunkvolle Hotels wurden gebaut, Spazierwege und Promenaden, wie der berühmte Tappeinerweg, vorbei an Kakteen und anderen exotischen Gewächsen erschlossen. Spätestens seit den Besuchen der Kaiserin Sisi war der Aufstieg zur Tourismushochburg nicht mehr aufzuhalten. So gilt Meran bis heute als der bedeutendste Kurort an der Südseite der Alpen. In den letzten 30 Jahren wurde Meran rundum erneuert, die berühmte Therme renoviert und umgebaut, einige der prunkvollen Hotels von anno dazumal wieder hergerichtet, die Gärten von Schloss Trautmannsdorf ausgebaut

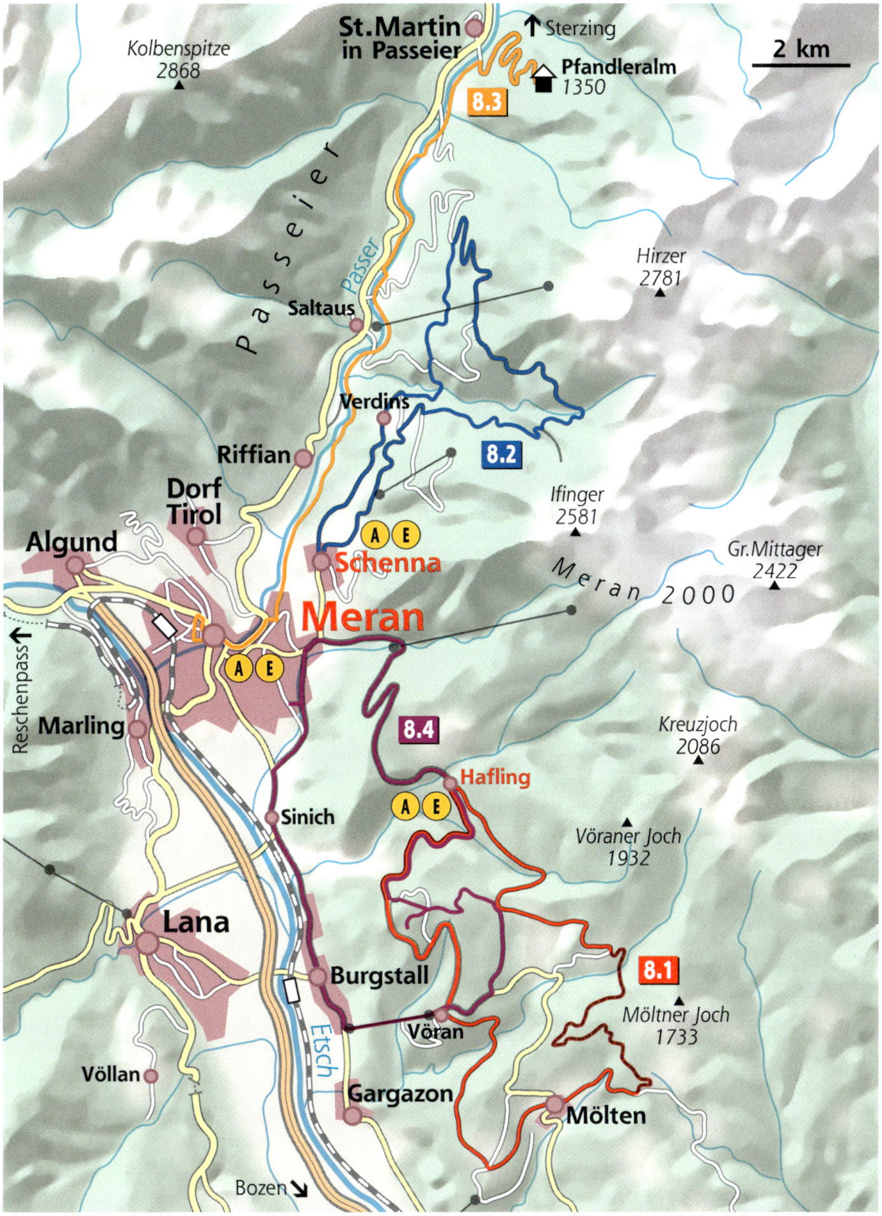

zu den schönsten Gartenanlagen Italiens mit Pflanzen und Blumen aus aller Herren Länder. Die mondäne Stadt bietet ein ganz besonderes Flair und eine reiche Infrastruktur, um einen aktiven Tag im Sattel auf angenehme Art ausklingen zu lassen: Biker- und Wellnesshotels aller Preisklassen, Restaurants und Bars für jeden Geschmack sowie eine Vielzahl an Läden und Boutiquen.

Sehenswertes in Meran

Mittelalterliche Gassen, Stadttore und Stadtmauern, elegante Villen im Jugendstil, Kirchen und sakrale Bauten, Gärten und Parkanlagen in unterschiedlichsten Stilarten: das ist die Altstadt von Meran. Die mittelalterliche Altstadt umfasst die Laubengasse, die den Kornplatz mit dem Pfarrplatz verbindet, das Steinachviertel, die Leonardo-da-Vinci-Straße, den Renn-

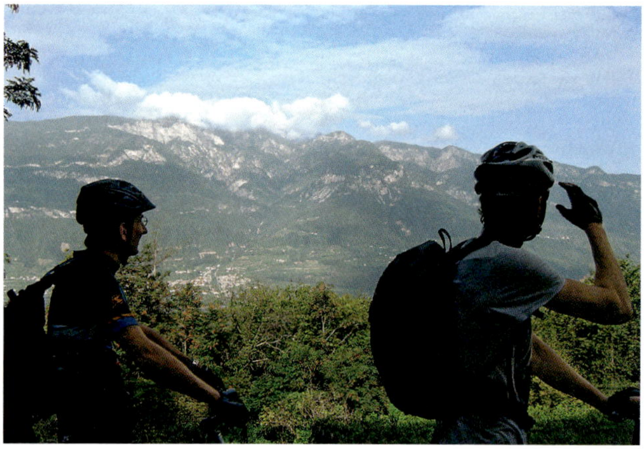

Ausblicke ins sonnige Etschtal

weg und die drei noch erhaltenen Stadttore. Von den vier Stadttoren, die einst den Zugang in die Stadt ermöglichten, sind das Passeirer, Bozner und Vinschger Tor erhalten. Beim Passeirer Tor sind noch Reste der alten Stadtmauer zu sehen. Das Bozner Turm-Tor mit seinem steilen Dach zieren Relief-Wappen von Österreich, Tirol und Meran. Zum Stadtkern, größtenteils Fußgängerzone, gehören heute auch die Freiheitsstraße, der Theater- und Sandplatz sowie die Post- und Theaterbrücke.

Die Laubengasse

Ein alter, sehr gepflegter Stadtteil von Meran ist die Laubengasse. Sie wurde im 13. Jahrhundert von Meinhard II., Graf von Tirol, erbaut. Sie besteht aus einer zweireihigen »Häuserflut« mit niedrigen Laubengängen. Diese beginnt am Pfarrplatz und endet nach ca. 400 Metern am Kornplatz. Ihre verwinkelten Hinterhöfe und die abenteuerlichen Treppenaufgänge sind ineinander verschachtelt und durch finstere Durchgänge verbunden. Die Fassaden aus verschiedenen Stilepochen sind mit zierlichen Erkern und zahlreichen Torbögen geschmückt. Man unterteilt die zwei Laubenflanken in flussseitige »Wasserlauben« und bergseitige »Berglauben«. Früher waren die Lauben noch nicht durch die Sparkassenstraße/Galileistraße unterbrochen und galten deshalb damals als die längsten Lauben Tirols. Aus verkehrstechnischen Gründen wurde 1913 die Trennung der Lauben vorgenommen. So kam zur beschriebenen Einteilung in Wasser- und Berglauben auch jene der »unteren« und »oberen« Lauben hinzu. Schon im Mittelalter war die Laubengasse die »Lebensader« der Geschäftsleute. Im Gebäude der heutigen Buchhandlung Pötzelberger, am oberen Ende der Lauben, befand sich zwischen dem 13. und dem 14. Jahrhundert die Münzstätte: Motor des Handels der gesamten Grafschaft Tirol. Auch heute noch ist die Laubengasse die Hauptgeschäftsstraße Merans.

Der Kornplatz

Der Kornplatz liegt am unteren Ende der Laubengasse und diente einst den Handelstreibenden aus dem ganzen Land als Markt- und Lagerplatz. Heute befindet sich auf dem Kornplatz das Gerichtsgebäude und Gefängnis, gegenüber die Volksbank, die auf den Mauern des 1782 aufgelassenen Klarissenklosters erbaut wurde. Relikte davon sind heute noch erhalten, so der Innenhof, ein Rundgang und einige kleinere räumliche Details.

Das Stadtviertel »Steinach«

Zwischen der Pfarrkirche, dem Passeirer Tor und dem rechten Passerufer liegt dieser malerische Stadtteil, der zu Zeiten der Grafen von Tirol Stadtkern war. Im 13. Jahrhundert wurde hier mit dem Stadtbau begonnen. Viele der gut erhaltenen Bauten erinnern noch heute an den ursprünglichen Charakter der Stadt, besonders in der Nähe der »Santer Klause« beim Passeirer Tor. Der Steinerne Steg (irrtümlich oft »Römerbrücke« genannt), im 17. Jahrhundert anstelle eines Holzstegs errichtet, verbindet Steinach und damit die Altstadt mit der Gilfpromenade und mit dem Stadtteil Obermais. Es handelt sich hier um die älteste Brücke über die Passer.

Der Theaterplatz

Bis 1881 stand an dieser Stelle das vierte (Ultner) Stadttor. Hier konzentrierte sich schon früh der Stadtverkehr. Die bauliche Gestaltung des Platzes hat sich durch die Jahrhunderte hindurch stark verändert; mit dem einstigen Erscheinungsbild hat sie nichts mehr gemeinsam.

Der Pferderennplatz

Er zählt zu den schönsten und größten Pferdesportanlagen Europas und wurde im Jahre

1935 auf einem 40 Hektar großen Areal nach nur einjähriger Bauzeit eröffnet. Die Tribünen bieten Platz für 15 000 Personen. Noch heute werden hier internationale Pferderennen ausgetragen. Höhepunkt der Rennsaison bilden das Haflinger Galoppreiten am Ostermontag und der große Preis von Meran, ein hochdotiertes Hindernisrennen am letzten Sonntag im September.

Der Sandplatz

Zwischen dem Bozner Tor und dem Passerufer gab es früher eine natürliche Flusswindung, in der sich der Passersand ablagerte. Aus diesem Grund nannte man den dort errichteten Platz »Sandplatz«. Hier – neben dem Bozner Stadttor – befindet sich eine der ältesten Herbergen Merans: das frühere Hotel »Erzherzog Johann«, das später zum Hotel »Esplanade« umbenannt wurde. Bis 1913 befand sich in einigen Zimmern des Gebäudes das Postamt. Heute hingegen reihen sich im renovierten »Esplanade«-Gebäude Geschäfte und öffentliche Ämter aneinander.

Die Stadtmauer

Einst mit Zinnen versehene Ringanlage, erbaut gegen Ende des 13. Jahrhunderts. Früher umschloss sie das städtische Treiben. Sie wurde 1878 abgebrochen. Kleine Teile davon sind nur noch am Passeirer Tor zu sehen.

Die Postbrücke

Sie ist Merans Jugendstilbrücke par excellence. Der östliche Zugang zur Stadt war für die Meraner Geschäftsleute sehr wichtig, so erbauten sie im Jahr 1909 die Postbrücke und schufen damit die Verbindung Heiliggeistkirche/Spitalskirche mit dem Sandplatz (früherer Name der Brücke »Spitalbrücke«). Erst vor wenigen Jahren renoviert, ist sie heute die schönste und eleganteste Brücke Merans mit Wappenmosaiken, Vergoldungen und Schmiedeeisen.

Das Kurhaus

Das kuppelgekrönte Gebäude mit dem im Jahre 1914 eröffneten Kursaal zählt zu den schönsten Jugendstilbauten des Alpenraumes. Das Kurhaus wurde von dem Wiener Architekten Friedrich Ohmann entworfen. Das mitten im Stadtzentrum gelegene Haus wurde aufwendig und stilgerecht renoviert. Die Nordfassade flankiert die Freiheitsstraße, die Südfassade schaut auf die Kurpromenade. Heute ist das Haus Sitz der Kurverwaltung sowie Kongress- und Veranstaltungszentrum.

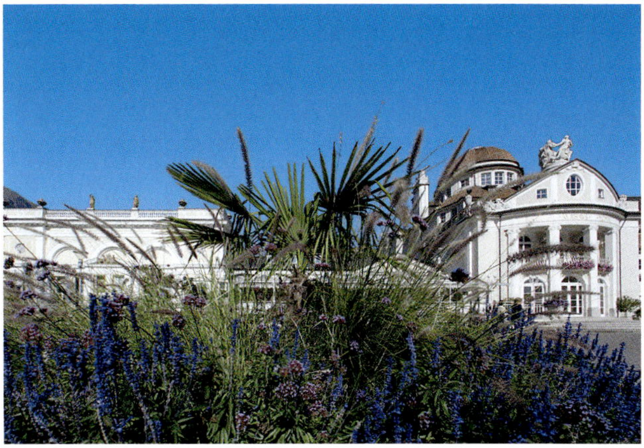

Meran – eine Kleinstadt mit viel Charme

Therme Meran

Die Therme bietet Badespaß mit 25 Pools und einem vielfältigen Kur-, Wellness- und Fitnessangebot. Die im Dezember 2005 eröffnete Anlage wird aus tiefen, heißen Thermalquellen gespeist. Saunafreunde kommen in einer finnischen Blockhaussauna, drei Dampfbädern, einem Sanarium und einem Caldarium voll auf ihre Kosten. Entworfen hat die Therme der aus Bozen stammende Stararchitekt Matteo Thun. Weitere Informationen unter www.thermemeran.it; geöffnet täglich von 9 bis 22 Uhr.

Als grünes Herz der Therme bietet der 50 000 Quadratmeter große Thermenpark mit Palmen- und Rosengarten, Pools, Sport- und Liegewiesen Erholung und Entspannung. Der Park hat zwischen dem 15. Mai und Ende September täglich von 9 bis 20 Uhr geöffnet.

Ausflugsziele in der Umgebung

Die 7 Gärten

Die 7 Gärten wurden am 1. August 2006 als lebendes Kunstwerk eröffnet. Bei einem Besuch der Anlage eröffnen sich immer neue Gartenräume, die durch Gruppen von Bäumen und Sträuchern der gleichen Familie gebildet

werden. Jeder Raum hat seinen eigenen Duft, seine eigene Atmosphäre, seine eigene Stimmung. Hier ist man eingeladen, der Musik der Natur zu lauschen und sich von den unterschiedlichen Gärten inspirieren zu lassen. Sie sind Orte der Ruhe, des Entspannens, Krafttankens, aber auch zum Staunen, Entdecken und um Freude zu erleben.
www.kraenzelhof.it/kunst-und-7-gaerten

April – Mai
Täglich | 9.30 – 19.00
Juni – August
Täglich | 9.30 – 21.00
September – Oktober
Täglich | 9.30 – 19.00
November – März
Dienstag – Samstag | 11.00 – 15.00
Sonntags und montags geschlossen

Vogeldoktor auf Schloss Tirol
Auf dem Burghügel von Schloss Tirol bei Meran befindet sich ein Pflegezentrum für Wildvögel. Hier werden verletzte und hilflos aufgefundene Vögel gesund gepflegt und wieder in die Freiheit entlassen. Sehr beliebt sind die täglich stattfindenden Flugvorführungen, wo man Adler, Eulen und Falken hautnah betrachten und ihre Sturzflüge atemlos verfolgen kann.

Churburg
Bei Schluderns im oberen Vinschgau ragt eines der prunkvollsten und stolzesten Schlösser Südtirols in die Höhe. Die dicken Gemäuer und Gewölbe der Churburg beherbergen die weltweit größte private Rüstkammer. Blitzblanke Rüstungen und scharfe Waffen stehen hier in Reih und Glied. Ein Leckerbissen für die Augen ist auch der prächtige Arkadengang im Schloss.

INFOS

TOURISTINFO
www.meran.info
www.meran.eu
www.meranerland.com

ANREISE
Die Anreise von Österreich oder Italien nach Meran ist am einfachsten über die Brennerautobahn. Anschließend nach der Autobahnausfahrt Bozen die Schnellstraße MEBO nach Meran nehmen.
Auch ohne Auto kann man in Meran gut Urlaub machen. Das Meraner Land besitzt einen gut funktionierenden öffentlichen Nahverkehr (Bus und Vinschger Bahn). Man kann daher getrost das Auto zu Hause lassen und bequem mit dem Zug nach Meran fahren.

BESTE REISEZEIT
Von April bis Okt. findet man rund um Meran beste Bedingungen für ein genussvolles und erlebnisreiches Mountainbiken in Südtirol.

BIKEHOTELS
**** City Hotel
Meinhardstraße 41
39012 Meran
Tel. +39/(0)473492550

**** Schulerhof
Gröbenweg 6
39025 Plaus/Naturns bei Meran
Tel. +39/(0)473/66 00 96
info@schulerhof.it

*** Hotel Mesnerwirt
Kirchweg Nr. 2
39010 Hafling oberhalb Meran
Tel. +39/(0)473/27 94 93

**** Hotel Fink
Verdinserstr. 9b
39017 Schenna
Tel. +39/(0)473/94 58 48
info@hotel-fink.com

ESSEN
La Smorfia
Via Goethe 40/C
Tel. +39/(0)473/09 03 46

Forsterbräu Meran
C.so de la Liberta 90
Tel. +39/(0)473/23 65 35

Restaurant Hellweger's
Pfarrplatz 30
39012 Meran
Tel. +39/(0)473/21 25 81

Restaurant Kallmünz
Sandplatz 12
39012 Meran
Tel. +39/(0)473/21 29 17

Rossini Cocktailbar Café
Freiheitsstr. 19
39012 Meran
Tel. +39/(0)473/49 10 85

BIKE-SHOPS/VERLEIH/TOUREN
Geführte Touren und spezielle Bike-Guides bekommt man bei:
Bikeacademy Meraner Land
Reichstr. 50D
39012 Meran/Sinich
Tel. +39/(0)473/24 46 12
info@bikeacademy-meranerland.com

Bike Point GmbH
Lauben 337
39012 Meran
Tel. +39/(0)473/23 77 33
bikepoint@dnet.it

KARTEN
Kompasskarte Meran und Umgebung/Merano e dintorni: Wander-, Bike- und Skitourenkarte, 1:50 000; Kompasskarte Naturpark Texelgruppe, Meraner Höhenweg, 1:25 000

8.1 Auf den Tschögglberg

Genussvolle Runde mit tollen Panoramablicken ins Etschtal

3 Schwierigkeit | Erlebniswert | 920 Höhenmeter (in m) | 34,6 Streckenlänge (in km) | ✓ e-Bike

TOURENCHARAKTER

KONDITION

FAHRTECHNIK

TOURCHARAKTER
Bis auf wenige kurze Abschnitte ist alles gut fahrbar. Keine langen technischen Passagen.

AUSGANGS-/ENDPUNKT
Hafling (1290 m)

HÖCHSTER PUNKT
1860 m

WEGBESCHAFFENHEIT
Asphalt, Schotter- und Forstwege

ANFAHRT
Auf der Brennerautobahn bis zur Ausfahrt Bozen-Süd. Dann die direkte Verbindung über die Schnellstraße Meran-Bozen (MEBO) oder die Staatsstraße 38 wählen. Von Meran die SS 44 nach Hafling (11 km) nehmen.

EINKEHR
Leadner Alm, Sattlerhütte

KARTE
Kompass Wanderkarte, Tschögglberg, Salten Wander-, Bike- und Skitourenkarte, 1:25 000

Eine schöne und abwechslungsreiche Panoramarunde von Hafling aus zur Sattleralm und über den Tschögglberg, Mölten und Vöran zurück.

Wir starten am Parkplatz in Hafling und radeln uns bis zur Leadner Alm auf Asphalt, Schotter und kurzen Betonrampen ein. Beim Obermicheler verlassen wir die ruhige Straße, um unsere Knochen auf einem Karrenweg hinunter bis zur Bachbrücke durchzuschütteln. Es folgt ein knackiger, aber fahrbarer Anstieg. Die hundert Höhenmeter sind schnell überwunden, danach ist wieder lockeres Treten angesagt.

Kurz vor dem Möltener Joch bietet sich ein Abstecher zur Sattlerhütte an, zumindest für all diejenigen, die kein Picknick eingepackt haben. Den Umweg von nur 300 Metern nehmen wir für eine leckere Brotzeit gerne in Kauf.

Ein paar Kurbelumdrehungen weiter ernten wir endlich den Lohn für unsere Mühe: Wir erreichen die Kuppe des Tschögglbergs und sind völlig überwältigt von dem einzigartigen Panorama. Sella, Lang- und Plattkofel, Rosengarten, Latemar, Brenta, Ortler und Ötztaler bauen sich vor uns auf. Bei diesem Anblick können wir uns kaum satt sehen – doch die Abfahrt ruft. Wir rauschen hinunter nach Mölten. Auf Asphalt fahren wir hinüber nach Schlaneid, wo wir die öffentliche Straße wieder verlassen und in leichtem Auf und Ab mit prächtigen Tiefblicken ins Etschtal und zum Ultental hinüber nach Vöran pedalieren. Die restlichen acht Kilometer legen wir auf der Landstraße bis Hafling zurück.

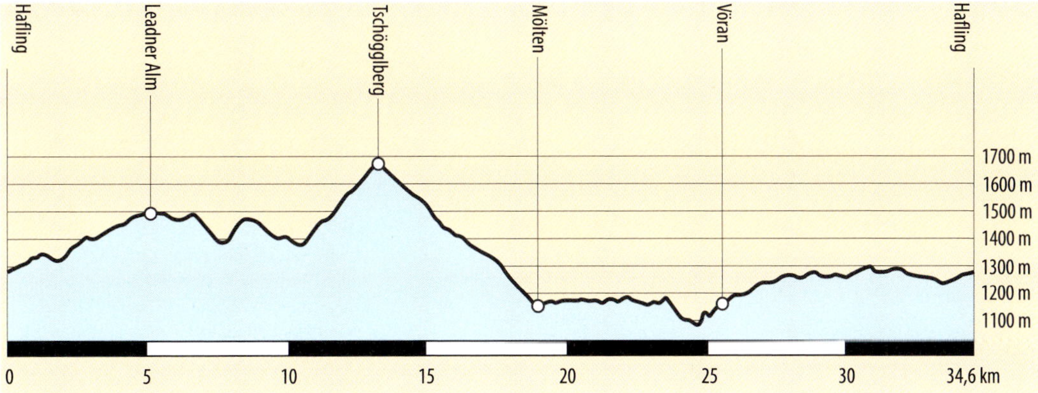

Roadbook 8.1

1) Am Parkplatz in Hafling der Markierung Nr. 16 am Gasthof Brunner vorbei folgen

2) Der Asphaltstraße (später Schotter) bis zur Leadner Alm folgen

3) An der Kreuzung Leadner Alm links bis zum Gasthof Waldbichl fahren

4) Am Gasthof Waldbichl geradeaus vorbei der Markierung Nr. 38 nach

5) Beim Obermicheler die Straße verlassen und dem Karrenweg hinunter zur Bachbrücke folgen

6) Am Ende des Karrenweges rechts der Markierung Nr. 38 nachfahren

7) Nach 2 km scharf links Richtung Sattlerhütte abbiegen

8) Dem Weg ca. 2 km folgen

9) An der Weggabelung rechts der Markierung K nachfahren

Alternativ: Links zur Sattlerhütte fahren (300 m) und einkehren

10) Nach ca. 700 m rechts in den Wanderweg Nr. 4 abbiegen (Richtung Flaas)

11) Bei der nächsten Weggabelung links halten

12) Rechts dem Wanderweg Nr. 5 ein kurzes Stück folgen

13) Rechts der Straße bis nach Mölten fahren

14) In Mölten geradeaus an der Tourist Info vorbei

15) Der Asphaltstraße bis zur Kirche St. Valentin in Schlaneid folgen

16) Ab der Kirche auf dem Wanderweg mit der Markierung V bis nach Vöran

17) In Vöran geradeaus an der Kirche vorbei auf die Hauptstraße fahren

18) Der Hauptstraße zurück bis nach Hafling folgen

TSCHÖGGLBERG

Der Tschögglberg ist ein Bergrücken zwischen Bozen und Meran mit dem Hochplateau Salten, er liegt also sehr zentral in Südtirol und ist ein guter Ort zum Erholen. Im südlichen Teil liegt das ausgedehnte Hochplateau Salten mit seinen unzähligen Weiden und Bergwiesen. Diese in Südtirol einmalige Kulturlandschaft ist besonders bekannt für ihre einzigartigen Lärchenwälder, die im Herbst golden leuchten.

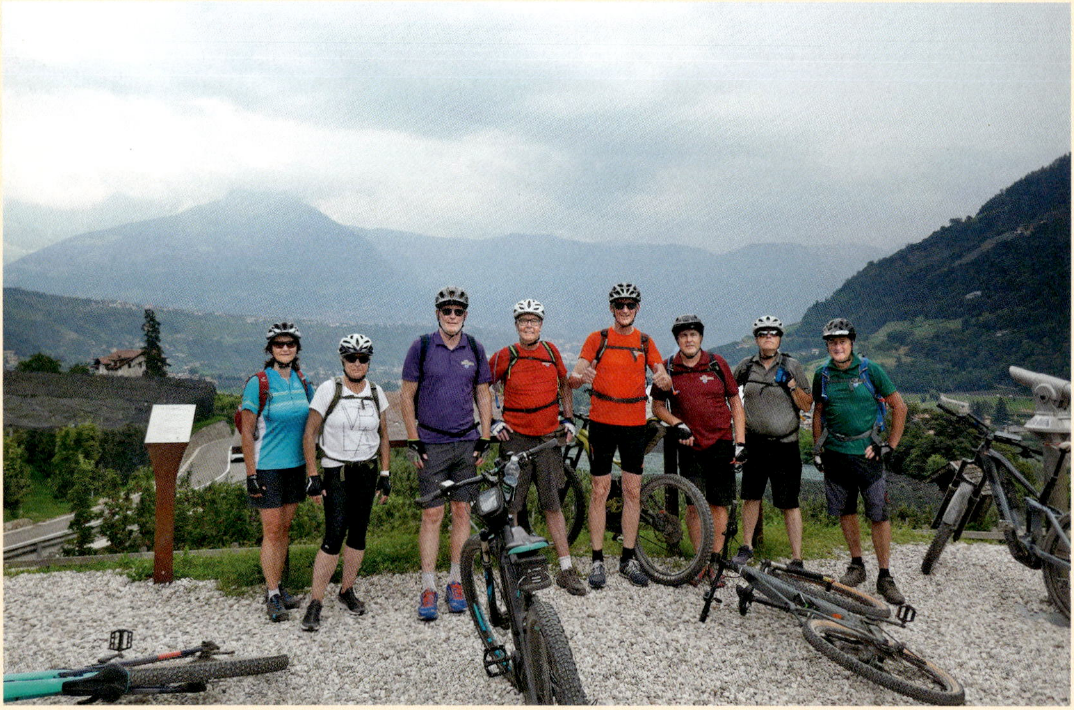

Blick auf Meran

8.2 Die Schenna-Hirzer-Runde

Eine fordernde Runde mit schöner Aussicht ins Passeiertal

2 Schwierigkeit | Erlebniswert | 1120 Höhenmeter (in m) | 25,1 Streckenlänge (in km) | ✓ e-Bike

TOURENCHARAKTER

KONDITION

FAHRTECHNIK

TOURCHARAKTER
Die Tour verlangt etwas Ausdauer beim Bergauffahren.

AUSGANGS-/ENDPUNKT
Schenna (600 m)

HÖCHSTER PUNKT
1600 m

WEGBESCHAFFENHEIT
Asphalt, Schotter, Trail

ANFAHRT
Auf der Brennerautobahn bis zur Ausfahrt Bozen-Süd. Weiter über die Schnellstraße nach Meran bis zur Ausfahrt Meran Süd/Sinich. Von dort der Beschilderung Richtung Schenna folgen. Mit dem Rad von Meran nach Schenna: auf der Schennaer Straße 4 noch 4 km bis nach Schenna fahren.

EINKEHR
Hieslbauer, Haashof, Gasthof Videgg

KARTE
Kompasskarte Passeiertal/Val Passiria: Wander-, Rad- und Skitourenkarte, 1:25 000

Gemütliche Runde oberhalb des Passeiertals mit hervorragender Aussicht auf Meran, ins Passeiertal und auf die Texelgruppe.

Der heutige Startpunkt liegt in Schenna, einem beliebten Urlaubsort, der idyllisch am Südwesthang drei Kilometer oberhalb von Meran gelegen ist. Schenna zeichnet sich durch die sonnige Lage aus und ist umgeben von den Gipfeln des Ifinger und des Hirzer.

Wir beginnen die Tour recht verkehrsreich und verlassen Schenna auf der Asphaltstraße nach Verdins. Gleich hinter Verdins, bei der Talstation der Seilbahn, verlassen wir die öffentliche Straße und lassen damit den Verkehr hinter uns. Wir fahren hoch nach Oberkim und weiter Richtung Masulschlucht, der bekanntesten Schlucht im Schennaer Gebiet. Auf einer großen Brücke überqueren wir die Schlucht. Oberhalb der Waldgrenze bilden die noch schneebedeckten Gipfel (Videgger, Plattenspitze, Kanzel Plattinger, Verdinser Plattenspitze) das riesige Einzugsgebiet und gigantische Wasserreservoir. Bald darauf folgt der 300 Meter lange und ausreichend beleuchtete Tunnel. Beim Pichlhof biegen wir links auf einen Wiesenweg ab, der sich unerwartet steil hinaufzieht. Der Wanderweg geht bald in einen gut fahrbaren Karrenweg über. Bei den Pircherhöfen erreichen wir wieder Asphalt und kurbeln die Straße hinauf nach Tall, passieren dort die Mittelstation der Hirzerbahn und fahren in leichtem Auf und Ab via Oberkim hinüber nach Videgg, wo uns gleich drei gemütliche Gasthöfe zur Rast einladen.

Nun folgt ein flowiger Singletrail hinunter zum Rötenbach, wo bald danach der Forstweg beginnt. Den Rest der Tour heißt es: Bremsen in die Hand nehmen! So gelangen wir bald mit glühenden Scheiben zurück nach Schenna.

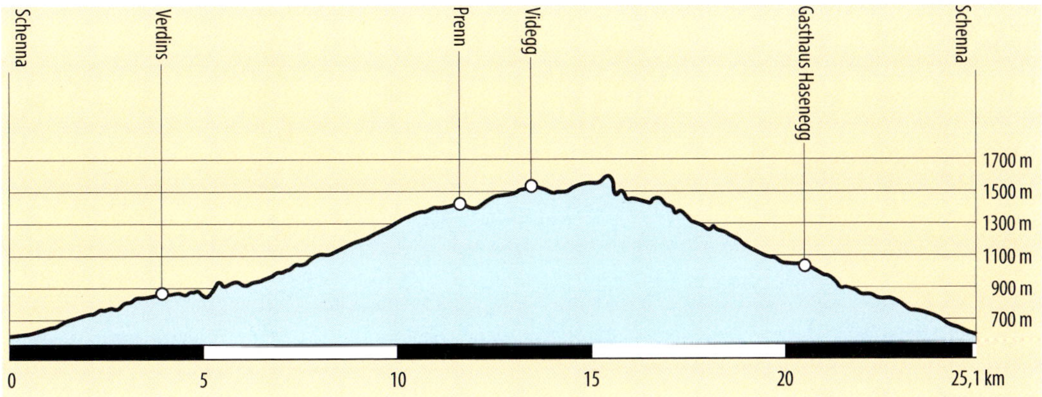

Roadbook 8.2

1) In Schenna auf der Asphaltstraße nach Verdins fahren
2) Nach 2,2 km bei der Gabelung rechts Richtung Verdins halten
3) In Verdins geradeaus bis zur Talstation der Seilbahn fahren
4) Am Parkplatz der Talstation geradeaus vorbei auf den Weg Nr. 4 fahren
5) Dem Weg Nr. 20 links Richtung Tall folgen
6) Dem Weg Nr. 20 weiter bis zum Gasthof Unterstein folgen
7) 500 m nach dem Gasthof bei der Gabelung rechts Richtung Prenn fahren
8) An der Mittelstation der Seilbahn vorbei bis nach Oberkim fahren
9) Dem Weg am Gasthof Oberkim vorbei bis nach Videgg folgen (Nr. 20)
10) In Videgg geradeaus weiter auf dem Wanderweg Nr. 40 fahren
11) Nach ca. 1,8 km rechts halten (Wanderweg Nr. 19), nicht weiter auf dem Weg Nr. 40 Richtung Streitweideralm fahren!
12) Dem Weg Nr. 19 bis zur Hofer Säge folgen (ca. 3 km)
13) Bei der Hofer Säge an der Gabelung rechts halten
14) Hinter dem Gasthof Hasenegg links fahren
15) An der Talstation der Seilbahn geradeaus vorbei zurück nach Schenna fahren

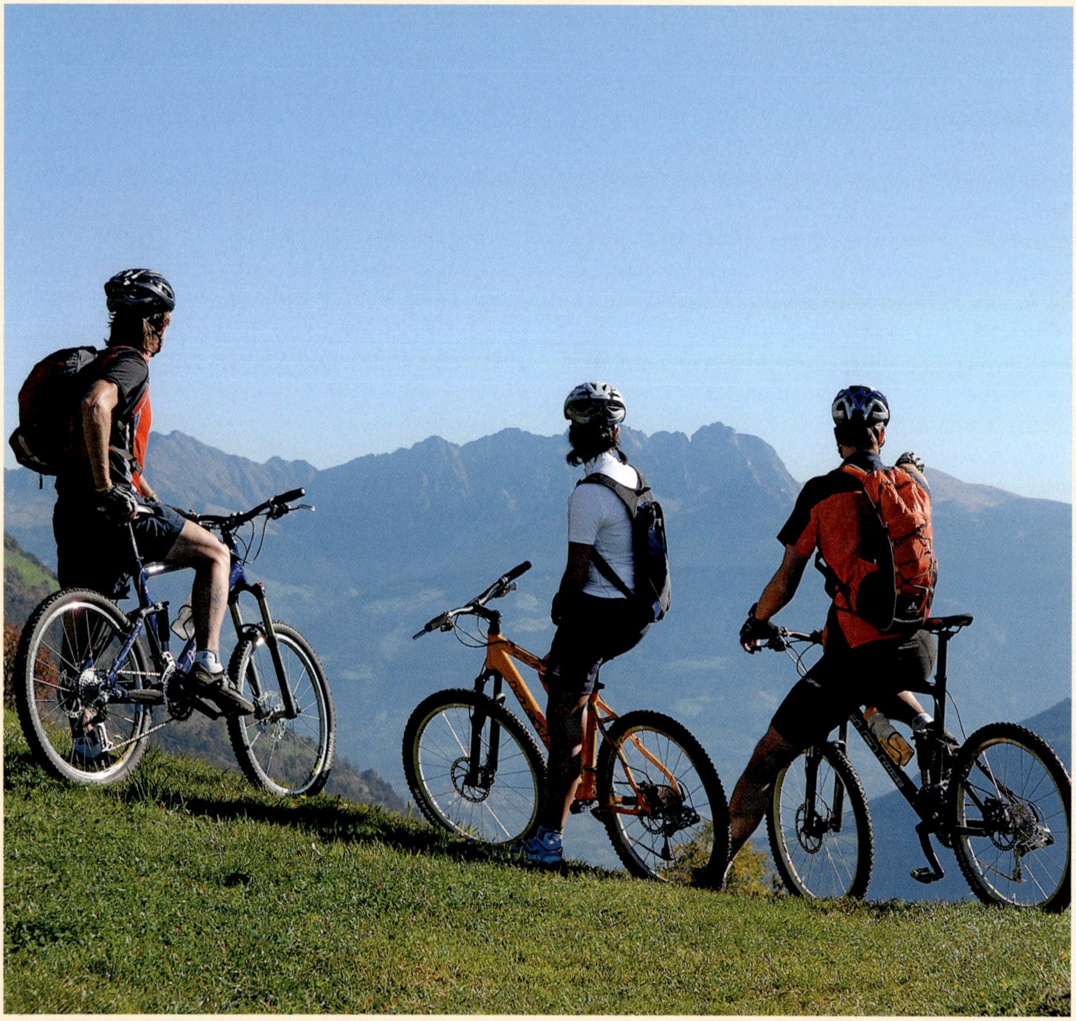

Geteilte Freude ist doppelte Freude

8.3 Durch das Passeiertal auf die Pfandler Alm

Eine Genießer-Tour für die ganze Familie

2 Schwierigkeit | Erlebniswert | 1156 (350 bis St. Martin) Höhenmeter (in m) | 45,1 Streckenlänge (in km) | ✓ e-Bike

TOURENCHARAKTER

KONDITION

FAHRTECHNIK

TOURCHARAKTER

Die Steigung beschränkt sich auf die letzten acht Kilometer von St. Martin hinauf zur Pfandler Alm. Wenn man sich 800 Höhenmeter ersparen möchte, kehrt man in St. Martin ein und fährt dann gemütlich zurück nach Meran. So kommen vor allem Genussradler und Familien voll auf ihre Kosten.

AUSGANGS-/ENDPUNKT

Meran (340 m)

HÖCHSTER PUNKT

1552 m

WEGBESCHAFFENHEIT

Asphalt, Schotter, Trail

ANFAHRT

Auf der Brennerautobahn bis zur Ausfahrt Bozen-Süd. Über die Schnellstraße nach Meran bis zur Ausfahrt Meran Süd/Sinich.

EINKEHR

Passerblick in St. Martin oder Pfandler Alm (1350 m)

KARTE

Kompasskarte Passeiertal/Val Passiria: Wander-, Rad- und Skitourenkarte, 1:25 000

Eine schöne, fast ganzjährig machbare Fahrradtour, die besonders zur Obstbaumblüte im April lohnend ist. Die malerische Landschaft, die Ruhe, die beeindruckende Bergkulisse sowie der malerische Passerdamm sprechen vor allem Familien und Genussradler an. Wer noch eine kleine Herausforderung sucht, fährt von St. Martin hoch zur Pfandler Alm und genießt den schönen Blick ins Passeiertal.

In Meran fahren wir auf der Jaufenstraße Richtung Passeiertal, nach der Brücke über die Gilfschlucht geht's rechts ab zum Passerdamm. Nun haben wir eine nur leicht ansteigende, sehr reizvolle Tour entlang dem Flussufer in das Passeiertal vor uns. Der Fahrradweg führt meist auf Schotterweg immer am Damm entlang. Wir passieren auf unserem Weg mehrere Ortschaften, darunter Riffian, Ried und Saltaus. Die Strecke verläuft ohne weitere Schwierigkeiten bis nach St. Martin im Passeiertal.
St. Martin (668 m) erreichen wir nach 14 Kilometern, wo wir uns auf der Terrasse des Gasthofs Passerblick eine Erfrischung gönnen.
Nun können wir uns entscheiden, ob wir uns wieder auf derselben Strecke auf den Rückweg nach Meran machen oder die Herausforderung annehmen und auf die Pfandler Alm fahren. Bis zur Alm erwarten uns sportliche 800 Höhenmeter auf knapp acht Kilometern.
Zur Pfandler Alm fahren wir weiter auf der asphaltierten Zufahrtsstraße bergauf bis zum Pfandlerhof. Zuletzt müssen wir uns auf einem steilen Forstweg bis zur Pfandler Alm (1350 m) hochkämpfen.
Von der Pfandler Alm fahren wir den gleichen Weg über St. Martin und den Passerdamm-Radweg zurück nach Meran.

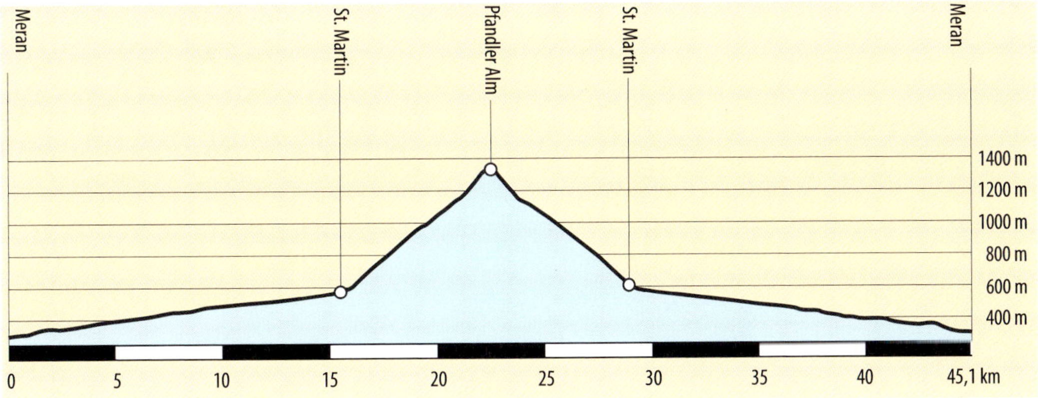

Roadbook 8.3

1) In Meran auf der Jaufenstraße Richtung Passeiertal fahren
2) Nach der Brücke über die Gilfschlucht rechts ab zum Passerdamm
3) Entlang dem Radweg Passerdamm am Flussufer über Riffian und Ried bis nach St. Martin fahren (ca. 14 km)
4) Ankunft in St. Martin (595 m) nach 14 km
5) Rechts zum Gasthof Passerblick abbiegen
6) Am Passerblick geradeaus vorbeifahren
7) Nach 230 m links auf den Wanderweg Nr. 1 Richtung Pfandler Alm
8) Den Weg am Pfandlerhof vorbei bis zur Pfandler Alm fahren
9) Erreichen der Pfandler Alm (1350 m)
10) Die Rückfahrt erfolgt auf derselben Strecke bis nach St. Martin
11) Von St. Martin zurück auf dem Passerdamm-Radweg bis Meran

PFANDLER ALM

Die Pfandler Alm war Zufluchtsort für Andreas Hofer, den berühmten Tiroler Freiheitskämpfer, als er um sein Leben fürchten musste. Andreas Hofer versteckte sich im November 1809 samt Frau und Kind auf dem Pfandlerhof. Die französischen Truppen hatten ihr Kommen angekündigt. Sie wollten über den Jaufenpass ins Land einziehen. Am 11. Dezember schickte Hofer seine Familie in ein Versteck am Schneeberg und wanderte selbst hinauf auf die Hütte der Pfandler Alm. Am Heiligen Abend kam ihn seine Familie besuchen und blieb mit ihm auf der Hütte. Eineinhalb Monate lang blieben die Flüchtenden unentdeckt. Zwar wurde Andreas Hofer gewarnt, doch blieb er trotzdem in seinem Unterschlupf. Hier wurde er samt Familie von Franzosen und Italienern am 28. Januar 1810 festgenommen. Hofers Familie wurde in Bozen freigelassen, er selbst wurde im Februar in Mantua erschossen.

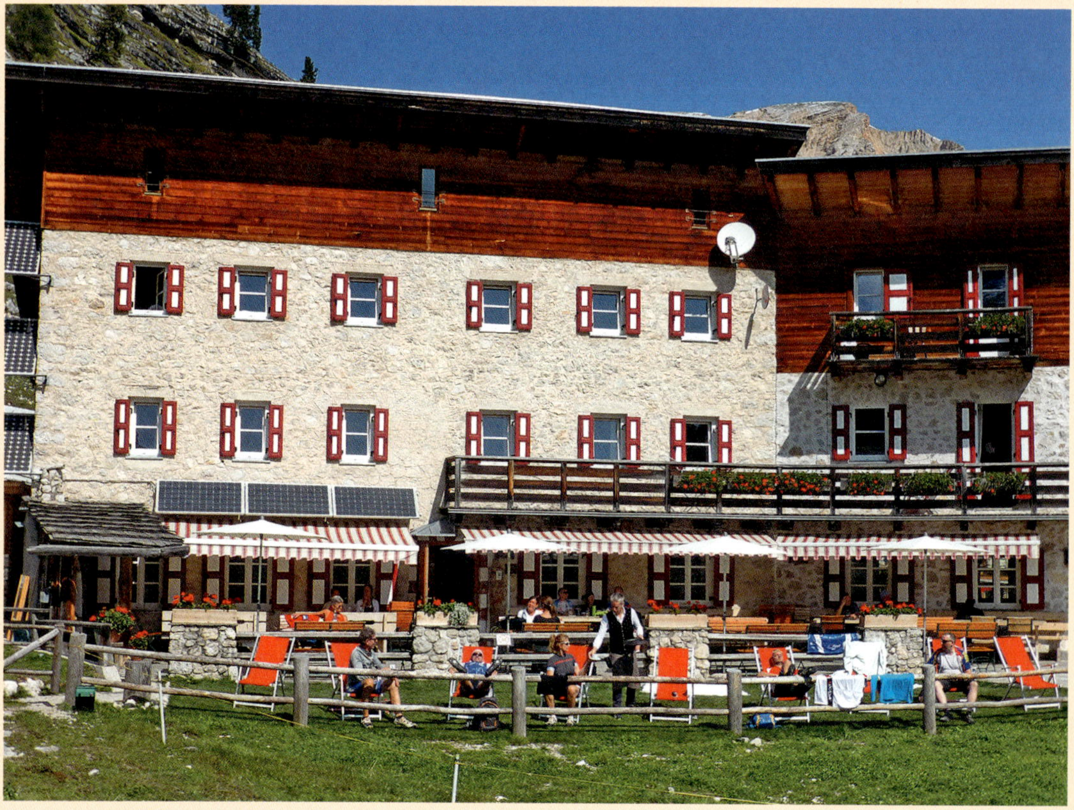

Komfortable Hüttenrast

8.4 Zum Knottnkino

Eine Einsteiger-Tour zum spektakulärsten Aussichtspunkt in Südtirol

2	✪✪✪✪✪	600	33,5	✓
Schwierigkeit	Erlebniswert	Höhenmeter (in m)	Streckenlänge (in km)	e-Bike

TOURENCHARAKTER

KONDITION
✪✪✪✪✪

FAHRTECHNIK
✪✪✪✪✪

TOURCHARAKTER
Eine leichte Tour für die ganze Familie.

AUSGANGS-/ENDPUNKT
Meran (340 m)

HÖCHSTER PUNKT
1497 m

WEGBESCHAFFENHEIT
Asphalt, Schotter, Waldwege

ANFAHRT
Auf der Brennerautobahn bis zur Ausfahrt Bozen-Süd. Dann die direkte Verbindung über die Schnellstraße Meran-Bozen (MEBO) oder die Staatsstraße 38 wählen.

EINKEHR
Leadner Alm, Gasthof Alpenrose

KARTE
Kompasskarte Tschögglberg, Salten: Wander-, Bike- und Skitourenkarte, 1:25 000

Auf einer Höhe von 1465 Metern liegt das Knottnkino, direkt auf dem Rotsteinkogel. Mit »Knottn« ist der Südtiroler Felsen gemeint, auf dem 30 robuste Sessel aus Stahl und Kastanienholz errichtet wurden: Kinosessel, auf denen der Ausblick auf das Etschtal und die Texelgruppe, auf den Penegal und bis zum Weißhorn einen unvergesslichen Eindruck hinterlässt. Hier wird die Natur zum Erlebnis, live und in 3D – und das ohne Plastikbrille auf der Nase.

Wir starten unsere gemütliche Rundwanderung in Meran und fahren auf der Via Roma bis nach Burgstall. In Burgstall bringt uns die Seilbahn in nur acht Minuten hoch nach Vöran, so überwinden wir die 800 Höhenmeter ganz entspannt im Schwebezustand.
Nun fahren wir weiter über den Weg Nr. 16, welcher uns zur Leadner Alm (1514 m) führt. An der Leadner Alm angekommen, können wir eine Pause einlegen und eine kleine Brotzeit zu uns nehmen.
Weiter geht's auf dem Weg Nr. 11 Richtung Weberhof auf den Rotsteinkogel. Von hier sind es nur noch wenige Meter bis zum »Knottnkino«. Hier bekommen wir vom Künstler Franz Messner einen ganz besonderen »Film« präsentiert: Die einzigartigen Ausblicke auf das Etschtal, die Dolomiten, das Ortler-Massiv, die Texelgruppe, das Passeiertal, Meran und das Ultental bis hin zum Weißhorn über dem Bozener Unterland. Die 30 Kinoklappstühle aus Kastanienholz laden ein, die wohl größte Freiluftleinwand der Welt auf sich wirken zu lassen. Wir schauen uns den Naturfilm eine Weile an und können uns nur schwer losreißen, um den nächsten Besuchern Platz zu machen.
Noch ganz überwältigt von dem Naturspektakel machen wir uns auf den Rückweg. Wir folgen dem

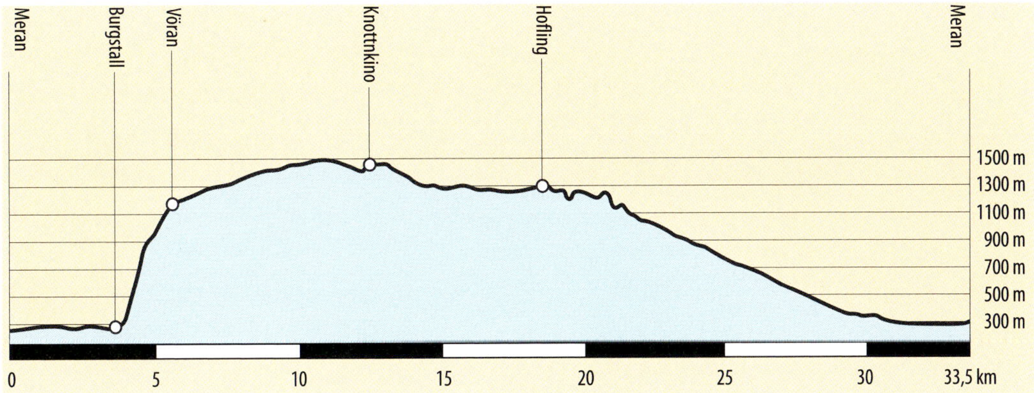

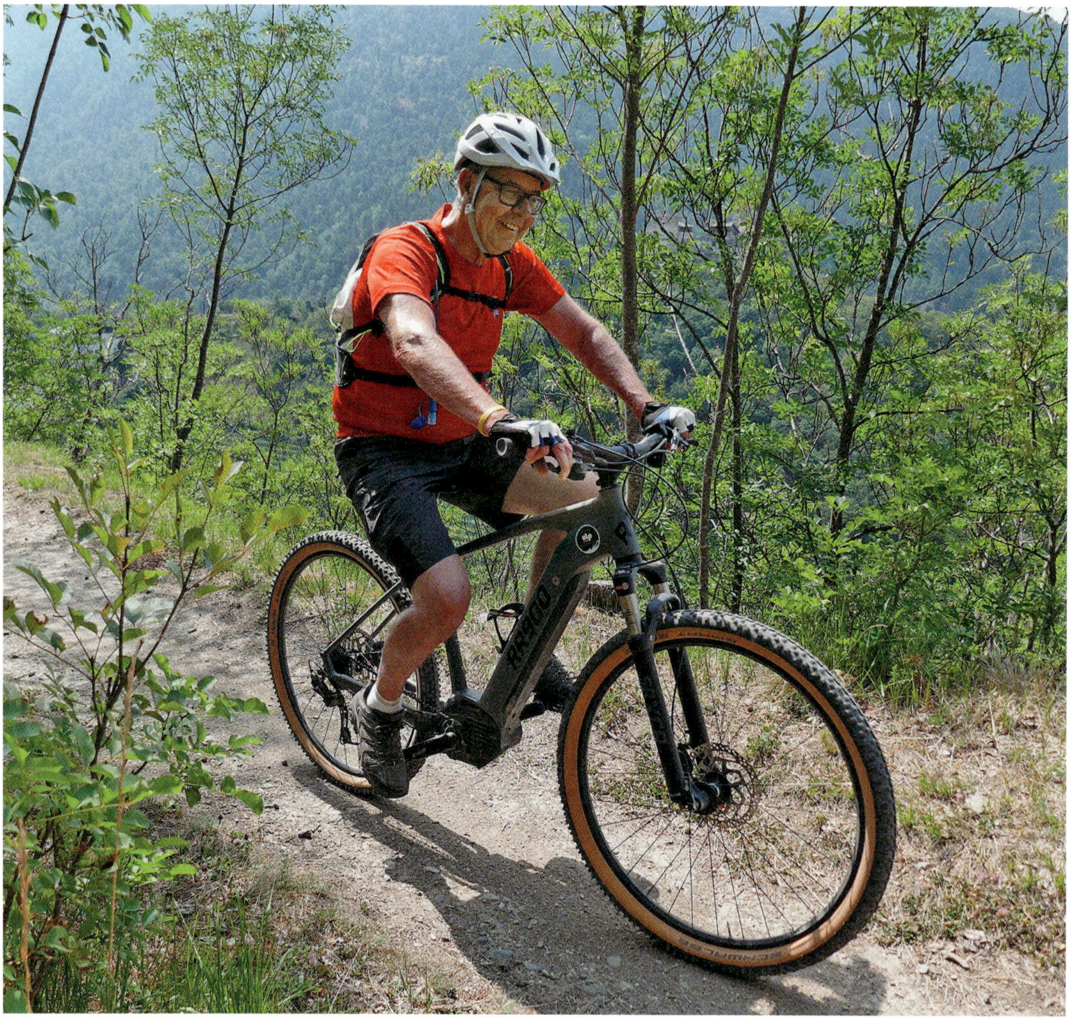

Spaß auf dem Morter Flowtrail

Schützenbründlweg (Nr. 12) ein kurzes Stück, bis wir auf die Straße von Vöran nach Hafling stoßen. Wir fahren auf der Straße bis nach Hafling und von dort ein kurzes Stück weiter, bis wir rechts nach St. Kathrein abzweigen.

Hier lohnt sich ein kleiner Abstecher zur St. Katharina-Kirche, dem Wahrzeichen von Hafling. Die kleine Kirche steht auf einem Sattel, von welchem man einen herrlichen Blick auf Meran genießen kann.

Im Inneren der Kirche befindet sich ein kleiner gotischer Schnitzaltar und in der Nähe der Kirche ein Bildstock mit der Kreuzigungsdarstellung aus gotischer Zeit.

Von St. Kathrein fahren wir zurück auf die Hauptstraße und folgen dieser durch die Tunnel, die durch den Maiser Wald führen. Die rundkuppige Landschaft von Hafling ist reich an Tannen- und Lärchenwäldern sowie an grünen Weideflächen. Die letzten Kilometer fahren wir durch diese herrliche Landschaft und viel zu schnell kommen wir zurück zu unserem Ausgangspunkt, nach Meran.

SEILBAHN BURGSTALL–VÖRAN

Die Seilbahn fährt im Halbstundentakt und erreicht Vöran in 8 Minuten. Mountainbiker in »Normalbekleidung« dürfen einsteigen, Biker mit Protektoren und Integralhelm werden nicht mitgenommen. Für Mountainbiker sind alle Abfahrten von Vöran leider verboten.

Roadbook 8.4

1) In Meran südlich der Via Roma bis nach Burgstall folgen
2) In Burgstall die Seilbahn nach Vöran nehmen
3) In Vöran geradeaus an der Kirche vorbeifahren
4) An der Hauptstraße rechts abbiegen
5) Hinter dem Gasthof »Grüner Baum« links abbiegen
6) Dem Wanderweg Nr. 16 bis zur Leadner Alm (1514 m) folgen
7) An der Leadner Alm links in den Wanderweg Nr. 11 (Richtung Weberhof) abbiegen
8) Der Beschilderung bis zum Knottnkino folgen
9) Ankunft im Knottnkino
10) Für den Rückweg das kurze Stück bis zur Kreuzung zurückfahren
11) Dann links in den Schützenbründlweg (Nr. 12) abbiegen
12) An der Hauptstraße rechts abbiegen
13) Der Straße bis nach Hafling folgen
14) 1,5 km hinter Hafling rechts nach St. Kathrein abbiegen (Besichtigung der St. Katharina-Kirche)
15) Zurück auf die Hauptstraße und dieser bis nach Meran folgen

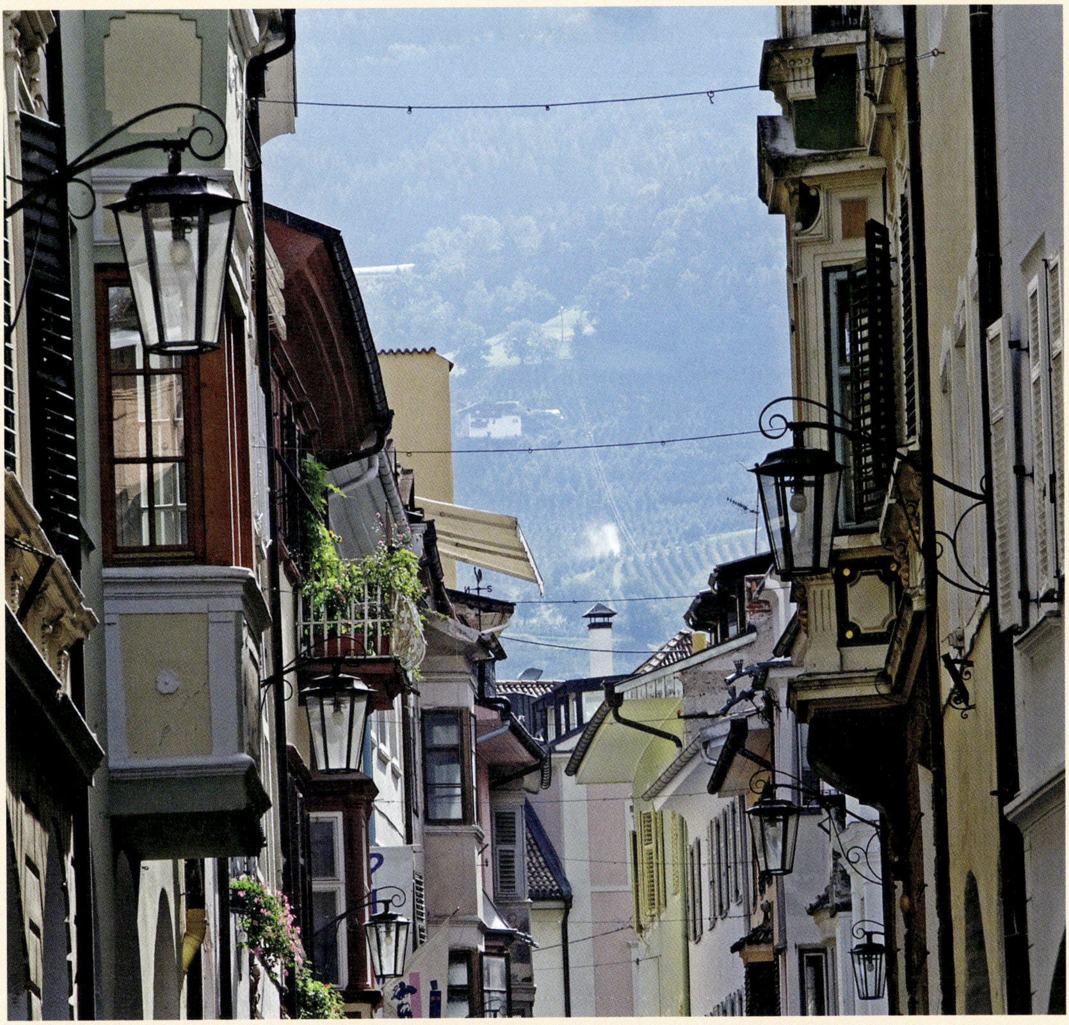

Die historische Altstadt Merans mit ihren zierlichen Erkern und zahlreichen Torbögen

9. Latsch

Bike-Eldorado Latsch

Die Marktgemeinde Latsch mit den Fraktionen Morter, Tarsch, Goldrain und St. Martin liegt im Herzen des Vinschgaus auf 639 Metern über dem Meeresspiegel. Latsch ist Apfel- und Marillenland: Nirgendwo sonst in Italien wird mehr Obst pro Einwohner angebaut.

Die Region rund um Latsch gehört mittlerweile – und das zu Recht – zu den beliebtesten Mountainbike-Revieren der Alpen. Neben der ungeheuren Tourenvielfalt spielt auch das Wetter eine wichtige Rolle. Schließlich stellte schon Goethe vor über 200 Jahren, als er auf seiner Italienreise durch Südtirol pilgerte, fest: »Jeder sonnt sich heut' so gern.«

Die 3000 Meter hohen Kämme der Hausberge schirmen den Vinschgau von allen Seiten ab. So haben Wolken, egal aus welcher Richtung sie kommen mögen, kaum eine Chance. Aus diesem Grund verzeichnen die Statistiken der Klimastationen im unteren Vinschgau kaum mehr Regen als in Teilen Siziliens. Das erklärt die Besonderheit, dass hier Äpfel selbst auf einer Höhenlage von rund 1000 Metern wachsen und gedeihen.

Von dem Klima profitieren wir Biker gleich doppelt: Zum einen dürfen wir uns über 315 Sonnentage im Jahr freuen, zum anderen haben wir auf dem Nordhang fast den ganzen Winter über schneefreie Wege zum Biken. Ideale Bedingungen locken im Frühjahr und Herbst, während im heißen Hochsommer die höhergelegenen Touren und Trails auf der schattigen Nordseite einladen, von uns erkundet zu werden.

Die gesamte Region um Latsch hat sich mit vielfältigen Angeboten auf die Biker eingestellt und lockt mit geführten Touren aller Leistungsklassen und mit Fahrtechniktraining – sieben Tage die Woche. Wie groß die Vinschgauer Tourenvielfalt ist, erkennt man an den unterschiedlichen Bikern, die man auf dem Weg durch Latsch antrifft: Wir begegnen Transalp-Einsteigern auf der Via Claudia, »Bergziegen« auf dem Rückweg vom Stilfserjoch und Downhillern mit Totenkopf-Montur auf dem Weg zum Monte-Sole-Supertrail.

Latsch liegt mitten im Nationalparkgebiet, alle Trails auf der Nordseite verlaufen im Stilfserjoch-Nationalpark. Hier finden wir herrlich verwachsene Forstwege, einzigartige Wälder, schroffe Gipfel und Gletscher. Nicht umsonst führt das weltweit härteste Mountainbike-Rennen – die Transalp Challenge – regelmäßig durch den Vinschgau. Hier können wir die urigen Almen, umgeben vom beeindruckenden und atemberaubenden Bergmassiv der Ortlergruppe, genießen. Auf Initiative der

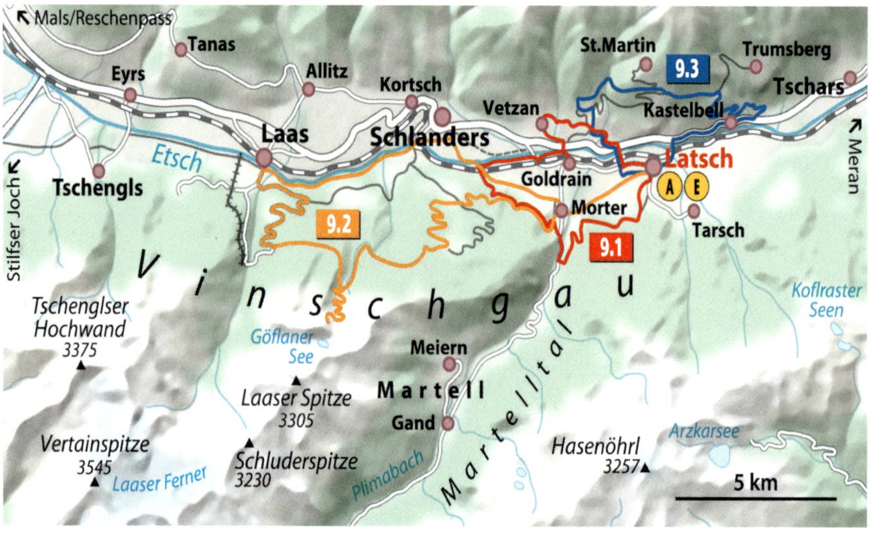

Biker Eldorado Betriebe und mountainbiker. it entstand im Herbst 2005 der erste Bike-Geschicklichkeitsparcours Südtirols in Tarsch, nur zehn Minuten von Latsch entfernt.
Latsch zählt außerdem zu den burgenreichsten Gemeinden Südtirols. Auf der Burg Obermontani wurde gar die Originalhandschrift des Nibelungenliedes gefunden. Weiteres wertvolles Fundstück ist der Menhir. Dieser 5000 Jahre alte Kultstein wurde 1992 in der Kirche »Unsere Liebe Frau auf dem Bichl« entdeckt. Dieser rund 5000 Jahre alte Zeichenstein aus Marmor stammt aus dem Übergang von der Stein- zur Bronzezeit und wurde bei der Restaurierung dieser Kirche unter der hölzernen Altarmensa entdeckt und ist dort zu besichtigen.

INFOS

TOURISTINFO

www.suedtirol-tourist.info/
Vinschgau_dt.html
www.mountainbiker.it
www.bikereldorado.com

ANREISE

Über den Reschenpass:
Vom Reschenpass oder den Ofenpass kommend auf der SS 38 Richtung Meran fahren. Am Kreisverkehr in Latsch die SS 38 verlassen und in das Dorf Latsch fahren.

Über den Brennerpass:
Über den Brennerpass kommend die A22 in Bozen Süd verlassen. Der Schnellstraße MEBO in Richtung Meran folgen, welche nach ca. 30 km in die SS 38 mündet. Der SS 38 in Richtung Reschenpass/Vinschgau folgen, am Kreisverkehr nach Latsch die SS 38 verlassen.

BESTE REISEZEIT

Die beste Reisezeit ist März bis Nov., jede Jahreszeit hält spezielle Touren bereit. Das Bikeangebot im Vinschgau ist nahezu unerschöpflich.

BIKEHOTELS

**** Dolce Vita Hotel Jagdhof (Bike-Hotel)
I-39021 Latsch
Tel. +39/(0)473/62 22 99
www.jagdhof.com
info@jagdhof.com
Topadresse für Biker, die Luxus lieben. Das Hotel zeichnet sich durch geräumige Zimmer, Gourmetküche und eine tolle Wellnesslandschaft mit Pool aus. Das bieten andere Hotels zwar auch, aber der Unterschied liegt im Hausherrn Martin Pirhofer selbst: Er ist leidenschaftlicher Biker und kennt die schönsten Touren und Trails rund um Latsch. Und das Beste: Er gibt sein Insiderwissen gerne an Gleichgesinnte weiter.

ESSEN

Bergrestaurant Tarscheralm
Bergstation Sessellift
39020 Latsch/Tarsch
Tel. +39/(0)340/317 45 66
Geöffnet von 12–15.30 Uhr; kein Ruhetag

Hotel-Restaurant Waldheim
St. Maria in der Schmelz 16
39020 Martell
Tel. +39/(0)473/74 45 45
Geöffnet von 8–1 Uhr, warme Küche von 12–15 Uhr und von 18–21 Uhr; Mi Ruhetag

Hotel-Restaurant Himmelreich
Klostergasse 15
39020 Kastelbell/Tschars
Tel. +39/(0)473/62 41 09
Warme Küche von 12–14 Uhr und von 18–21 Uhr; Mo Ruhetag

Hotel-Restaurant Goldener Löwe
Dantestr. 6
39028 Schlanders
Tel. +39/(0)473/73 01 88
Warme Küche von 11.30–14 Uhr und von 17–21 Uhr; Mo Ruhetag

Hotel-Restaurant Post-Hirsch
Spondinig 7
39026 Schluderns
Tel. +39/(0)473/61 60 21
Warme Küche von 11.30–14 Uhr und von 19–20.30 Uhr; Mi Ruhetag

Hotel-Restaurant Goldrainerhof
Vinschgauerstr. 4
39020 Latsch/Goldrain
Tel. +39/(0)473/74 20 42
Warme Küche von 11.30–14 Uhr und von 17–21 Uhr; kein Ruhetag

Hotel-Restaurant Maria Theresia
Staatsstr. 15
39028 Schlanders
Tel. +39 (0)473/73 02 09
Warme Küche von 11–14 Uhr und von 17.30–22 Uhr; Mi ab 15 Uhr Ruhetag

Gasthof Sonne
Kortsch 98
39028 Schlanders/Kortsch
Tel. +39/(0)473/73 01 00
Geöffnet von 8–24 Uhr, warme Küche von 12–14 Uhr und von 18–21 Uhr; Di Ruhetag

Hotel-Restaurant Goldene Rose
Fußgängerzone 73
39028 Schlanders
Tel. +39/(0)473/73 02 18
Warme Küche von 12–14 Uhr und von 18–21 Uhr; So Ruhetag

BIKE-SHOPS/VERLEIH/TOUREN

Maxx Bike Eldorado
Hauptstr. 65a
39020 Latsch
www.bikereldorado.com

BIKE-SCHULE

Ötzi Bike Academy
Rathausstr. 1
39050 Naturns
www.oetzi-bike-academy.com

KARTEN

Kompasskarte Vinschgau, Val Venosta: Wander-, Rad- und Skitourenkarte, 1:50 000;
Kompasskarte Nationalpark Stilfserjoch/ Parco Nazionale dello Stelvio: Wanderkarte mit Kurzführer, Radrouten und Skitouren, 1:50 000

9.1 Latsch-Umrundung

Eine Kennenlernrunde für Einsteiger

2 Schwierigkeit | Erlebniswert | 550 Höhenmeter (in m) | 19,5 Streckenlänge (in km) | ✓ e-Bike

TOURENCHARAKTER

KONDITION

FAHRTECHNIK

TOURCHARAKTER
Eine familientaugliche Tour. Die kurzen Singletrails können auch gemieden werden.

AUSGANGS-/ENDPUNKT
Latsch (639 m)

HÖCHSTER PUNKT
842 m

WEGBESCHAFFENHEIT
Asphalt, Schotter, Singletrails

ANFAHRT
Vom Reschenpass kommend auf der SS 38 Richtung Meran fahren. Am Kreisverkehr Richtung Latsch die SS 38 verlassen.

EINKEHR
Jausenstation Putzenhof-Morter

KARTE
Kompasskarte Vinschgau, Val Venosta: Wander-, Rad- und Skitourenkarte, 1:50 000

Dieser Streifzug durch die Umgebung von Latsch bietet auf den 20 Kilometern einen Abwechslungsreichtum, den man nur im Vinschgau findet. Die Tour eignet sich ideal, um die Gegend kennenzulernen und sich einen ersten Eindruck vom Vinschgau zu verschaffen. Von Latsch führt die Tour über Tiss am Sonnenberg nach Goldrain, vorbei am Bildungshaus Schloss Goldrain. Über den Weiher Tschanderle überqueren wir den Fallerbach. Uns erwarten schattige Wälder am Nördersberg, unbefahrene Forststraßen, grüne Wiesen im Talkessel und die sonnigen Hänge am Sonnenberg.

Der Weg führt uns von Latsch zunächst in die Ortschaft Tiss. Der kleine Ort liegt am Hang des Sonnenbergs, der – wie es der Name schon erahnen lässt – von der Sonne sehr verwöhnt ist. Doch sind die teils recht steilen und felsigen Hänge des Vinschger Sonnenbergs meistens so trocken, dass beinahe nichts darauf gedeihen will. Nur mithilfe von künstlichen Bewässerungssystemen, den für das Vinschgau so prägenden »Waalen«, war und ist es den Menschen möglich, dort etwas anzubauen.
Von der fruchtbaren Talsohle aus lässt sich der Kontrast zwischen den beiden Talseiten, dem schattigen und dicht bewaldeten Nördersberg und dem trockenen, kargen Sonnenberg, am besten erkennen.
In Tiss nehmen wir Kurs auf das kleine Örtchen Vetzan. In einem Bogen fahren wir weiter nach Goldrain und über Obstwiesen nach Holzbrugg.
Den Nördersberg entlang erreichen wir über eine Forststraße, von der wir in einen herrlichen Singletrail abzweigen, das Wetterkreuz oberhalb von Morter.
Durch Morter fahren wir ein Stück ins Martelltal bis zur Kreuzung Schloss Montani. Das Schloss Obermontani am Eingang des Martelltals steht auf einem vom

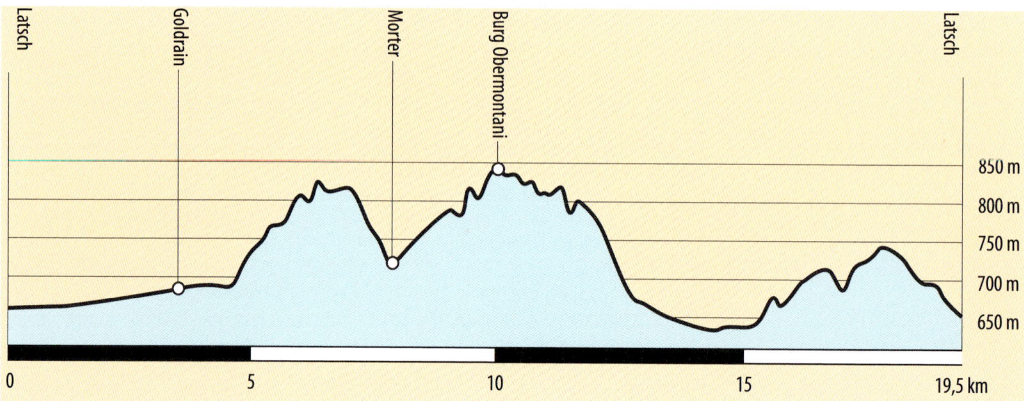

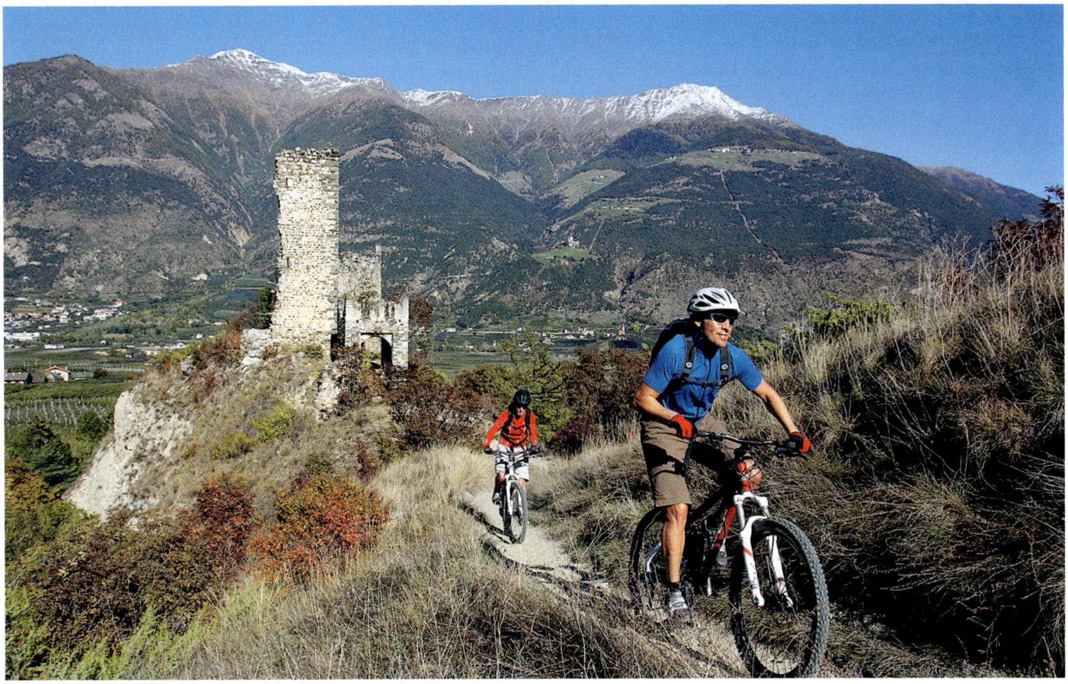

Plimabach unterspülten Bergrücken. Die Burg Obermontani wurde 1228 von Albert II. von Tirol errichtet als Trutzburg gegen die Churer Bischöfe. In der Burg wurden die originalen Handschriften des berühmten Nibelungenliedes gefunden. Nach Voranmeldung kann man die Burgkapelle St. Stefan mit ihren wunderbaren Wandmalereien und Kunstwerken besichtigen.

Der Weg, auf dem wir uns jetzt befinden, war 2002 auch Teil der Transalp-Strecke. Die Teilnehmer des bekannten Bergrennens fuhren hier auf dem Waalweg zu den Magrin-Böden. Ein kleiner Abstecher führt uns auf die Südtirolcup-Strecke, auf der wir bis zum Eisstadion nahe Latsch fahren. An dieser Stelle erreichen wir wieder den Radweg, auf dem wir zurück zum Ausgangspunkt gelangen.

Latsch – die burgenreichste Region Südtirols

SCHLOSS GOLDRAIN

Schloss Goldrain im Südtiroler Vinschgau erzählt die Geschichte von Aufstieg und Niedergang eines gesamten Herrschergeschlechts: Die mittelalterliche Burg mauserte sich im 16. Jahrhundert unter der Familie Hendl zum prunkvollen Renaissancepalast, musste dann allerdings mit dem Niedergang der Familie im 19. Jahrhundert einen fortschreitenden Verfall erleben. Erst Ende des 20. Jahrhunderts wurde dieser durch das beherzte Engagement einer Kulturinitiative gestoppt. Seit der vorbildlichen Renovierung des Renaissance-Schlosses ist mit einem Kultur-, Bildungs- und Tagungszentrum neues Leben in die alten Gemäuer gezogen. Hier trifft moderne Bauästhetik auf rustikale Vergangenheit – das kommt gut an bei den vielen Besuchern, die jedes Jahr das Schloss besichtigen.

WAALWEGE

Um ihre Äcker, Felder und Wiesen in trockenen Zeiten zu bewässern, legten die Bauern in Südtirol schon vor Jahrhunderten »Waale« an. Das Wasser wurde aus den Bächen höhergelegener Täler abgeleitet. Je nach Gelände fließt es in gegrabenen Erdkanälen, in Rinnen, die in den Fels geschlagen worden waren, oder in Holzrinnen (»Kandeln«) bergab. Das Geklapper der von einem Wasserrad getriebenen Waalschelle zeigte dem diensthabenden »Waaler« den gleichmäßigen Wasserstrom an. Hatte sich Geäst oder anderer Unrat verfangen, musste der »Waaler« den Wasserlauf säubern und gegebenenfalls instand setzen. Hierfür waren entlang den Waalen gut begehbare Wege angelegt worden. Heute sind diese wunderschönen alten Wege ohne allzu große Steigungen zu beliebten Wander- und Radwegen geworden.

Roadbook 9.1

1) ↑ An der Kirche in Latsch auf der Hauptstraße Richtung Goldrain fahren
2) ↱ Hinter der Bushaltestelle rechts abbiegen und der Markierung Nr. 6 nach Tiss folgen
3) ↑ In Tiss geradeaus an der Kirche vorbeifahren und dem Schlossweg bis Vetzan folgen
4) ↰ In Vetzan links abbiegen und an der Kirche vorbeifahren
5) ↑ Der Beschilderung bis nach Goldrain folgen
6) ↱ In Goldrain rechts abbiegen und am Bahnhof von Goldrain geradeaus vorbeifahren
7) ↑ Die Hauptstraße 500 m nach dem Bahnhof überqueren und dem Weglein geradeaus bis Holzbrugg folgen
8) ↰ In Holzbrugg scharf links abbiegen und die Gleise der Vinschgerbahn überqueren
9) ↑ Der Radroute bis nach Morter folgen
10) ↑ Die Ortschaft Morter durchqueren und bis zur Hauptstraße vorfahren
11) ↱ An der Hauptstraße rechts abbiegen
12) ↑ Der Hauptstraße 800 m folgen
13) ↰ Links in den Wanderweg Nr. 12 abbiegen
14) ↑ Dem Weg ca. 1 km an der Ruine Obermontani vorbei folgen
15) ↰ 500 m hinter der Burgruine links in den Wanderweg Nr. 5 abzweigen
16) ↑ Dem Wanderweg Nr. 5 bis zum Latscher Hof folgen
17) ↑ Am Eisstadion vorbei Richtung Latsch fahren
18) • Nach 1,3 km Ankunft in Latsch

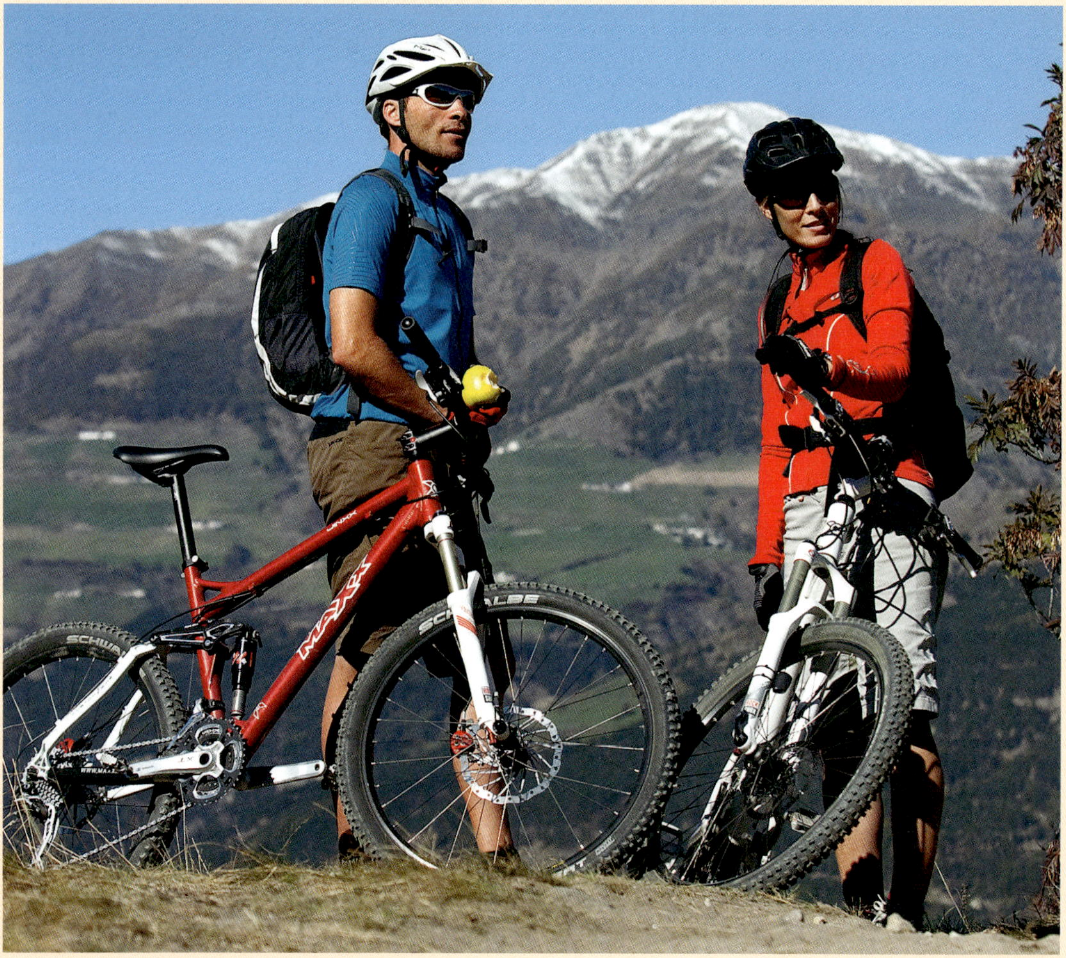

Einfach mal stehen bleiben und genießen

9.2 St.-Martin-Tour mit Tschillitrail

Herrlicher Trailspaß auf den Hängen des Sonnenberges

3 Schwierigkeit | Erlebniswert | 1210 Höhenmeter (in m) | 22,8 Streckenlänge (in km) | ✓ e-Bike

TOURENCHARAKTER

KONDITION

FAHRTECHNIK

TOURCHARAKTER
Uphill auf Teer, Downhill mit mehreren Möglichkeiten für jeden Schwierigkeitsgrad!

AUSGANGS-/ENDPUNKT
Latsch (639 m)

HÖCHSTER PUNKT
1532 m

WEGBESCHAFFENHEIT
Asphalt, Forstwege, Singletrails

ANFAHRT
Vom Reschenpass kommend auf der SS 38 Richtung Meran fahren. Am Kreisverkehr Richtung Latsch die SS 38 verlassen.

EINKEHR
Gasthof Niedermair (1360 m)

KARTE
Kompasskarte Vinschgau, Val Venosta: Wander-, Rad- und Skitourenkarte, 1:50 000

Zugegeben, die lange Auffahrt auf Asphaltstraße ist etwas lästig, der Blick vom Niedermairhof dafür umso schöner. Und schließlich wartet ja noch der legendäre Tschillitrail auf uns, der selbst für geübte Fahrer eine echte Herausforderung darstellt. Teilweise schön verblockt mit überraschenden kleinen Steilhängen, frischt er unsere Fahrtechnikkenntnisse mal wieder gehörig auf.

Von Latsch fahren wir über den Radweg nach Kastelbell, wo wir im Ortszentrum rechts Richtung St. Martin im Kofel abbiegen. Steil baut sich die geteerte Straße vor uns auf und führt uns vorbei an Kastanienhainen bis zum Hof Köstenplon. Von hier an wird die Straße wieder flacher und wir passieren die Hofgruppen von Trumsberg. Fantastisch ist der Ausblick schon ab einer Höhe von 1000 Metern hinunter ins Vinschgau und ins Martelltal. Der traumhafte Panoramablick reicht bis zur Texelgruppe bei Meran.

Der Höhepunkt erwartet uns aber noch bei der Einkehr im Niedermairhof. Dem Himmel ganz nah und hoch über Kastelbell steht der Gasthof mitten am Trumsberg. Der Ausblick von der Sonnenterrasse hinunter ins Vinschgau und ins Martelltal ist überragend. Die vielen hofeigenen Produkte von Familie Kaserer lassen auch das Essen zum Hochgenuss werden. Bei Speck, Käse und Kaminwurzen lässt es sich wunderbar aushalten.

Zurück führt die Tour nun über den Tschillitrail »55«, einen technisch anspruchsvollen Singletrail, der das Herz eines jeden Downhillers höher schlagen lässt. Anfangs ist der Trail ziemlich verblockt, in der Mitte geht's über Felder und Wiesen. Auch in der zweiten Hälfte erwarten uns kleine Steilhänge, die es zu überwinden gilt. Wem das zu abenteuerlich ist, der kann alternativ auch den Forstweg über Annaberg zurück nach Latsch nehmen.

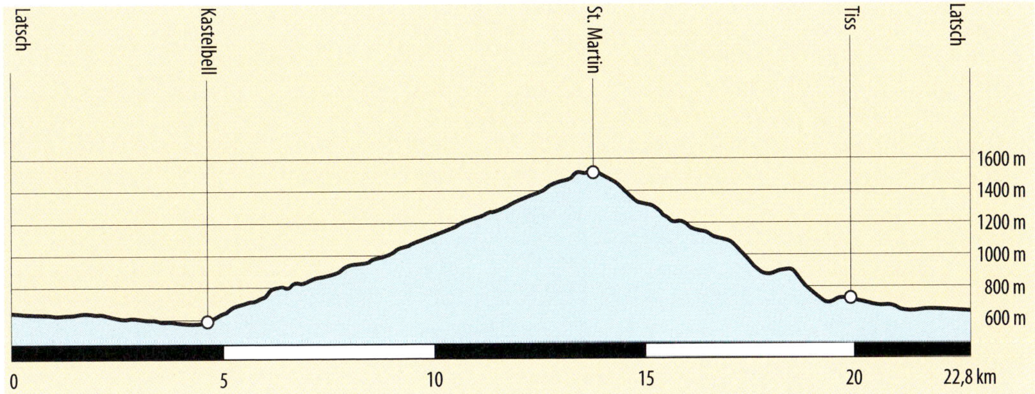

Roadbook 9.2

1) ↑ Von Latsch über den Radweg Via Claudia Augusta nach Kastelbell fahren

2) ↰ 400 m nach dem Bahnhof von Kastelbell links ins Zentrum von Kastelbell abbiegen

3) ↱ In Kastelbell rechts abbiegen Richtung St. Martin im Kofel

4) ↑ Der Straße bis zum Hof Köstenplon folgen

5) ↑ Weiter dem Hauptweg bis zum Mairhof (1228 m) folgen

6) ↰ Hinter dem Mairhof links halten und der Markierung Nr. 9 bis zum Parkplatz folgen

Alternativ: Hinter dem Mairhof rechts halten und die 1,3 km bis zum Niedermairhof (1360 m) fahren. Tolle Einkehrmöglichkeit.

7) ↰ 200 m hinter dem Parkplatz links in den kleinen Pfad abbiegen

8) ↑ Über die Wiesen bis zum Gasthof Ratschill fahren

9) ↑ Am Gasthof geradeaus vorbeifahren und auf dem Wanderweg 6A weiterfahren

10) ↰ An der Gabelung links halten und auf den Lottersteig fahren

11) ↰ Dem Lottersteig ca. 1,2 km folgen, bei der Gabelung links halten

12) ↰ Beim Hauptweg (Annenbergweg) links abbiegen

13) ↱ Nach 600 m rechts in den kleinen Pfad abbiegen und bis zum Schloss Goldrain vorfahren

14) ↰ Hinter dem Schloss links abbiegen und dem Schlossweg bis zur Hauptstraße folgen

15) ↑ Auf der gegenüberliegenden Seite der Hauptstraße in den Wanderweg Nr. 6 fahren

16) ↰ Links auf die Hauptstraße nach Latsch abbiegen

MARTELLTAL

Das Martelltal, eingebettet im Herzen des Stilfserjoch-Nationalparks in Südtirol, ist eines der ursprünglichsten Seitentäler des Vinschgaus. Vorbei an der Ruine von Schloss Obermontani erstreckt es sich von 950 m bis zum Gletscher des Cevedale auf 3769 m.

Kennzeichnend für das Tal sind die herrliche Ruhe, die reine Bergluft und die unberührte Natur mit einer einzigartigen Fauna und Flora. Vielfältig ist die Pflanzenwelt: saftige Wiesen, dunkle Wälder, Erdbeerplantagen bis auf 1700 m (Europas höchstgelegenes Erdbeeranbaugebiet), Gemüsefelder und schließlich die eisbedeckten Gipfel der Ortlergruppe. Harmonisch eingegliedert ist die über Jahrhunderte geschaffene Kulturlandschaft mit ihren schindelbedeckten Höfen und verwitterten Feldzäunen.

Gämsen und Rehe, Alpenrosen und Silberdisteln erwarten den Besucher des Nationalparks Stilfserjoch, der weite Teile des Tales umfasst. Zu den vielen Wander- und Bikemöglichkeiten gesellen sich ein ausgewogenes Sportangebot und viele gemütliche Gaststätten.

Ein Geheimtipp für alle, die die Stille, das Unberührte, das Ursprüngliche lieben. Fast beschützend ragt bei Morter ein Moränenriegel auf, dahinter beginnt die Oase der Ruhe, die hinaufreicht bis in die Gletscherregion.

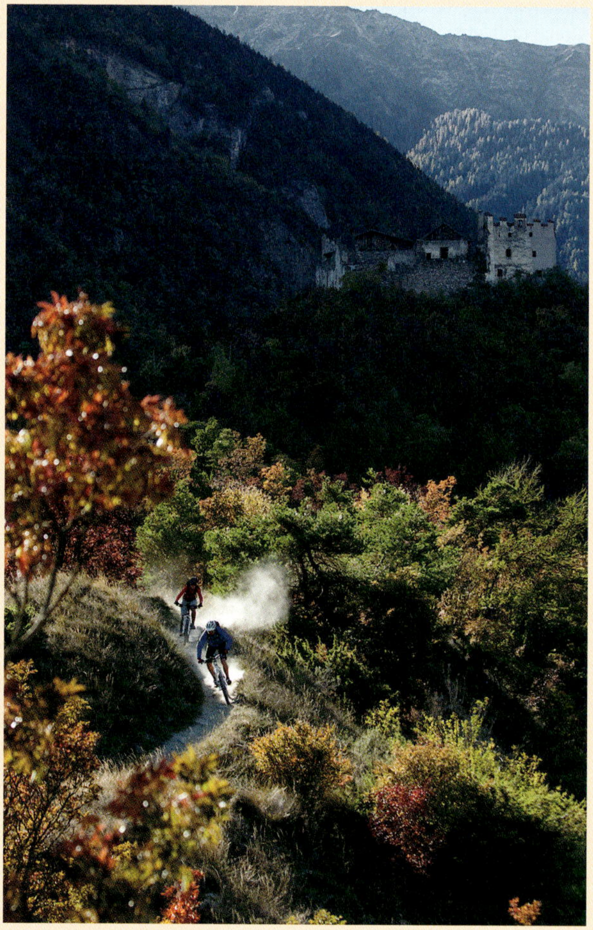

Flowiges Singletrailvergnügen

9.3 Göflaner Marmorbruch

Schweißtreibende Tour zum höchsten Marmorbruch Europas

4 Schwierigkeit | ✪✪✪✪✪ Erlebniswert | 1550 Höhenmeter (in m) | 41,8 Streckenlänge (in km) | ✓ e-Bike

TOURENCHARAKTER

KONDITION
✪✪✪✪✪

FAHRTECHNIK
✪✪✪✪✪

TOURCHARAKTER
Sehr anspruchsvolle Tour mit langer durchgehender Steigungsstrecke und langem technischen Trail.

AUSGANGS-/ENDPUNKT
Latsch (639 m)

HÖCHSTER PUNKT
2150 m

WEGBESCHAFFENHEIT
Asphalt, Forstwege, Singletrails

ANFAHRT
Vom Reschenpass kommend auf der SS 38 Richtung Meran fahren. Am Kreisverkehr Richtung Latsch die SS 38 verlassen.

EINKEHR
Göflaner Alm

KARTE
Kompasskarte Vinschgau, Val Venosta: Wander-, Rad- und Skitourenkarte, 1:50 000

Jeder kennt den Laaser Marmor, deswegen begeben wir uns heute auf eine Entdeckungstour zu der Stelle, wo der berühmte weiße Stein aus dem Felsen gehauen wird: dem Göflaner Marmorbruch. Die Tour ist sehr anspruchsvoll bergauf wie bergab, aber das herrliche Panorama, das außergewöhnliche Ziel und die tolle Einkehr auf der Göflaner Alm machen die Strapazen wieder wett. Aber die Krönung erfolgt erst zum Schluss der Tour! Wir biken einen genialen Trail abwärts nach Morter, der zeigt, dass Mountainbiken mehr bedeuten kann, als auf bayerischen Schotterautobahnen abwärtszukurven.

Wir starten die Tour in Latsch und fahren über die Via Claudia Augusta nach Laas bis zur Abzweigung Richtung Laaser Tal (873 m) auf der linken Seite. Am Dorfausgang biegen wir links ab und fahren über die Brücke nach Tarnell. Oberhalb der Höfe folgen wir einem Forstweg bis zur Kreuzung zum Marmorbruchweg, welcher der Verbindungsweg zwischen dem Göflaner und dem Laaser Bruch ist.

Wir folgen dem Weg weiter bergauf bis zur ersten größeren Weggabelung. An dieser halten wir uns links und kurbeln den geteerten Weg aufwärts, bis wir in einer Kehre auf einen weiteren Weg stoßen. Wir bleiben stets auf unserem Hauptweg, der Marmorstraße, die in mehreren Kehren Richtung Süden verläuft und sich später Richtung Osten wendet. Die Steigung schwankt zwischen acht und unerfreulichen 15 Prozent. Nach einer längeren Auffahrt durch den schattigen Wald lichten sich allmählich die Bäume. Auf einer Höhe von ca. 1900 Metern können wir die ersten Blicke auf den Marmorbruch erhaschen. Mit dem Ziel vor Augen tritt es sich

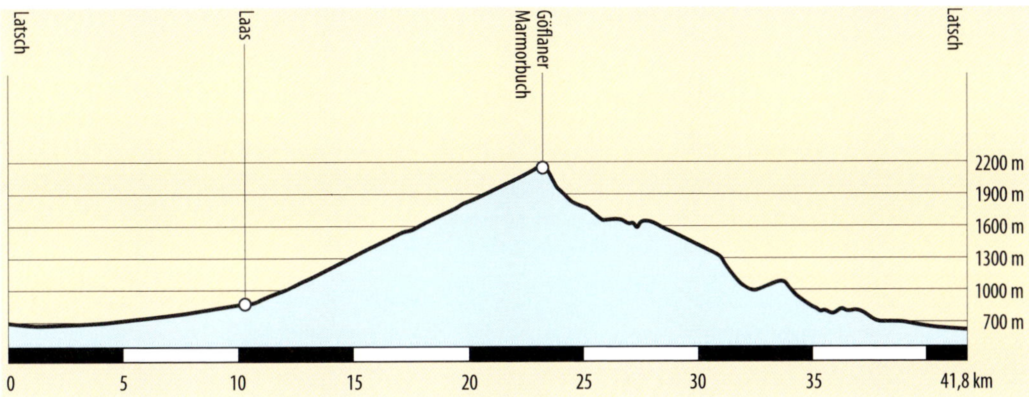

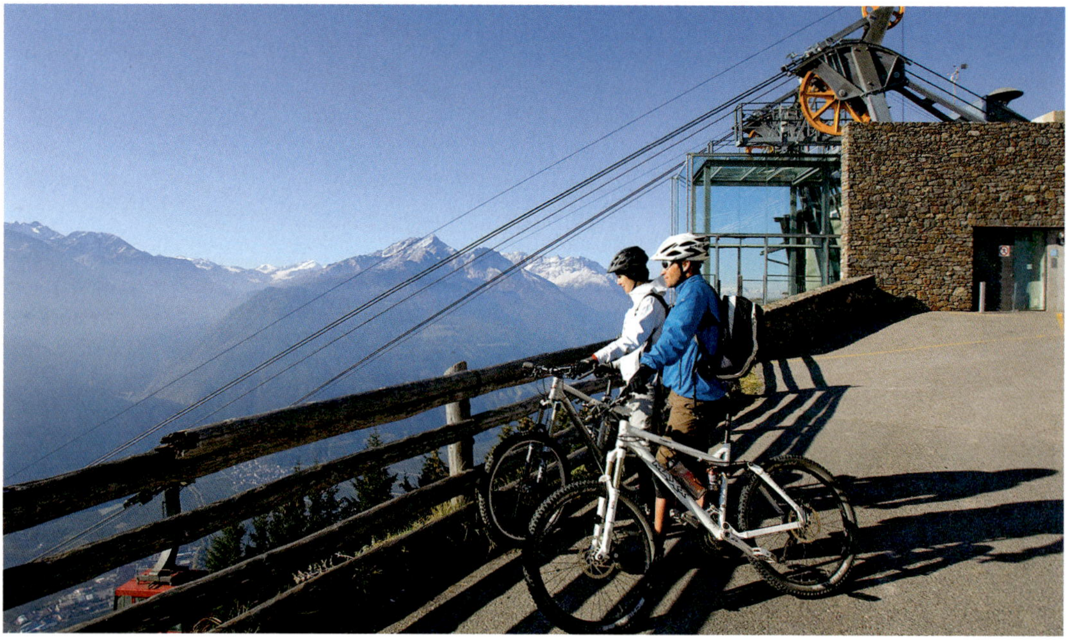

Blick ins Martelltal

nun wieder etwas leichter in die Pedale und die 200 Höhenmeter sind schnell überwunden. Auf unseren letzten Metern zum Ziel kommen wir noch an dem alten Knappenhaus vorbei, in dem vor einiger Zeit die Marmorarbeiter gewohnt haben. Am Göflaner Marmorbruch (2150 m) angekommen, können wir uns von der Schinderei erholen und erforschen das Gelände. Es lohnt sich, einen Blick auf die Marmorhöhlen und die Marmorblöcke zu werfen.

GÖFLANER MARMORBRUCH

Der Göflaner Mitterwandlbruch ist der am höchsten gelegene Marmorbruch Europas. Er liegt auf 2200 m, eingebettet in die atemberaubende Landschaft der Zentralalpen, mitten im Stilfserjoch-Nationalpark. Der Bruch befindet sich oberhalb der Ortschaft Göflan im Göflaner Tal, welches eine von Nordost nach Südwest ansteigende Hochmulde mit einer 1700 bis 2000 m hoch gelegenen Almweide und einem darüber befindlichen Wald- und Kahlgelände ist. Im Hintergrund dieser Mulde erheben sich drei Felswände: das Weißwandl (2777 m), das Mitterwandl (2631 m) und die Jennwand (2950 m). In diesen drei Felswänden, und vor allem in der Mitterwandl, befinden sich die ergiebigsten Marmorvorkommen Südtirols. Aufgrund seiner exponierten Höhenlage kann im Göflaner Mitterwandlbruch nur im schneelosen Sommer Marmor gewonnen werden. Abgebaut wird das Gestein im Unter- und Übertagebau. Heute liefert der Marmorbruch jährlich ca. 2000 m^3 weißen Marmor.

Nach dieser Pause drängt uns der knurrende Magen schnell zur Weiterfahrt. Unser nächstes Etappenziel ist die Göflaner Alm. Wir folgen dem gleichen Weg abwärts bis zur letzten Kehre unterhalb des Bruches, bis wir auf ca. 1950 Metern rechts auf eine Wegabzweigung stoßen. Wir folgen dem netten Trail bergab und treffen nach wenigen Minuten wieder auf einen Forstweg. Oberhalb dieses Weges erspähen wir in ca. 100 Metern Entfernung die idyllisch gelegene Göflaner Alm (1827 m). Hier können wir uns mit Köstlichkeiten aus der Region verwöhnen lassen. Ein toller Anblick eröffnet sich uns von der Hütte aus und wir entdecken unterhalb des »Hörnele« die weiß leuchtenden Marmorbrüche.

Weiter geht es steil bergab auf einem Forstweg bis zu den Kohlplätzen (1682 m). Wir biegen rechts ab und folgen dem ansteigenden Forstweg Richtung Haslhof, der später in einen Trail einmündet. Der Trail überquert nach ca. 700 Metern zwei kleine Gebirgsbäche, ehe wir die Weiskaser Alm erreichen.

Hinter der Alm führt uns ein Forstweg drei Kehren abwärts, bis wir rechts in einen genialen, aber sehr technischen Trail bis oberhalb Morter fahren. Ab Morter geht es dann über den Radweg zurück nach Latsch.

Roadbook 9.3

1) In Latsch über die Via Claudia Augusta über Morter und Göflan bis nach Laas fahren
2) Kurz vor Laas die Abzweigung Richtung Laaser Tal (873 m) auf der linken Seite nehmen
3) Wir biegen links ab und fahren über die Brücke nach Tarnell
4) Oberhalb der Höfe dem Forstweg bis zur Kreuzung zum Marmorbruchweg folgen
5) Dem Marmorweg bergauf folgen
6) An der ersten großen Weggabelung links halten
7) Dem Hauptweg, der Marmorstraße, bis zum Göflaner Marmorbruch (2150 m) aufwärts folgen
8) Weiter dem gleichen Weg abwärts bis zur letzten Kehre unterhalb des Bruches folgen
9) An der Wegabzweigung auf ca. 1950 m rechts dem Trail nach bergab
10) Dem Forstweg bis zur Göflaner Alm (1827 m) folgen
11) Dem Forstweg nach bis zu den Kohlplätzen (1682 m)
12) An den Kohlplätzen rechts abbiegen
13) Dem Forstweg Richtung Haslhof (1574 m) folgen, der Weg mündet in einen Trail
14) Dem Trail bis zur Weiskaser Alm und weiter zum Haslhof folgen
15) Hinter dem Haslhof dem Forstweg in drei Kehren abwärts folgen
16) In der dritten Kehre rechts in den Trail abbiegen (Markierung Nr. 2)
17) Dem Trail bis Morter folgen
18) Ab Morter geht es dann über den Radweg Via Claudia zurück nach Latsch

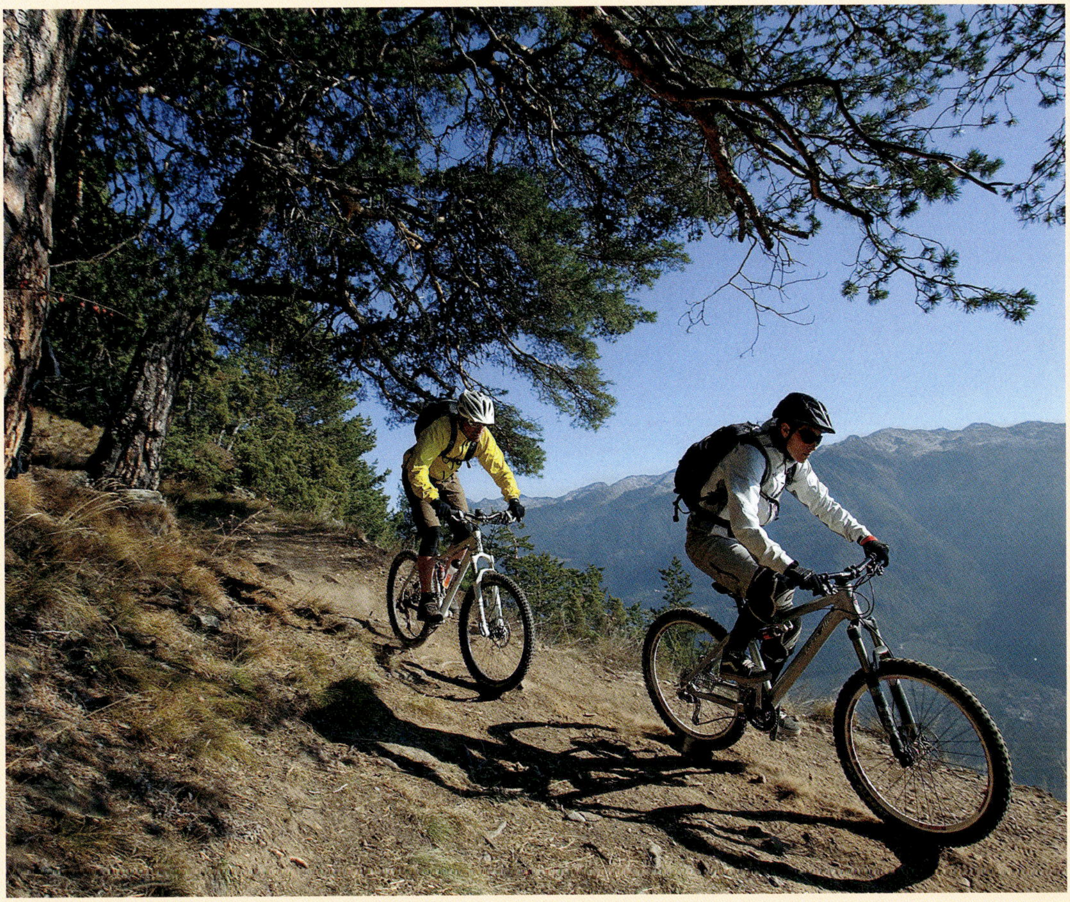

Trails oberhalb von Morter

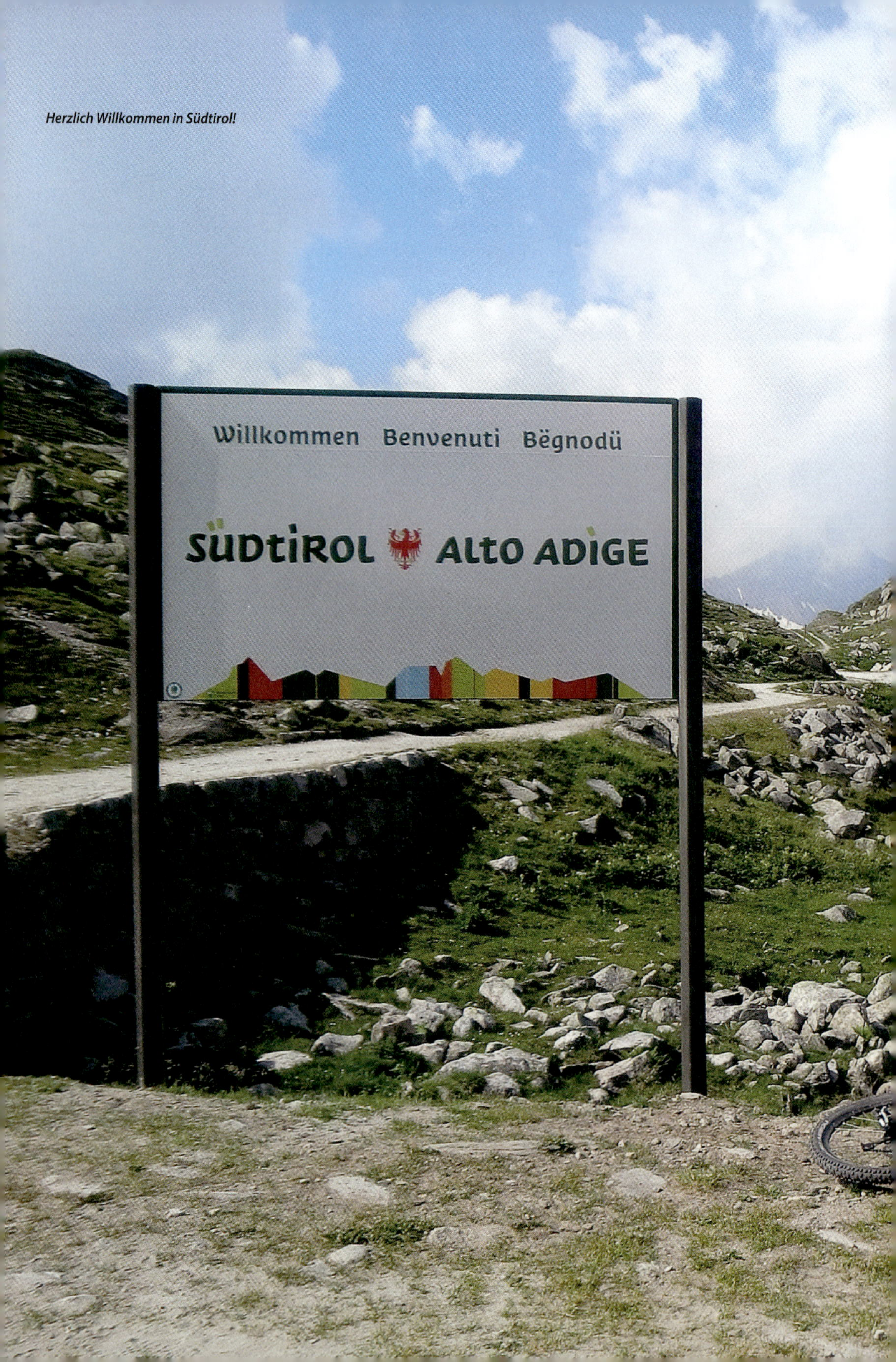

Herzlich Willkommen in Südtirol!

Mehrtagestour Vinschgau-Transalp

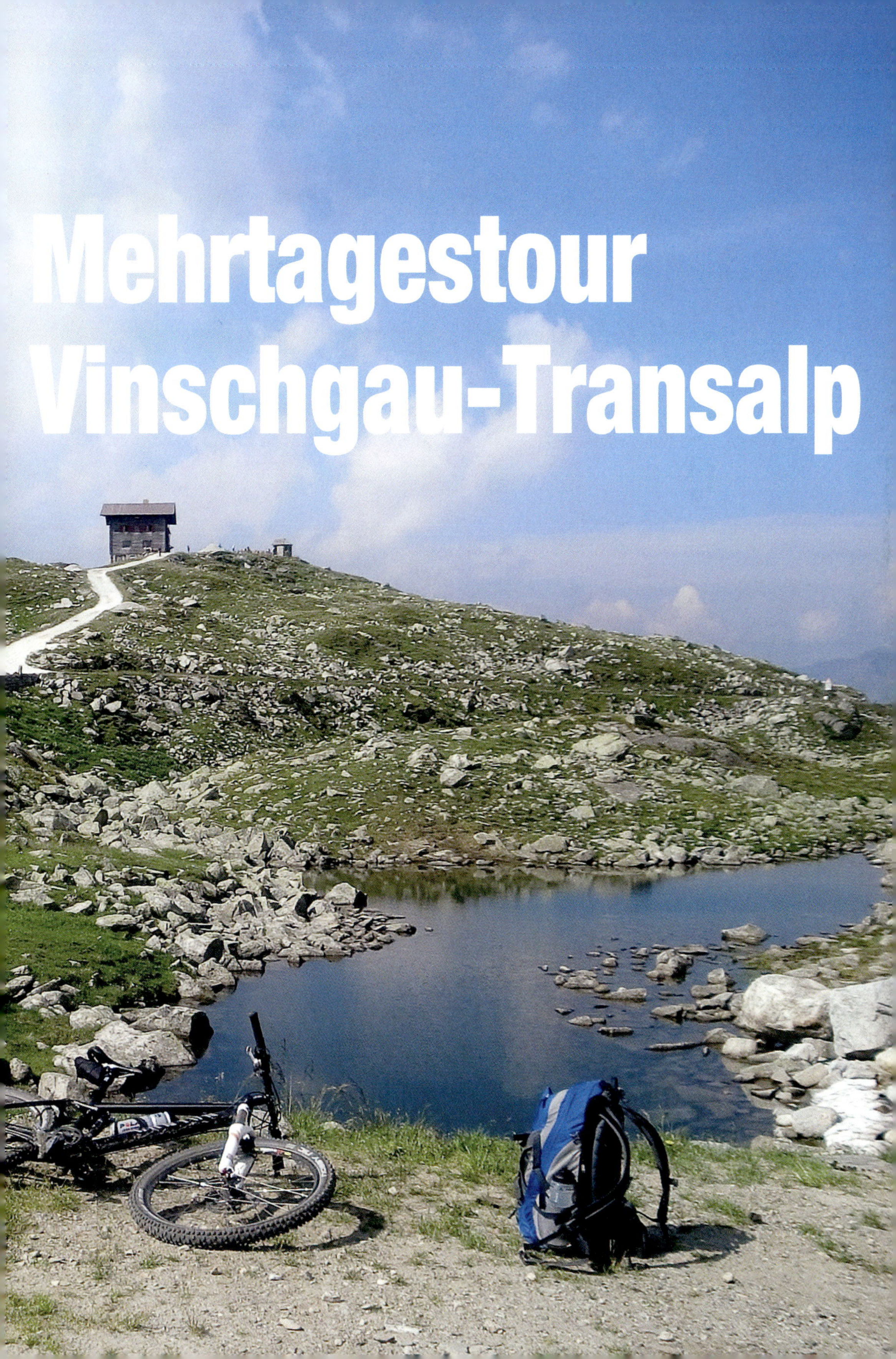

10 Vinschgau Transalp Light: Mals–Neumarkt

Etappe 1: Von Mals nach Meran

1	★★★★☆	180 (nur bergab)	60,5	✓
Schwierigkeit	Erlebniswert	Höhenmeter (in m)	Streckenlänge (in km)	e-Bike

TOURENCHARAKTER

KONDITION
●○○○○

FAHRTECHNIK
●○○○○

TOURCHARAKTER
Leicht, da nur talabwärts und auf gut ausgebauten Radwegen.

AUSGANGS-/ENDPUNKT
Mals – Meran

HÖCHSTER PUNKT
1050 m (Mals)

WEGBESCHAFFENHEIT
Hauptsächlich Asphalt, kurze Schotterabschnitte

ANFAHRT
Mit dem Auto: Über den Reschenpass über Reschen–Graun–St. Valentin bis Mals.
Mit dem Zug: mit einer internationalen Verbindung nach Bozen fahren, dort in den Regionalzug nach Meran einsteigen.
In Meran umsteigen in die Vinschgerbahn und bis zur Endstation Mals fahren.

EINKEHR
Eisdiele »Zum Grünen Baum« in Glurns, Bar Krone in Laas

KARTE
Kompasskarte Vinschgau, Val Venosta: Wander-, Rad- und Skitourenkarte, 1:50 000 Kompasskarte Meran und Umgebung: Wander-, Bike- und Skitourenkarte, 1:50 000

Die Vinschgau-Tour beeindruckt durch die abwechslungsreiche Landschaft, das mediterrane Klima und die vielen Dörfer und Städte entlang des Radwegs, die mit den unterschiedlichsten kulturellen Eigenheiten darauf warten, von uns entdeckt zu werden.

Der Kontrast zwischen den blühenden Apfelplantagen und den schneebedeckten Ortlerspitzen im Hintergrund begleitet uns durch die erste Etappe. Neben der faszinierenden Landschaft und den kulturellen Highlights kommen auch Gourmets voll auf ihre Kosten: Egal ob leckeres italienisches Eis in Glurns, ein perfekter Cappuccino in Schlanders oder ausgezeichnete Marillenknödel in Laas – entlang der Tour bieten sich unzählige Einkehr- und Verköstigungsmöglichkeiten.
Wir beginnen unsere Drei-Tages-Tour durch das sonnige Vinschgau in Mals auf 1050 Metern Meereshöhe. Mals ist die zweitgrößte Gemeinde Südtirols und umgeben von den Ötztalern im Osten, der Ortlergruppe im Süden und der Sesvennagruppe im Westen.
Die Tour startet mit einer herrlichen Abfahrt in das mittelalterliche Städtchen Glurns. Das kleine Städtchen ist äußerst sehenswert, ein kurzer Spaziergang hinter den alten Stadtmauern und ein Eis in den alten Laubengassen lohnen sich auf jeden Fall.
Wir verlassen Glurns durch das Stadttor und biegen links auf den Radweg entlang der Etsch. Und schon finden wir uns auf dem Vinschger Radweg wieder, der uns südlich von Schluderns in die Prader Sand führt. Dabei handelt es sich um eine geschützte Flussaue, in der bedrohte

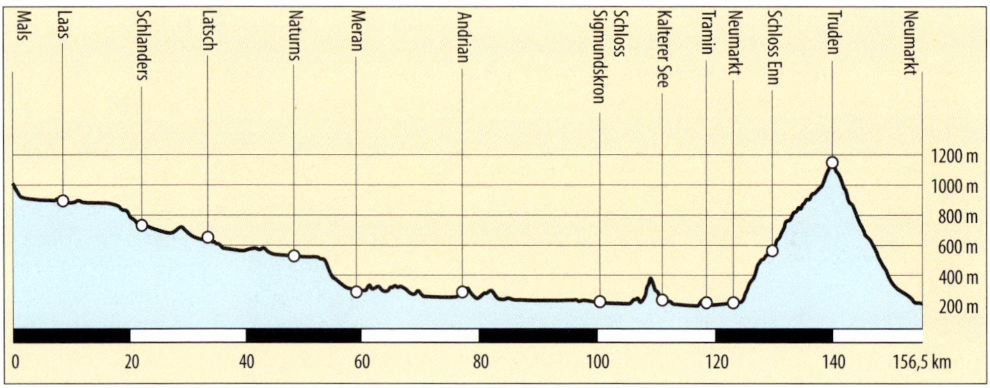

Vogelarten und Wassertiere ein Rückzugsgebiet gefunden haben. Auf unserer rasanten Abfahrt machen sich die ersten Apfelplantagen breit und im Hintergrund blitzen immer wieder die weißen Spitzen des Ortlermassivs hervor.
Nach Durchquerung des Dorfes Prad fahren wir auf Feldwegen weiter in östlicher Richtung. Der Radweg führt uns bis an den Rand des Nationalparks Stilfserjoch und durchquert mehrmals geschützte Flussauen, in denen wir kurze Schotterpisten in Kauf nehmen müssen. Abgesehen von diesen kurzen Schotterabschnitten ist der gesamte Radweg asphaltiert und wird nicht umsonst Radl-Highway nach Meran genannt.
Wir erreichen das Dorf Laas, das vor allem für seinen Marmor bekannt ist. Der Laaser Marmor wird aus dem Berg gebrochen und in Blöcken abtransportiert. Damit werden in Dubai ganze Moscheen errichtet. Auch die Löwen vor der Feldherrnhalle in München sind aus diesem Marmor. Selbstverständlich ist der berühmte Marmor auch in Laas selbst überall zu finden: z. B. bei der Beeteinfassung im Garten, der Vogeltränke, dem Gehsteig, dem Grabstein oder dem Dorfplatz mit seinem Brunnen. Laas gilt zudem als Zentrum des Vinschger Marillenanbaus. Jedes Jahr Ende Juli, Anfang August findet im Dorf das Marillenfest statt, zu dieser Zeit dürfen wir uns auf die leckersten Marillenknödel in ganz Südtirol freuen.
Hinter Laas und zurück auf dem Radweg fahren wir an einem verwilderten Abschnitt die Etsch entlang. Nach einer Weile erreichen wir Schlanders (Ortsteil Göflan), das Dorf, welches als Hauptort des Vinschgaus gilt. Weiter geht's nach Latsch am Eingang des Martelltales. Der Radweg durchquert den Ort, und so bekommen wir eine kleine Stadtführung ganz ohne Umwege.
Bei Kastelbell beginnt der wärmere Teil des Vinschgaus und wir erspähen die ersten Weinreben auf den trockenen Sonnenhängen. Das Schloss Kastelbell kann man vom Radweg sehr gut ausmachen. Es liegt malerisch auf einem mächtigen Felsblock, der am linken Ufer der Etsch aufragt, wo diese aus der Schlucht der Latschander das weite Untervinschgau erreicht. Einige Kilometer weiter, nach der Abzweigung ins Schnalstal, erreichen wir Naturns und damit heißt es: willkommen im Meraner Land. Das macht sich auch an den Temperaturen bemerkbar. Wer auf dem Vinschger Radweg vom Reschensee Richtung Meran fährt, wird merken, wie es stündlich deutlich wärmer wird. Spätestens im Talkessel von Meran empfängt uns ein mediterranes Klima und im Sommer herrschen oft schwüle Temperaturen.

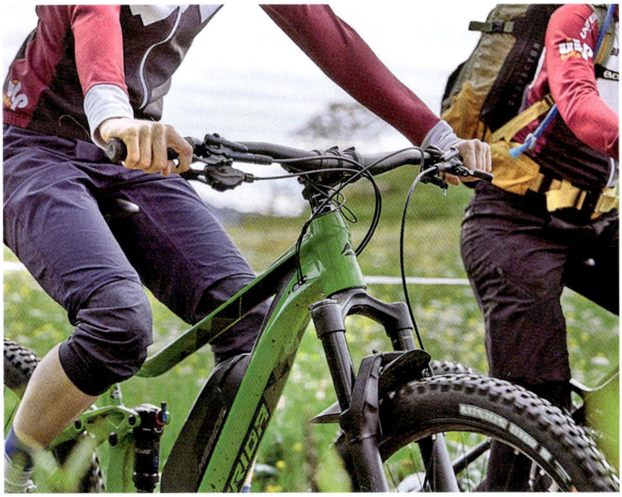

Mit dem E-Bike rollen wir speedig dahin

Vorbei an Plaus und Partschins geht es in Töll nach links. Der neue Radweg folgt jetzt der Etsch bis kurz vor Algund und führt dort auf einer neu erbauten, verkehrsfreien Trasse in sieben Kehren hinunter bis in die Stadtmitte von Algund. Kurz vor dieser rasanten Abfahrt kann man noch den Blick in den Meraner Talkessel genießen.
Nach der Ankunft in der Kurstadt haben wir genügend Zeit übrig für einen Stadtspaziergang. Wir flanieren entlang der Passer, an der Therme und dem Kurhaus vorbei bis zu den alten Laubengassen. Hier locken zahlreiche Restaurants mit Südtiroler Spezialitäten, Pizza, Pasta und gutem Wein. Wir genießen das mediterrane Flair bis in die späten Abendstunden hinein und lassen den Tag bei einem »Hugo's« und Livemusik auf dem Thermenplatz ausklingen.

MUSIC AND MORE AUF DEM THERMENPLATZ IN MERAN

Im Sommer ist einiges los auf dem Thermenplatz in Meran: Neu sind die Themenabende auf der Terrasse des Bistros unter dem Motto »Terme Merano Music & More«. Hier treten den ganzen Sommer über von Juni bis September jeden Dienstag und Donnerstag zwischen 20 und 23 Uhr verschiedene Musikgruppen auf und verleihen Meran ein ganz eigenes Feeling.

Roadbook 10 Etappe 1

1) Vom Bahnhof in Mals geradeaus bis zur Hauptstraße vorfahren
2) Links in die Hauptstraße Richtung Glurns abbiegen
3) In Glurns links in den Etschtalradweg abbiegen (Beschilderung Radroute Meran)
4) An der Etsch entlang bis nach Sponding fahren
5) In Sponding der Beschilderung des Etschtalradweges bis nach Laas folgen
6) Weiter auf dem Radweg bis nach Göflan
7) Dem Radweg über Schlanders nach Morter folgen
8) Der Radroute über Latsch nach Kastelbell folgen
9) Weiter über den Radweg bis Naturns und Partschins
10) In Töll den neuen Radweg nach Algund nehmen (Abfahrt mit 17 Kehren)
11) Weiter den Schildern Richtung Meran Zentrum folgen
12) An der Passerpromenade bis ins Zentrum fahren
13) Ankunft Meran

GLURNS: DIE KLEINSTE STADT SÜDTIROLS

Gerade einmal 900 Einwohner zählt das beschauliche Städtchen Glurns. Dennoch ist sie eine der acht Städte Südtirols und die einzige Stadt im Vinschgau. Ein besonderes Merkmal sind die vollständig erhaltenen Stadtmauern. Die Gründung durch den Tiroler Landesfürsten Meinhard II. liegt mehr als 700 Jahre zurück, so ist Glurns nicht nur die kleinste, sondern zugleich auch die älteste Stadt Südtirols. Das mittelalterliche Flair verleiht ihr einen ganz besonderen Charme. Auch ihren ländlichen Charakter hat sie bis heute nicht verloren: Im Ortskern kann man schon mal einer Kuh oder einem Misthaufen begegnen … Auf dem alten Marktplatz herrscht oft reges Treiben, wenn die Händler wie früher lautstark ihre Waren anpreisen. Glurns war von jeher ein wichtiger Handelsknotenpunkt im Alpenraum.

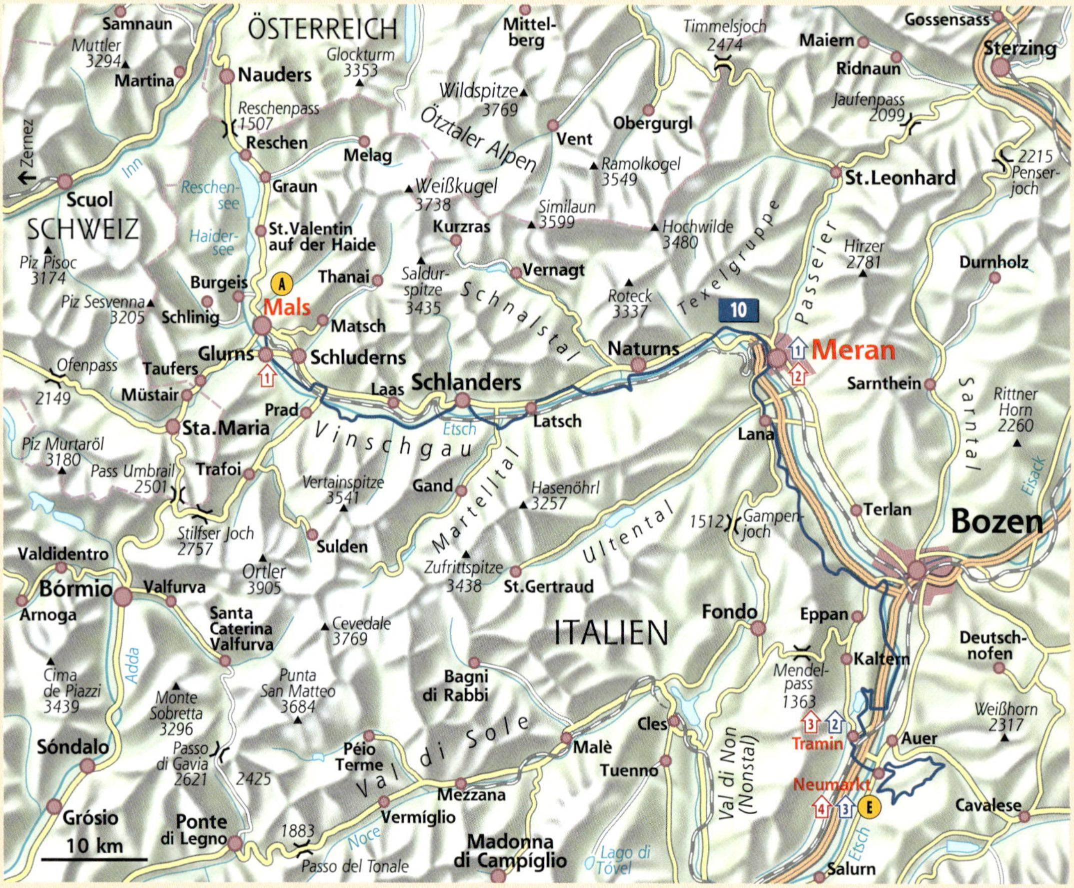

10 Vinschgau Transalp Light: Mals–Neumarkt

Etappe 2: Von Meran nach Tramin

1	✪✪✪✪✪	420	58	✓
Schwierigkeit	Erlebniswert	Höhenmeter (in m)	Streckenlänge (in km)	e-Bike

TOURENCHARAKTER

KONDITION

✪✪✪✪✪

FAHRTECHNIK

✪✪✪✪✪

TOURCHARAKTER

Leicht, da größtenteils flach, nur stellenweise hügelig.

AUSGANGS-/ENDPUNKT

Meran – Tramin

HÖCHSTER PUNKT

380 m

WEGBESCHAFFENHEIT

hauptsächlich Asphalt, kurze Schotterabschnitte

ANFAHRT

Auf der Brennerautobahn bis zur Ausfahrt Bozen-Süd, dann auf der MEBO-Schnellstraße Richtung Meran fahren.

EINKEHR

Andrianer Hof in Andrian, Restaurant Mendelhof in Sigmundskron, Pizzeria oder Seegarten am Kalterer See

KARTE

Kompasskarte Meran und Umgebung: Wander-, Bike- und Skitourenkarte, 1:50 000

Kompasskarte Südtiroler Weinstraße – Unterland: Wanderkarte mit Kurzführer und Radrouten, 1:25 000

Auch der zweite Tag unserer Vinschgau-Durchquerung führt uns durch eine bezaubernde Landschaft. Zunächst fahren wir entlang dem Südtiroler Apfelradweg vorbei an Obstwiesen und Apfelbäumen. Bei Sigmundskron, das direkt an Bozen grenzt, mündet der Apfelradweg in den Überetscher Radweg. Das Gebiet der Überetsch, ein weitläufiges Hochplateau, baut sich sanft vor uns auf. Wir schauen hoch auf Schloss Sigmundskron, das Museum von Reinhold Messner. Immer mehr Weinreben mischen sich unter die Apfelbäume. Auf dem Etschtalradweg geht es Richtung Kalterer See. Uns erwartet eine leichte Etappe, bei der man je nach Lust und Laune anhalten, verweilen und genießen kann.

Auf unserer zweiten Etappe begeben wir uns zunächst auf den Etschtalradweg, der die beiden größten Städte Südtirols, Meran und Bozen, miteinander verbindet. Der sogenannte Apfelradweg gehört zu den schönsten des Landes, was einerseits an dem Verlauf durch Apfelplantagen und Obstwiesen und andererseits an den vielen Sehenswürdigkeiten liegt, die es entlang der Radroute zu bestaunen gibt.

Von der Stadtmitte in Meran fahren wir südlich Richtung Lana. Weil der Etschradweg noch nicht gänzlich fertiggestellt ist, müssen wir die ersten acht Kilometer bis Lana mit Fiat, Vespa und Co. auf der Asphaltstraße teilen. Dies ist allerdings eine der letzten Lücken im Radwegenetz Südtirols und die Stadt Meran arbeitet daran, die letzten fehlenden Meter zu schließen. Unser Weg Richtung Süden, nach Bozen und weiter bis zu unserem Tagesziel, dem Kalterer See und Tramin, ist ab Lana radlergerecht ausgeschildert. Sobald wir die Stadtgrenze hinter uns gelassen haben, ist der Blick auf das traumhafte Panorama des Etschtals frei. Die Straße verläuft leicht ansteigend über Marling und Tscherms bis Lana. Von hier führt uns der Apfelradweg bis in den Großraum Bozen.

Wer seine Blicke schweifen lässt, kann auf dem Radweg viele Südtiroler Highlights erblicken: die Dörfer des Etschtales, Kirchen, viele Burgen und Schlösser an den Hängen der Berge. Wer sie sich näher ansehen will, kann jederzeit vom Etschradweg abzweigen und einen Abstecher zu den Schlössern machen.

Wir nähern uns Andrian, einem kleinen verschlafenen Dörfchen an der westlichen Seite der Etsch. Andrian an der Südtiroler Weinstraße beherbergt die älteste Kellerei Südtirols und auch Fans der volkstümlichen Musik ist Andrian sicher ein Begriff: Vincent & Fernando, Sieger beim Grand Prix der Volksmusik im Jahre 2009, wohnen hier im Ort.

Von Andrian fahren wir weiter auf dem Südtiroler Apfelradweg Richtung Bozen. Nach wenigen Kilometern baut sich die Stadt vor uns auf. Bozen hat sich im letzten Jahrhundert zu einer Alpenmetropole mit einem ganz eigenen Flair entwickelt, den wir aus der Ferne nur erahnen können. Der südliche Abschnitt in der Nähe der Burg Sigmundskron bietet einen grandiosen Rundblick von den Dolomiten (Rosengarten, Schlern) bis zum Hochland von Eppan mit dem Umriss des barocken

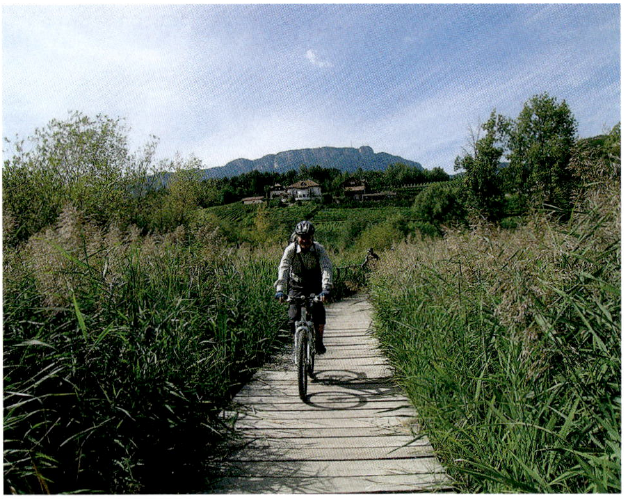

Durch das Schilf der Montiggler Seen

Zwiebelturms von St. Pauls und den Schlössern Hocheppan und Boymont, darunter eine prächtige Weinlandschaft.

Am Bahnhof von Sigmundskron geht es links ca. 200 Meter die Straße in Richtung Bozen weiter, bis rechts eine Abzweigung die Fortsetzung des Radwegs anzeigt. Nach einer Rechtskurve gelangt man zu einem kleinen Bahnübergang, danach fahren wir über eine Fahrradbrücke Richtung Eppan und Kaltern weiter.

Der großzügig ausgebaute Radweg entlang der Etsch ist an Wochenenden und bei schönem Wetter oft stark frequentiert, kein Wunder bei der Begeisterung der Italiener für den Radsport. Radtouristen mit bepackten Reiserädern haben in den letzten Jahren stark zugenommen. Trotzdem ist die Fraktion der Radsportler, die schrille Renntrikots tragen, nach wie vor deutlich in der Überzahl. Wir rollen seelenruhig auf dem Asphaltband dahin und schütteln nur immer wieder den Kopf über die vielen Italiener, die mit 30 km/h angeschossen kommen und nach wie vor keinen Helm tragen.

Kurz vor Auer, ca. 20 Kilometer südlich von Bozen, verlassen wir den Etschtalradweg und biegen ab Richtung Kalterer See. Eine kaum befahrene Nebenstraße führt uns nach etwa drei Kilometern zum See, wo wir sogleich unsere Badehose auspacken und ins Wasser springen. Dann machen wir noch eine kleine Seeumrundung und fahren schließlich auf der Südtiroler Weinstraße nach Tramin, wo wir bei einem köstlichen Gewürztraminer den Tag ausklingen lassen.

SCHLOSS SIGMUNDSKRON

Schloss Sigmundskron ist das Schloss in Südtirol schlechthin. Schloss Sigmundskron ist jedem Südtiroler ein Begriff. Die große Burganlage liegt zwischen Bozen und Eppan auf einem Hügel und beherbergt heute den Hauptsitz der »Messner Mountain Museums« (MMM) des Extrembergsteigers Reinhold Messner.

Im Jahre 1957 war die Burg Schauplatz der Protestkundgebung unter der Führung von Silvius Magnago, in der man sich gegen das Pariser Abkommen auflehnte und für Südtirols Freiheit eintrat. Der Satz »Los von Rom« ging in die Geschichte ein und ist heute noch bei manchen Parteien ein Hauptthema.

Die Burg wurde im Jahre 945 unter Kaiser Konrad II. gebaut. 1027 erhielt sie der Bischof von Trient und im 12. Jahrhundert ging sie an den Verwaltungsadel. Im 15. Jahrhundert erwarb Herzog Sigmund der Münzreiche, der damalige Landeshauptmann von Tirol, die Burg und baute sie in eine standhafte Festung um. Von nun an nannte er den Bau Schloss Sigmundskron. Kurze Zeit später kam der Herzog in finanzielle Schwierigkeiten und musste die Burg verpfänden. In der folgenden Zeit wurde die Anlage sehr vernachlässigt. Ende des 18. Jahrhunderts waren die Grafen Wolkenstein die Herren auf dem Schloss, im 19. Jahrhundert die Grafen von Sarnthein, später bis 1994 die Grafen Toggenburg. Mitten in dieser Zeit, im Jahre 1976, nahm eine Gastwirtsfamilie Teile des Schlosses in Pacht, restaurierte diesen Abschnitt der Anlage und eröffnete darin ein Restaurant. 1996 erwarb die Provinz Südtirol das Schloss.

2003 erhielt Reinhold Messner die Erlaubnis von der Landesregierung, sein Bergmuseum in Schloss Sigmundskron einzurichten. 2006 wurde die Eröffnung des Messner Mountain Museums, das insgesamt fünf verschiedene Standorte hat, gefeiert.

Roadbook 10 Etappe 2

1) Von Meran über die Gampenstraße am Pferderennplatz vorbei Richtung Marling fahren
2) Der Staatsstraße 238 bis nach Lana folgen
3) In Lana nach der Flussüberquerung die zweite Straße links Richtung Lana Zentrum fahren
4) Weiter bis Niederlana fahren
5) In Niederlana der Beschilderung Südtiroler Apfelradweg nach Nals folgen (ca. 10 km)
6) Geradeaus durch Nals durchfahren und dem Radweg bis Andrian folgen
7) Von Andrian weiter auf dem Südtiroler Apfelradweg Richtung Eppan
8) Kurz vor Eppan links Richtung Bozen halten
9) Bundesstraße und Etsch überqueren, 250 m nach der Brücke links auf den Radweg entlang der Etsch abbiegen
10) Immer die Etsch entlang bis kurz vor Auer fahren (ca. 16 km)
11) Rechts über die Autobahnbrücke Richtung Kalterer See abbiegen
12) Rechts Richtung Kalterer See fahren
13) Der Straße bis zum Kalterer See folgen
14) 600 m hinter dem Kalterer See rechts in den Wanderweg Nr. 3 einbiegen
15) An der Hauptstraße links abbiegen
16) Nach 2 km rechts auf die Hauptstraße abbiegen
17) An der Südtiroler Weinstraße links abbiegen
18) Ankunft Tramin

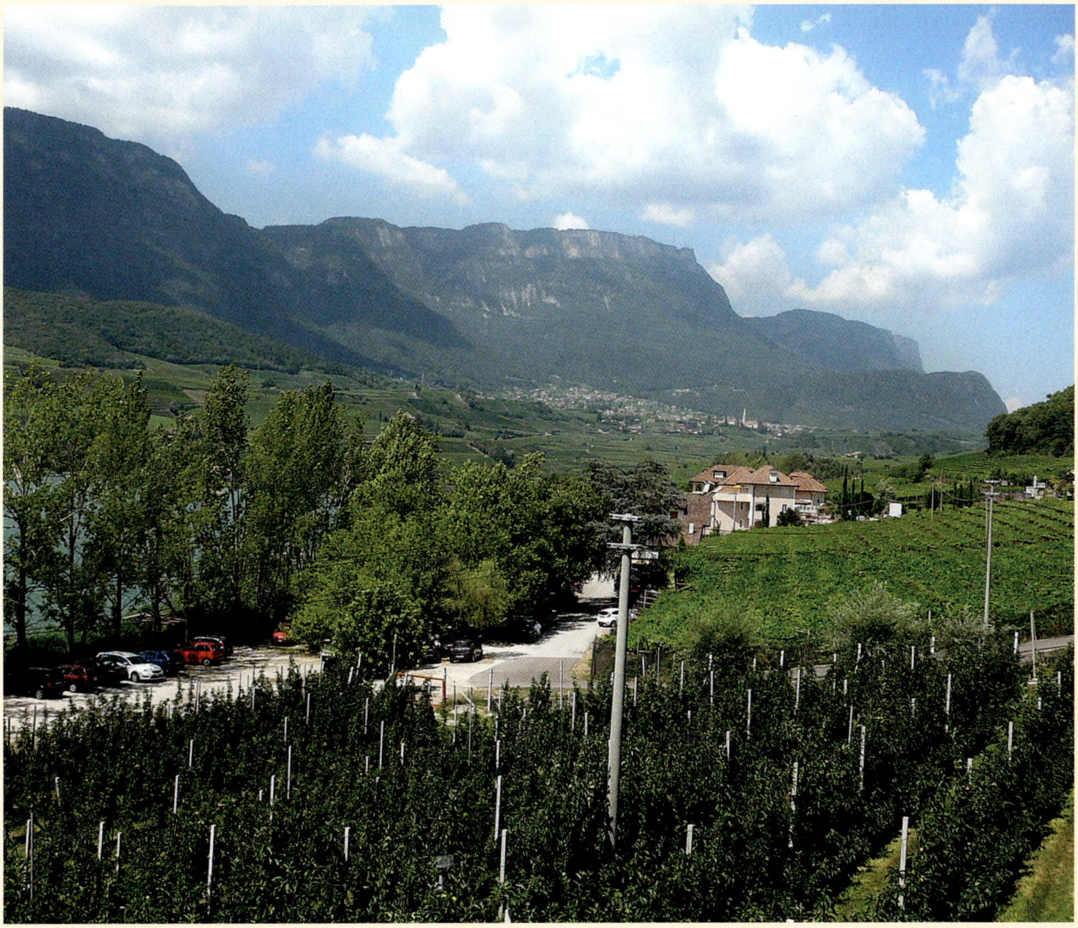

Blick über eine Apfelplantage auf den Kalterer See und das Parc Hotel

10 Vinschgau Transalp Light: Mals–Neumarkt

Etappe 3: Halbtagestour Tramin

2	✪✪✪✪✪	950	38	✓
Schwierigkeit	Erlebniswert	Höhenmeter (in m)	Streckenlänge (in km)	e-Bike

TOURENCHARAKTER

KONDITION
✪✪✪✪✪

FAHRTECHNIK
✪✪✪✪✪

TOURCHARAKTER
Eine lange, aber gleichmäßige Steigung von Neumarkt bis Kaltenbrunn (ca. 800 Hm), die aber auch für Anfänger gut fahrbar ist. Die Tour verläuft ausschließlich auf gut ausgebauten Schotter- und Waldwegen bzw. Asphalt.

AUSGANGS-/ENDPUNKT
Tramin – Neumarkt

HÖCHSTER PUNKT
1159 m

WEGBESCHAFFENHEIT
Asphalt, Schotter

ANFAHRT
Auf der Brennerautobahn bis zur Ausfahrt »Neumarkt–Auer–Tramin«, dann in Richtung Tramin abbiegen.

EINKEHR
Gasthof Dorfnerhof in Gschnon

KARTE
Kompasskarte Tramin (Termeno); Cavalese, 1:50 000

Dieser Aussichtspunkt schwebt hoch über dem Süden Südtirols und bietet majestätische Ausblicke, ähnlich wie sie ein Pfarrer bei der Predigt über seine Kirchengemeinde hat – daher der Name »die Kanzel«. Die Tour zur 970 Meter hoch gelegenen Aussichtsplattform führt uns von Tramin nach Neumarkt und weiter über die tolle Auffahrt auf der alten Bahntrasse der ehemaligen Fleimstalbahn bis nach Kaltenbrunn. Weiter über Truden.

In Tramin fahren wir südlich ein Stück auf der Südtiroler Weinstraße, bis wir links Richtung Neumarkt abbiegen. Wir durchqueren Neumarkt und fahren weiter Richtung Montan. Hier beginnt der Radweg auf der Bahntrasse der alten Fleimstalbahn (Sent. Ferrovia).

Bei Kaltenbrunn verlassen wir die Bahntrasse und fahren ein kurzes Stück auf der Straße nach Truden bergauf. Auf der schmalen Asphaltstraße rollen wir nach Mühlen und biegen hier scharf links nach Gschnon ab. In Gschnon kommen wir an dem Kapuzinerkloster Maria Schnee vorbei. Hier halten wir die Höhe und kurbeln die letzten Meter bis zur Kanzel, dabei halten wir uns immer links. Achtung: nicht Richtung Gasthaus Gstoagerhof fahren; der Hof liegt 150 Höhenmeter unter dem Aussichtspunkt der Kanzel.

Viel zu schnell taucht Neumarkt vor uns auf, wo wir links zum Bahnhof Neumarkt-Auer fahren. Von hier können wir mit dem Zug nach Bozen und weiter über Meran nach Mals, unserem Ausgangsort, zurückfahren.

Während der ca. dreistündigen Zugfahrt können wir unsere Radtour noch einmal Revue passieren und die Landschaft in umgekehrter Richtung an uns vorbeiziehen lassen.

MIT DEM FAHRRAD IN ITALIENISCHEN ZÜGEN

Fahrräder sind in den Zügen von Trenitalia im hintersten Waggon zu verstauen. Wer diese Regel nicht beachtet, hat schnell einen schreienden italienischen Schaffner am Hals. Auch ist die Fahrradmitnahme in vielen Zügen nur begrenzt möglich. In Regionalzügen ist dies nur erlaubt, wenn im Fahrplan ein Fahrrad-Icon abgebildet ist. Ein Fahrrad-Ticket für Regionalzüge kostet 3,50 Euro und ist 24 Stunden gültig. **Vorsicht**: Zugtickets – Personen- wie auch Fahrradtickets – müssen vor dem Einsteigen abgestempelt werden!

In inländischen Fernzügen ist die Mitnahme nur im Fahrradkoffer erlaubt, dafür ist der Transport dann kostenlos. Auch in Regionalzügen kann ein so verstautes Rad kostenlos mitgenommen werden.

Roadbook 10 Etappe 3

1) In Tramin auf der Hauptstraße (Weinstraße) in südlicher Richtung fahren
2) Links in die Josef von Zallinger Straße abbiegen
3) Der Straße bis zum Bahnhof Neumarkt-Tramin folgen
4) Am Bahnhof links abbiegen und bis nach Neumarkt fahren
5) In Neumarkt an der Kreuzung links in die Via Bolzano abbiegen
6) Der Straße ca. 1,3 km folgen
7) Rechts in den Lehenweg abbiegen
8) Dem Weg bis zum Tomblhof folgen
9) Am Tomblhof vorbeifahren und die Straße überqueren
10) Erste Abzweigung links abbiegen
11) Zweite Straße rechts abbiegen
12) Bei Gabelung rechts fahren
13) Bei Gabelung rechts halten (Richtung Naturpark Trudner Horn, Bahnweg: Sent. Ferrovia)
14) Nach 500 m rechts in den Wanderweg Nr. 3 einbiegen
15) Dem Wanderweg Nr. 3 (Alter Bahnweg) bis nach Kaltenbrunn folgen
16) In Kaltenbrunn rechts abbiegen und auf der Hauptstraße nach Truden fahren
17) Links abbiegen und der Straße bis zum Bahnhof Neumarkt-Tramin folgen
18) Von hier kann man mit dem Zug über Bozen und Meran zurück zum Ausgangspunkt in Mals fahren (Dauer ca. 3–4 Stunden mit Umsteigen)

FLEIMSTALBAHN-RADWEG

Die Fleimstalbahn war eine schmalspurige Eisenbahnstrecke im Fleimstal (Val di Fiemme) zwischen Auer in Südtirol und Predazzo im Trentino. Zwischen 1916 und 1918 wurde die Bahnlinie gebaut und bereits 1963 wieder stillgelegt. Etwa 25 Kilometer südlich von Bozen beginnt ein Radweg auf der Trasse der ehemaligen Fleimstalbahn.

Vor allem die Strecke zwischen Montan (Montagna) und San Lugano ist noch gut erhalten und mit dem Bike sehr gut befahrbar. Dieser 17 Kilometer lange Abschnitt führt den Biker durch die Berglandschaft des Trudner Horns und überwindet mit bahntrassentypischer, konstanter Steigung (6 %) rund 620 Hm. Die Oberfläche besteht aus feinem Schotter oder Splitt und hat Waldwegcharakter. Zwischen Kaltenbrunn und der Passhöhe besteht die Oberfläche aus gröberem Schotter und ist eher für Mountainbiker geeignet. Alternativ kann man in diesem Abschnitt auch die parallel verlaufende Straße benutzen.

Der Abschnitt der alten Bahntrasse zwischen Montan und Kaltenbrunn ist für Biker der eigentliche Höhepunkt, nicht nur wegen der bemerkenswerten Landschaft und des großen Höhenunterschieds, der fast spielend für jeden Alltagsradler zu bewältigen ist. Vier beleuchtete Tunnel sind in den Radweg eingebunden, ein fünfter kann befahren werden, ist aber unbeleuchtet und wird als Abstellplatz für die Landwirtschaft benutzt. Zwei Viadukte liegen in diesem Abschnitt, das mächtige Bauwerk bei Glen ganz am Anfang der Strecke ist besonders imposant.

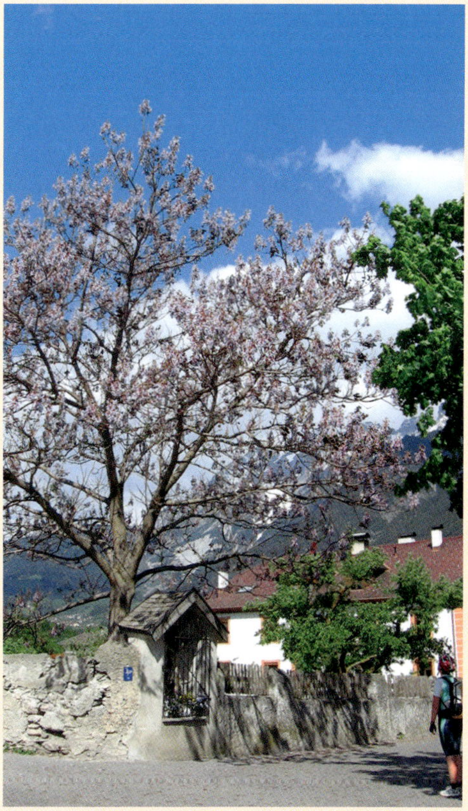

Blühende Obstbäume

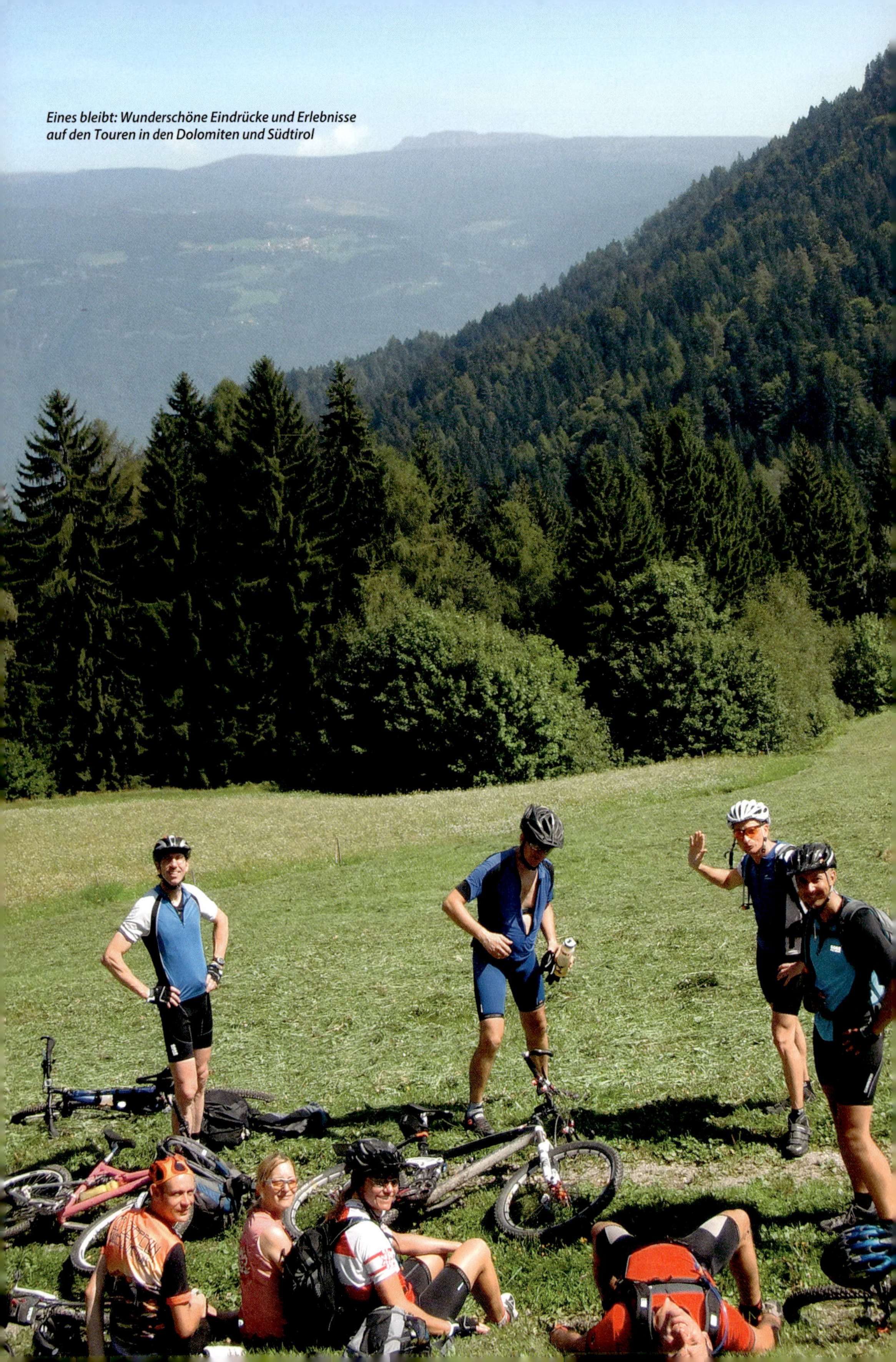

Eines bleibt: Wunderschöne Eindrücke und Erlebnisse auf den Touren in den Dolomiten und Südtirol

Register

Ebenfalls erhältlich ...

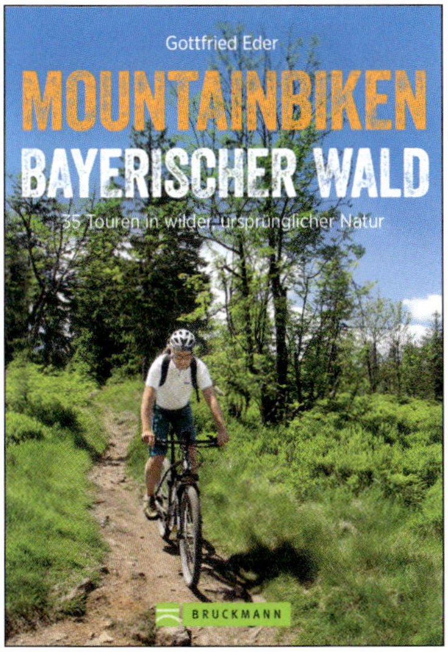

ISBN 978-3-7654-5280-2

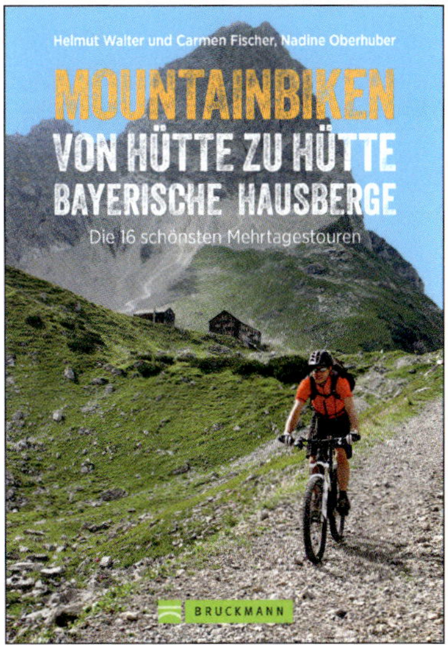

ISBN 978-3-7343-1291-5

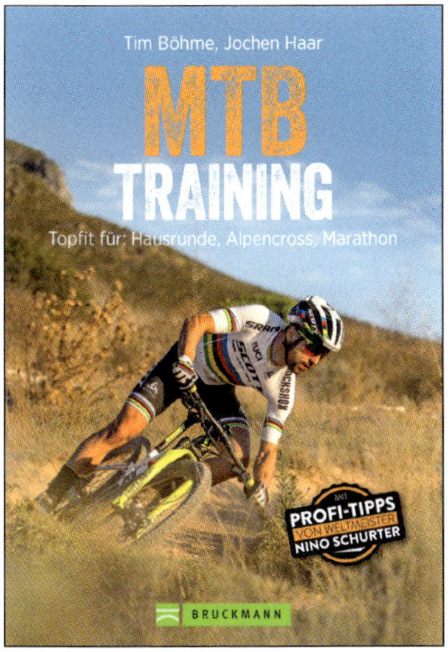

ISBN 978-3-7654-5634-3

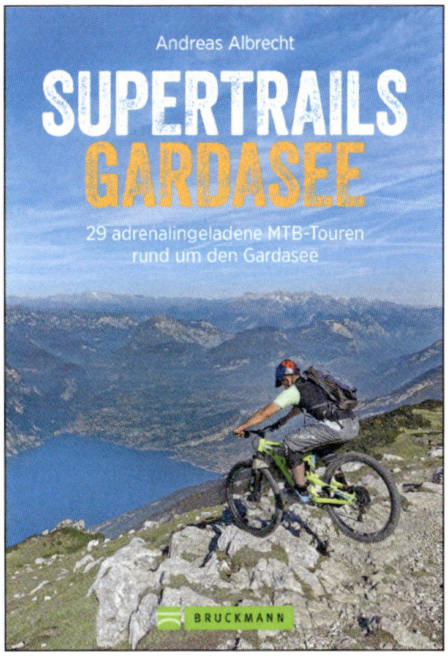

ISBN 978-3-7343-2142-9

BRUCKMANN

www.bruckmann.de

Impressum

Dank:
Ganz besonders bedanken wir uns für die vielen guten Ratschläge und Informationen bei:
Christine Verginer vom Val Gardena Gröden Marketing, Uli Moesslang und Michael Wachtler für die Bereitstellung der Fotos zum Dolomitenkrieg, dem Tourismusverein St. Vigil in Enneberg, Werner Call vom Hotel My Excelsior in St. Vigil, Roland Stauder für den Stoneman-Trail, Manfred Eisath-Auer vom Hotel Marica in Eggen, Martin Pirhofer vom Hotel Jagdhof in Latsch, Edith und Agnes vom Hotel Innerhofer in Gais, der Marketinggesellschaft Meran, Cortina Turismo und Alex Resch vom Hotel Goldene Krone in Brixen.
Beim Abfahren und Ausprobieren der Touren waren mit dabei:
Britta, Mirja, Nicole, Steffi, Michi, Thanh, Franzi, Heike, Markus S., Markus R., Toni, Marion, Sigi, Rolf, Sepp, Bernd, Bodo, Uwe und Christiane. Besonders bedanke ich mich bei meinem Opa, Horst Greger, für seine grenzenlose Unterstützung. Ihm habe ich die Tour zum Pragser Wildsee gewidmet, seinem Lieblingssee. Marianne

Produktmanagement: Cornelius Traub
Lektorat: Ute König, Kitzingen
Korrektorat: Ralf J. Klumb | The Wordworms
Layout: BUCHFLINK Rüdiger Wagner, Nördlingen; David Popp
Umschlag: Rudi Stix
Repro: Cromika, Verona
Kartografie: Christian Rolle, Holzkirchen; Huber Kartografie, München
Herstellung: Alexander Knoll
Printed in Slovenia by Florjancic

★★★★★

Sind Sie mit diesem Titel zufrieden? Dann würden wir uns über Ihre Weiterempfehlung freuen.
Erzählen Sie es im Freundeskreis, berichten Sie Ihrem Buchhändler, oder bewerten Sie bei Onlinekauf.
Und wenn Sie Kritik, Korrekturen, Aktualisierungen haben, freuen wir uns über Ihre Nachricht an Bruckmann Verlag, Postfach 40 02 09, D-80702 München oder per E-Mail an lektorat@verlagshaus.de.

Unser komplettes Programm finden Sie unter www.bruckmann.de

Alle Angaben dieses Werkes wurden von den Autoren sorgfältig recherchiert und auf den neuesten Stand gebracht sowie vom Verlag geprüft. Für die Richtigkeit der Angaben kann jedoch keine Haftung übernommen werden, weshalb die Nutzung auf eigene Gefahr erfolgt. Insbesondere bei GPS-Daten können Abweichungen nicht ausgeschlossen werden. Sollte dieses Werk Links auf Webseiten Dritter enthalten, so machen wir uns die Inhalte nicht zu eigen und übernehmen für die Inhalte keine Haftung.
In diesem Buch wird aus Gründen der besseren Lesbarkeit das generische Maskulinum verwendet. Weibliche und anderweitige Geschlechteridentitäten werden dabei ausdrücklich mitgemeint, soweit es für die Aussage erforderlich ist.

Empfehlung der Redaktion:
Sie sind auf der Suche nach weiterführender Literatur? Dann empfehlen wir Ihnen den Titel »MTB-Training« von Tim Böhme und Jochen Haar. Oder Sie werfen einen Blick in die Zeitschrift BERGSTEIGER. Hier werden Sie bestimmt fündig.

Bildnachweis:
Alle Aufnahmen im Innenteil stammen von den Autoren, außer:
Stefano Zardini: S. 6/7; Val Gardena Gröden Marketing: S. 10, 85, 95, 97; Uli Moesslang: S. 12, 16; Michael Wachtler: S. 14, 15, 17; Harald Braun: 18/19, 109; Tourismusverein St. Vigil in Enneberg: S. 30; Bernd Grassl: S . 21, 146/147; Alexander Pietschmann: S. 27, 34; Werner Call, Hotel My Excelsior in St. Vigil: S. 41; Roland Stauder: S. 47, 48, 50, 51, 52, 53; Manfred Eisath-Auer, Hotel Marica in Eggen: S. 103, 106, 107, 109, 110; Martin Pirhofer, Hotel Jagdhof in Latsch (Fotograf: Manfred Stromberg): S. 115, 120/121, 139, 140, 142, 144, 145; Wikimedia Commons: S. 118, 119; Marketinggesellschaft Meran: S. 122, 124, 125, 130, 155, 156.
Umschlagvorderseite: Fernblicke auf der Seiser Alm
Umschlagrückseite: Trailparadies Dolomiten

Die Deutsche Nationalbibliothek verzeichnet diese Publikation in der Deutschen Nationalbibliografie; detaillierte bibliografische Daten sind im Internet über http://dnb.d-nb.de abrufbar.

Vollständig überarbeitete Neuauflage
© 2022 Bruckmann Verlag, Infanteriestraße 11a, 80797 München
ISBN 978-3-7343-2451-2

Originalausgaben mit den Titeln »Biken Südtirol und Dolomiten«, ISBN 978-3-7654-5926-9 © 2013 und »Mountainbiken – Südtirol und Dolomiten«, ISBN 978-3-7654-5281-9 © 2011